冯友兰 朱自清

著

国学通识课

西南联大

天津出版传媒集团

天津人民出版社

图书在版编目（CIP）数据

西南联大国学通识课 / 冯友兰等著. -- 天津：天津人民出版社, 2023.9（2024.6重印）

ISBN 978-7-201-19669-5

Ⅰ.①西… Ⅱ.①冯… Ⅲ.①国学－通俗读物 Ⅳ.①Z126-49

中国版本图书馆CIP数据核字(2023)第158674号

西南联大国学通识课
XINAN LIANDA GUOXUE TONGSHIKE

冯友兰　朱自清　著

出　　　版	天津人民出版社
出 版 人	刘锦泉
地　　　址	天津市和平区西康路35号康岳大厦
邮政编码	300051
邮购电话	（022）23332469
电子信箱	reader@tjrmcbs.com

责任编辑	玮丽斯
监　　　制	黄　利　万　夏
营销支持	曹莉丽
特约编辑	邓　华　顾忻岳
版权支持	王福娇
装帧设计	紫图图书 ZITO®

制版印刷	艺堂印刷（天津）有限公司
经　　　销	新华书店
开　　　本	880毫米×1230毫米　1/32
印　　　张	11
字　　　数	264千字
版次印次	2023年9月第1版　2024年6月第2次印刷
定　　　价	69.90元

西南联大鸟瞰图（美国国家档案馆馆藏）

如果你站在 20 世纪 40 年代的昆明西郊，向北望去，看到图中这所简陋校园，是怎么也不能将它和"世界名校"的称号相联系吧。曾求学于联大中文系的汪曾祺先生回忆说："联大校舍很分散。有一些是借用原先的会馆、祠堂、学校，只有新校舍是联大自建的，也是联大的主体。这里原来是一片坟地。有一座校门，极简陋，两扇大门是用木板钉成的，不施油漆，露着白茬。门楣横书大字，'国立西南联合大学'。进门是一条贯通南北的大路。路是土路，到了雨季，接连下雨，泥泞没足，极易滑倒。"

昆明交三桥被日机轰炸后的惨状（1941 年）

　　1938 年 4 月，西南联大在昆明成立，同年 9 月，日军飞机便开始对昆明轰炸。集中了中国最优秀文化力量的西南联大，成为重点轰炸目标。据联大图书馆馆长严文郁文章记述，1941 年的 8 月 14 日，"过午，敌以重轰炸机二十七架，由北郊窜入本校上空，对准本馆（图书馆）从容投弹四五十枚……"上图是 1941 年日机轰炸昆明造成"交三桥惨案"的现场照片。

用钢轨做的西南联大校钟

　　冯友兰先生在《三松堂自序》中回忆说，日军向昆明发起空袭通常是从武汉出发，上午 10 点左右到达昆明。摸到这个规律，联大便提前上课时间，10 点左右结束上午课，下午 3 点后继续上课。上午 10 点到下午3 点这段时间，便是空袭疏散时间。当上图中这个以钢轨做成的校钟当当地响起，大家便集体向校外小山疏散。

清华大学复制的西南联大纪念碑

  联大学生李希文（云南大学外语系教授）回忆说，有一次日机在地上炸出一个大弹坑，冯先生便有意带着学生在弹坑里上课，以此表示"绝不屈服，在废墟里也要上课"。冯先生这堂课，表现出联大师生在国难当头时保存华夏文脉的坚定使命感。正是这种使命，促使冯友兰、朱自清、闻一多、陈寅恪等联大教授，将国学研究、教学作为重点。因此在仅仅八年时间内，便培养出任继愈、杨志玖、王玉哲、魏明经、马学良、周法高、高华年、逯钦立、阴法鲁等数十名后来均蜚声中外的学术大家。而联大教授们的众多学术成果，也成为民族文化史上的不朽经典。

（由于年代久远，前三张图原图均为模糊黑白照，彩色复原效果经由 AI 技术处理。）

写在"西南联大通识课"
丛书出版前

在艰苦的抗日战争时期，为赓续中华民族的文化血脉，北京大学、清华大学、南开大学以国家民族大义为己任，辗转南迁，在祖国的西南边陲合组国立西南联合大学（简称"西南联大"）在极度简陋的环境中坚持办学。近九年的弦歌不辍中，西南联大以文化抗衡日本帝国主义的铁骑，竖起了一座高等教育史的丰碑，为国家民族留下一笔宝贵的历史财富的同时，亦为现代的中国在对话世界的过程中展示了中华民族在艰难岁月中坚韧不拔的精神气质，赢得世界的认可。

时光虽然过去八十多年，但是西南联大以其坚守、奋发、卓越，向我们展示了中华民族在寻求民族独立、民族解放、民族富强的道路上的决心。西南联大以她的方式在教学、科研、育人、生活、服务社会等多维的方面，既为我们记录了他们对古老中国深沉的爱，也以时间画卷展现了他们在民族危亡中始终坚定胜利和孜孜寻求中国现代化的出路，并且拼命追赶着世界的步伐。为此，我始终对西南联大抱有着崇高的敬意和仰望。

我想这套书的出版，既是为历史保存，也是为时代讲述。从书中我们可以从细微处感知那一代人他们是那么深沉地爱着她的国家，爱着她的人民。我们会发现，抗战中的西南联大从历史走来，回归到了百年的民族梦想和现代化的道路中来审视她的价值。我想，细心的读者可以发现，历史从未走远。

用朱光潜先生的话来做引：读书不在多，最重要的是选得精，读得彻底。期待读者在选读中，我们一起可以慢慢从历史、哲学、文学、美学等一个个侧面品味西南联大与现代中国是如何向世界讲述中国故事。这便是我读这套书的感受。是为序。

西南联大博物馆馆长

李红英

于西南联大旧址

2022 年 10 月 12 日

编者的话

西南联大诞生于民族存亡之关头，与抗日战争相始终。前后虽仅8年多时间，但其以延续中华文脉为使命的"刚毅坚卓"，"内树学术自由之规模，外来民主堡垒之称号，违千夫之诺诺，作一士之谔谔"（西南联大碑文语），培育了众多国家级、世界级的人才。不仅创造了世界教育史上的伟大奇迹，更引领思想，开启了中国现代文化史上的绚烂篇章。

弗尼吉亚大学约翰·伊瑟雷尔教授说，"这所大学的遗产是属于全人类的"。"西南联大通识课"丛书，正是我们以虔诚之心，整理、保留联大知识遗产所做的努力。

联大之所以学术、育才成果辉煌，是因其在高压之下仍坚持教授治校、学术自由的校风宗旨，也得益于其贯彻实施通识教育理念。通识教育 (general education) 是指对所有学生所普遍进行的共同文化教育，包括基础性的语言、文化、历史、科学知识的传授，公民意识的陶冶，个性的熏陶，以及不直接服务于专业教育的人人皆需的一些实际能力的培养，目的在于完备学生知识结构，让其"通"和"专"的教育互为成就，进步空间更大。

近年来，"通识"学习需求在社会中表现得越来越普遍，对自己知识素养有所要求的人，亦会主动寻找通识读物为自己充电。这让我们产生了将联大教授的讲义、学术成果整理编辑为适用当下的通识读本的想法，也为保留传承联大知识遗产做出一点小小贡献。

通识课得有系统性，所以我们先根据学科框架设定章节，再从联大相应教授的讲义和学术成果中选取相应内容构成全书。

即便我们设定了每本书的主题，但由于同时选入多位教授的作品，因教授风格之不同，使得篇章之间也显示为不同风格。不过，这也正好是西南联大包容自由、百花齐放的具体表现。

联大教授当时的授课讲义多有遗失，极少部分由后人或学生整理成书。这些后期整理而成的出版物，成为我们的内容来源之一。更多教授的讲义，后被教授本人修订或展开重写，成为其学术著作的一部分。其学术著作，就成为我们的又一内容来源。因此，我们的"西南联大通识课"丛书基本忠实于联大课堂所讲内容，但形态已经不完全是讲义形态。

为了更清晰地表现通识课读本结构，我们对部分文章进行了重拟标题以及分节的处理。重拟标题以及分节在书中具体以编者注的方式给予说明。

由于时代语言习惯不同形成的文字差异，编者对其按现今的使用方法作了统一处理。译名亦均改为现在标准的通用译名。

《西南联大国学通识课》一书由纵览与典籍两部分组成。上编选用冯友兰先生的作品，以时间顺序为纲，系统性论述国学发展历程。下编则选用朱自清先生的作品，专门论述重要国学典籍的思想内核。

目　录

上编　国学纵览

冯友兰

下编　国学典籍

朱自清

国学纵览

冯友兰

学哲学的目的，是使人作为人能够成为人，

而不是成为某种人。

——冯友兰《中国哲学的精神》

冯友兰 （1895—1990） 西南联大哲学心理系教授，文学院院长

1918 年毕业于北京大学哲学系。1924 年，获美国哥伦比亚大学哲学博士学位，师从约翰·杜威。回国后，历任清华大学教授、哲学系主任、文学院院长，西南联合大学教授、文学院院长。著有《中国哲学史》《中国哲学简史》《中国哲学史新编》《贞元六书》等，成为 20 世纪中国学术的重要经典，对中国现当代学界乃至国外学界影响深远，称誉为"现代新儒家"。

第一章

子学时代

在中国哲学史各时期中，

哲学家派别之众，其所讨论问题之多、范围之广，

及其研究兴趣之浓厚、气象之蓬勃，

皆以子学时代为第一。

孔子

中国之文化，至周而具规模。但至春秋之时，原来之周制在社会、政治、经济各方面，皆有根本的改变。此种种大改变发动于春秋，而完成于汉之中叶。此数百年为中国社会进化之一大过渡时期。此时期中人所遇环境之新，所受解放之大，除吾人现在所遇所受者外，在中国以往的历史中，殆无可以比之者。即在世界以往的历史中，除近代人所遇所受者外，亦殆无可以比之者。故中国之上古时期，诚历史中之一重要时期也。

在一社会之旧制度日即崩坏之过程中，自然有倾向于守旧之人，目睹"人心不古，世风日下"，遂起而为旧制度之拥护者，孔子（公元前551年—公元前479年）即此等人也。不过在旧制度未摇动之时，只其为旧之一点，便足以起人尊敬之心。若其既已动摇，则拥护之者，欲得时君世主及一般人之信从，则必说出其所以拥护之理由，与旧制度以理论上的根据。此种工作，孔子已发其端，后来儒家者流继之。儒家之贡献，即在于此。

然因大势之所趋，当时旧制度之日即崩坏，不因儒家之拥护而终止。继孔子而起之士，有批评或反对旧制度者，有欲修正旧制度者，有欲另立新制度以替代旧制度者，有反对一切制度者。此皆过渡时代，旧制度失其权威，新制度尚未确定，人皆徘徊歧路之时，应有之事也。

儒家既以理论拥护旧制度，故其余方面，与儒家意见不合者，欲使时君世主及一般人信从其主张，亦须说出其所以有其主张之理由，与之以理论上的根据。荀子所谓十二子之言，皆"持之有故，言之成理"者也。人既有注重理论之习惯，于是所谓名家"坚白同异"等辩论之只有纯理论的兴趣者，亦继之而起。盖理论化之发端，亦即哲学化之开始也。孔子即此运动之开始者，故后人以之为"至圣先师"，虽不必对而亦非无由也。

孔子为当时旧制度之拥护者，故其对于当时政治之主张，以为苟欲"拨乱世而反之正"，则莫如使天子仍为天子，诸侯仍为诸侯，大夫仍为大夫，陪臣仍为陪臣，庶人仍为庶人。使实皆如其名，此即所谓正名主义也。孔子认此为极重要。故《论语》云："子路曰：'卫君待子而为政，子将奚先？'子曰：'必也正名乎！'"（《子路》）

"齐景公问政于孔子。孔子对曰：'君君，臣臣，父父，子子。'公曰：'善哉！信如君不君，臣不臣，父不父，子不子，虽有粟，吾得而食诸？'"（《颜渊》）盖一名必有一名之定义，此定义所指，即此名所指之物之所以为此物者，亦即此物之要素或概念也。如"君"之名之定义之所指，即君之所以为君者。"君君，臣臣，父父，子子"，上君字乃指事实上之君，下君字乃指君之名，君之定义。臣、父、子均如此例。若使君臣父子皆如其定义，皆尽其道，则"天下有道"矣。孔子目睹当时之"君不君，臣不臣，父不父，子不子"，故感慨系之，而借题发挥曰："觚不觚，觚哉！觚哉！"（《雍也》）孔子以为当时因名不正而乱，故欲以正名救时之弊也。

孔子对于当时政治之见解为守旧的，但在道德哲学方面，则有甚新的见解，自成一系统，为后来儒家学说之基础。此方面孔子之主要学说，为其对于仁之见解。《论语》中言仁处甚多，总而言之，仁者，即人之性情之真的及合礼的流露，而即本同情心以推己及人者也。

《论语》云："巧言令色，鲜矣仁！"（《学而》）又云："刚、毅、木、讷近仁。"（《子路》）巧言令色矫饰以媚悦人，非性情之真的流露，故"鲜矣仁"。"刚、毅、木、讷"之人，质朴有真性情，故"近仁"也。《论语》又云："樊迟问仁。子曰：'爱人。'"（《颜渊》）仁以同情心为本，故爱人为仁也。

《论语》又云："宪问……'克、伐、怨、欲不行焉，可以为仁矣？'子曰：'可以为难矣，仁则吾不知也。'"（《宪问》）焦循曰："孟子称公刘好货、太王好色，与百姓同之，使有积仓而无怨旷。孟子之学全得诸孔子，此即己达达人、己立立人之义。必屏妃妾，减服食，而于百姓之饥寒仳离漠不关心，则坚瓠也。故克伐怨欲不行，苦心洁身之士，孔子所不取，不如因己之欲，推以知人之欲，即因己之不欲，推以知人之不欲。絜矩取譬，事不难而仁已至矣。绝己之欲而不

能通天下之志，非所以为仁也。"（《论语补疏》）

孔子又云："人之过也，各于其党。观过，斯知仁矣。"（《里仁》）人之性情之真的流露或有所偏而为过，然要之为性情之真的流露，故"观过，斯知仁矣"。《论语》又云："颜渊问仁。子曰：'克己复礼为仁。一日克己复礼，天下归仁焉。为仁由己，而由人乎哉？'颜渊曰：'请问其目。'子曰：'非礼勿视，非礼勿听，非礼勿言，非礼勿动。'"（《颜渊》）仁为人之性情之真的，而又须为合礼的流露也。

《论语》又云："仲弓问仁。子曰：'出门如见大宾，使民如承大祭。己所不欲，勿施于人。在邦无怨，在家无怨。'仲弓曰：'雍虽不敏，请事斯语矣。'"（《颜渊》）又云："子贡曰：'如有博施于民而能济众，何如？可谓仁乎？'子曰：'何事于仁！必也圣乎！尧、舜其犹病诸！夫仁者，己欲立而立人，己欲达而达人。能近取譬，可为仁之方也已。'"（《雍也》）"为仁之方"在于"能近取譬"，即谓为仁之方法在于推己以及人也。"因己之欲，推以知人之欲"，即"己欲立而立人，己欲达而达人"，即所谓忠也。"即因己之不欲，推以知人之不欲"，即"己所不欲，勿施于人"，即所谓恕也。实行忠恕即实行仁。

《论语》云："子曰：'参乎！吾道一以贯之。'曾子曰：'唯。'子出，门人问曰：'何谓也？'曾子曰：'夫子之道，忠恕而已矣。'"（《里仁》）孔子一贯之道为忠恕，亦即谓孔子一贯之道为仁也。为仁之方法如此简易。故孔子曰："仁远乎哉？我欲仁，斯仁至矣。"（《述而》）

宋明哲学家陆王一派，假定人本有完全的良知，假定"满街都是圣人"，故以为人只需顺其良知而行，即万不致误。孔子初无此意，人之性情之真的流露，本不必即可顺之而行而无不通。故孔子注重

"克己复礼为仁"。

然礼犹为外部之规范，除此外部之规范外，吾人内部尚自有可为行为之标准者。若"能近取譬"，推己及人，则吾人之性情之流露，自合乎适当的分际。故仁为孔子"一贯"之道，中心之学说。故《论语》中亦常以仁为人之全德之代名词。曰："求仁而得仁，又何怨？"（《述而》）曰："若圣与仁，则吾岂敢？"（同上）曰："无求生以害仁，有杀身以成仁。"（《卫灵公》）此所谓仁皆指人之全德而言也。

唯仁亦为全德之名，故孔子常以之统摄诸德。宰予以三年之丧为期已久，孔子谓为不仁，是仁可包孝也。以后孟子言"未有仁而遗其亲者"，《中庸》言"所求乎子以事父"，皆谓仁人或行忠恕之人自然孝也。孔子以"微子去之，箕子为之奴，比干谏而死"，为"殷有三仁"。是仁可包忠也。

以后孟子言"未有义而后其君者"，《中庸》言"所求乎臣以事君"，皆谓仁人或行忠恕之人自然忠也。孔子谓令尹子文及陈文子："未知，焉得仁？"（《公冶长》）是仁可包智也。"仁者必有勇"（《宪问》），是仁可包勇也。

观上所述，可知孔子亦注重人之性情之自由。人之性情之真的流露，只需其合礼，即是至好，吾人亦即可顺之而行矣。《论语》曰："子绝四：毋意，毋必，毋固，毋我。"（《子罕》）又曰："子曰：'可与共学，未可与适道；可与适道，未可与立；可与立，未可与权。'"（同上）"我则异于是，无可无不可。"（《微子》）

盖依上所述，吾人行为之标准，至少一部分是在内的而非在外的，是活的而非死的，是可变的而非固定的。故吾人之行为，可因时因地，随吾人性情之所之，而有相当的不同。此所谓"毋意，毋必，毋固，毋我"也。此所谓"我则异于是，无可无不可"也。若对于一切，皆执一定之规则，则即所谓"可与立，未可与权"者也。

人之性情之真的流露，只需其合礼，即是至好。至其发于行为，果为有利于社会或个人与否，不必问也。事实上凡人性情之真的及合礼的流露之发于行为者，对于社会多有利，或至少亦无害，但孔子则不十分注意于此。如三年之丧制，本可以曾子所谓"慎终追远，民德归厚"（《学而》）之说，予以理论的根据，但孔子则只谓不行三年之丧，则吾心不安，行之则吾心安。（《阳货》）此制虽亦有使"民德归厚"之有利的结果，但孔子不以之作三年之丧之制之理论的根据也。孔子不注重行为之结果，其一生行事，亦是如此。

子路为孔子辩护云："君子之仕也，行其义也。道之不行，已知之矣。"（《微子》）"道之不行，已知之矣"，而犹席不暇暖，以求行道，所以石门晨门谓孔子为"知其不可而为之者"也。（《宪问》）董仲舒谓："正其谊不谋其利，明其道不计其功。""君子之仕也，行其义也"，即"正其谊""明其道"也。至于道之果行与否，其结果之"利"也，"功"也，不必"谋"，不必"计"矣。《论语》云："子罕言利。"（《子罕》）孔子云："君子喻于义，小人喻于利。"（《里仁》）此孔子及孟子一贯之主张，亦即其与墨家根本不同处也。

观上所述，又可知孔子之哲学，极注重人之心理方面。故后来儒家皆注重心理学。孔子云："性相近也，习相远也。"（《阳货》）对于性虽未有明确的学说，然以注重心理学之故，性善性恶，遂成为后来儒家之大问题矣。

墨子

墨子（公元前479年？—公元前381年？）在孔子后，其学为继承孔子之儒家之反对派。墨子书中反对儒家之处甚多，盖墨家哲学与儒家哲学之根本观念不同。儒家"正其谊不谋其利，明其道不计其功"。而墨家则专注重"利"，专注重"功"。

试就孔子个人及墨子个人之行为考之，"孔席不暇暖，墨突不暇黔"，二人皆栖栖惶惶以救世之弊。然二人对于其自身行为之解释，则绝不相同。子路为孔子解释云："君子之仕也，行其义也。道之不行，已知之矣。"（《论语·微子》）此谓孔子之所以欲干预政治，乃以"应该"如此。至于如此之必无结果，"道之不行"则"已知之矣"。

但墨子对于其自身之行为之意见则不然。《墨子·贵义》云："子墨子自鲁之齐，即过故人。谓子墨子曰：'今天下莫为义，子独自苦而为义，子不若已。'子墨子曰：'今有人于此，有子十人，一人耕而九人处，则耕者不可以不益急矣。何故？则食者众而耕者寡也。今天下莫为义，则子如劝我者也，何故止我？'"此谓为义者虽少，然有一二人为之，其"功"犹胜于无人为之，其结果终是天下之"利"也。孔子乃无所为而为，墨子则有所为而为。

"功""利"乃墨家哲学之根本意思。《墨子·非命上》云："子墨子言曰：'必立仪。言而毋仪，譬犹运钧之上而立朝夕者也，是非利害之辨，不可得而明知也。故言必有三表。'何谓三表？子墨子言曰：'有本之者，有原之者，有用之者。'于何本之？上本之于古者圣王之事。于何原之？下原察百姓耳目之实。于何用之？废以为刑政，观其中国家百姓人民之利。此所谓言有三表也。"此三表中，最重要者乃其第三，"国家百姓人民之利"，乃墨子估定一切价值之标准。凡事物必中国家百姓人民之利，方有价值。国家百姓人民之利，即是人民之"富"与"庶"。凡能使人民富庶之事物，皆为有用，否者皆为无益或有害；一切价值，皆依此估定。

人民之富庶，即为国家百姓人民之大利。故凡对之无直接用处或对之有害者，皆当废弃。所以吾人应尚节俭，反对奢侈。故墨子主张节用，节葬，短丧，非乐。

一切奢侈文饰，固皆不中国家人民之利，然犹非其大害。国家人民之大害，在于国家人民之互相争斗，无有宁息；而其所以互相争斗之原因，则起于人之不相爱。故墨子以"兼爱"之说救之。以为"兼爱"之道不唯于他人有利，且于行"兼爱"之道者亦有利；不唯"利他"，亦且"利自"。墨子之《墨子·兼爱》纯就功利方面证兼爱之必要。此墨家"兼爱"之说与儒家之主张仁所以不同也。

天下之大利，在于人之"兼爱"；天下之大害，在于人之互争。故吾人应非攻。墨子非攻，孟子亦曰："善战者服上刑。"但墨子之非攻，因其不利。孟子之反对战争，则因其不义。观孟子与宋轻辩论之言可见矣。(《孟子·告子下》)宋轻欲见秦楚之王，说构兵之"不利"，而使之"罢之"。孟子则主张以仁义说秦楚之王。宋轻不必即一墨者，但此点实亦孟子与墨子所以不同也。

墨子虽以为兼爱之道乃唯一救世之法，而却未以为人本能相爱。墨子以人性为素丝，其善恶全在"所染"(《墨子·所染》)。吾人固应以兼爱之道染人，使交相利而不交相害；然普通人民，所见甚近，不易使其皆有见于"兼爱"之利、"交别"之害。故墨子注重种种制裁，以使人交相爱。墨子书中有《天志》《明鬼》《非命》诸篇。赏"兼爱"者而罚交别者。国家之赏罚，乃人之行为所自招，非命定也。若以此为命定，则诸种赏罚，皆失其效力矣。故墨子"非命"。

墨子之政治哲学，见于墨子书中《尚同》诸篇。在西洋近代哲学史中，霍布士[①](Thomas Hobbes)以为人之初生，无有国家，在所谓"天然状态"之中；于其时人人皆是一切人之仇敌，互相争夺，终日战争。人不满意于此状态，故不得已而设一绝对的统治者而相约服从之。国家之起源如此，故其威权，应须绝大；不然则国家解体而人复返于"天然状态"之中矣。墨子之政治哲学，正与霍布士所说极相似。

---

① 霍布斯（1588–1679），英国政治家、哲学家。

在未有国家刑政之时，既因是非标准之无定而大乱，故国家既立之后，天子之号令，即应为绝对的是非标准。天子上同于天，国君上同于天子，家长上同于国君，个人上同于家长。在下者皆须同于上，而在上者又唯以兼相爱交相利为令，如此则天下之人，必皆兼相爱，交相利矣。荀子云："墨子有见于齐，无见于畸。"（《荀子·天论》）其所以"无见于畸"，止因其太"有见于齐"也。

所尤可注意者，墨子虽谓人皆须从天志，然依"尚同"之等级，则唯天子可上同于天。天子代天发号施令，人民只可服从天子。故依墨子之意，不但除政治的制裁外无有社会的制裁，即宗教的制裁亦必为政治的制裁之附庸。此意亦复与霍布士之说相合。霍布士亦以为教会不能立于国家之外而有独立的主权，否则国家分裂，国即不存。他又以为若人民只奉个人的信仰而不服从法律，则国亦必亡。

孟子

孔子开以讲学为职业之风气，其弟子及以后儒者，多以讲学为职业，所谓"大者为师傅卿相，小者友教士大夫"也。然能"以学显于当世"者，则推孟子（公元前371年？—公元前289年？）、荀卿。二人实孔子后儒家二大师也。孔子在中国历史中之地位如苏格拉底之在西洋历史。孟子在中国历史中之地位如柏拉图之在西洋历史，其气象之高明亢爽亦似之。荀子在中国历史之地位如亚里士多德之在西洋历史，其气象之笃实沉博亦似之。

就一面言，孟子对于周制仍持拥护态度，自又一方面言之，则孟子自有其新的政治哲学。孟子之理想的政治制度中仍有天子诸侯等阶级，但以为政治上之高位，必以有德者居之。其理想的政治制度，为以有圣人之德者居天子之位。

此圣人既老，则在其死以前预选一年较少之圣人，先使为相以试之。及其成效卓著，则荐之于天，以其为自己之替代者。及老圣人既死，此少圣人即代之而为天子。然天之意不可知，可知者民意而已。民果归之，即天以天下与之，故荐之于天，即荐之于民也。"匹夫而有天下者，德必若舜禹，而又有天子荐之者。"（《孟子·万章上》）盖无天子荐之，则不能先为相以自试，不能施泽于民，民不归之也。此理想与柏拉图《共和国》①之主张极相似。

孟子之理想的经济制度即其所讲井田制度是也。其所讲井田制度，即就原有之井田制度转移观点，将其变为含有社会主义性质的经济制度也。所谓转移观点者，盖古代土地为国君及贵族所私有，农民受土地于贵族，为之做"助耕之氓"，为之做农奴。故原有之井田制度，乃为贵族之利益。

依孟子之理想，乃土地为国家所公有，人民受土地于国家而自由耕种之。其每井中公田之出产，虽仍可为国君卿大夫之禄，"以代其耕"，但农民之助耕公田，乃如纳税于国家之性质，非如农奴为地主服役之性质。此理想中之制度，乃使民"养生送死无憾"，乃为人民之利益。故谓孟子所说之井田制度即古代所实行者，非也。谓孟子所说之井田制度纯乎为理想，为创造，亦非也。二者均有焉。

以上所述之各种理想的制度，即孟子所谓王道、王政或仁政也。仁政何以必须行，仁政何以能行？孟子曰："人皆有不忍人之心。先王有不忍人之心，斯有不忍人之政矣。"（《孟子·公孙丑上》）"不忍人

---

① 《理想国》。

之政"，即仁政也。"人皆有不忍人之心"，不忍见人之困苦，此即仁政之所以必须行也。人既皆有此心为仁政之根据，此即仁政之所以能行也。

孟子因齐宣王不忍一牛之"觳觫而就死地"，断其必能行王政。曰："老吾老以及人之老，幼吾幼以及人之幼，天下可运于掌。《诗》云：'刑于寡妻，至于兄弟，以御于家邦。'言举斯心加诸彼而已。故推恩足以保四海，不推恩无以保妻子。古之人所以大过人者，无他焉，善推其所为而已矣。"（《孟子·梁惠王上》）

齐宣王谓己好货好色，不能行王政。孟子言："王如好货""王如好色""与百姓同之，于王何有"。（《孟子·梁惠王下》）因己之好货好色，即推而与百姓同之，即"举斯心加诸彼"也。若实现此心于政事，则其政事即仁政矣。"善推其所为"，即仁也，即忠恕也。孔子讲仁及忠恕，多限于个人之修养方面。孟子则应用之于政治及社会哲学。孔子讲仁及忠恕，只及于"内圣"；孟子则更及于"外王"。

"人皆有不忍人之心"，即所谓人性皆善也。陈澧曰："孟子所谓性善者，谓人人之性皆有善也，非谓人人之性，皆纯乎善也。"（《东塾读书记》卷三）孟子所谓性善，只谓人皆有仁义礼智之"四端"，此"四端"若能扩而充之，则为圣人。人之不善，皆不能即此"四端"扩而充之，非其性本与善人殊也。故曰："若夫为不善，非才之罪也。"（《孟子·告子上》）

人何以必须扩充此善端？此亦一问题也。若依功利主义说，则人之扩充善端于社会有利，否则有害，此即墨子主张"兼爱"之理由也。唯依孟子之意：则人之必须扩充此善端者，因此乃人之所以为人也。孟子曰："人之所以异于禽兽者几希，庶民去之，君子存之。"（《孟子·离娄下》）人之所以为人，即人之要素，人之名之定义，亦即人之所以别于禽兽者也。人之所以为人者，即人之有人心。

《孟子》云："从其大体为大人，从其小体为小人。……耳目之官不思，而蔽于物，物交物，则引之而已矣。心之官则思，思则得之，不思则不得也。此天之所与我者，先立乎其大者，则其小者弗能夺也。此为大人而已矣。"（《告子上》）

亚里士多德《伦理学》谓饮食及情欲乃人与禽兽所共有，人之所以别于禽兽者，唯在其有理性耳。"心之官则思"，能思即有理性也。能思之心为人所特有，乃"天之所与我者"，所以为大体也。耳目之官，乃人与禽兽所同有，所以为小体也。若只"从其小体"，则不唯为小人，且为禽兽矣。"耳目之官不思，而蔽于物，物交物，则引之而已矣。"若听其自然，则能"陷溺其心"（《孟子·告子上》），人之所以有不善者，即以此也。

能思之心，所好者为礼义。故人必有礼义，乃为"从其大体"。从其大体，乃得保人之所以为人，乃合乎人之定义。否则人即失其所以为人，而与禽兽同。"人见其禽兽也，而以为未尝有才焉者，是岂人之情也哉？"（《孟子·告子上》）

人性中皆有善端，如扩而充之，则人人皆可以为圣人，此人所皆可以自期许者也。至于人生中他方面之成败利钝，则不能计，亦不必计。孟子曰："若夫成功，则天也，君如彼何哉？强为善而已矣。"（《孟子·梁惠王下》）又曰："哭死而哀，非为生者也。经德不回，非以干禄也。言语必信，非以正行也。君子行法，以俟命而已矣。"

（《孟子·尽心下》）此所谓天，所谓命，皆指人力所无可奈何之事，所谓"莫之为而为者，天也；莫之致而致者，命也"。

于此亦可知孟子所以反对利之故矣。孟子以为人皆有恻隐、羞恶、辞让、是非之"四端"。扩而充之，则为仁、义、礼、智之"四德"。"四德"为人性发展之自然结果，而人之所以需发展人性，因必如此方为尽"人之所以为人者"，非因"四德"为有利而始行之也。"四德"之行，当然可生于社会有利之结果，此结果虽极可贵，然亦系附带结果。犹之艺术家之作品，固可使人愉悦，然此乃附带的结果，彼艺术家之创作，则所以表现其理想与情感，非为求人悦乐愉快也。

不过孟子虽主张义，反对利，然对于义利之辨未有详细说明，故颇受后人之驳诘。唯孟子与墨者夷之辩薄葬之说，颇可显其非功利主义之态度。彼云："盖上世尝有不葬其亲者，其亲死，则举而委之于壑。他日过之，狐狸食之，蝇蚋姑嘬之。其颡有泚，睨而不视。夫泚也，非为人泚，中心达于面目，盖归反虆梩而掩之，掩之诚是也，则孝子仁人之掩其亲，亦必有道矣。"（《孟子·滕文公上》）

又曰："古者棺椁无度。中古棺七寸，椁称之，自天子达于庶人，非直为观美也，然后尽于人心。"（《孟子·公孙丑下》）墨家之攻击儒家厚葬久丧，主节葬短丧，纯从功利主义立论。而孟子则不纯从功利主义立论。厚葬久丧，对社会固亦有利。"慎终追远，民德归厚矣。"此从功利主义立论以主张厚葬久丧者也。然孟子则但谓厚葬为"尽于人心"，此儒家之精神也。

孟子之所谓天，有时似指主宰之天，如"尧荐舜于天"之天。有时似指运命之天，如上所说者。有时则指义理之天。孟子因人皆有仁、义、礼、智之"四端"而言性善。人之所以有此"四端"，性之所以善，正因性乃"天之所与我者"，人之所得于天者。此性善说之形上学的根据也。

孟子云："尽其心者，知其性也。知其性，则知天矣。存其心，养其性，所以事天也。夭寿不贰，修身以俟之，所以立命也。"（《孟子·尽心上》）心为人之"大体"，故"尽其心者""知其性"。此乃"天之所与我者"，故"尽其心""知其性"，亦"知天"矣。

孟子又云："夫君子所过者化，所存者神，上下与天地同流，岂曰小补之哉？"（《孟子·尽心上》）又云："万物皆备于我矣。反身而诚，乐莫大焉。强恕而行，求仁莫近焉。"（《孟子·尽心上》）"万物皆备于我""上下与天地同流"等语，颇有神秘主义^①之倾向。其本意如何，

① 神秘主义一名，有种种不同的意义。此所谓神秘主义，乃专指一种哲学，承认有所谓"万物一体"之境界。在此境界中，个人与"全"（宇宙之全）合而为一，所谓人我内外之分，俱已不存。普通多谓此神秘主义必与唯心论的宇宙论相关联。宇宙必为唯心论的，宇宙之全体与个人之心灵，有内部的关系；个人之精神与宇宙之大精神，本为一体，特以有后起的隔阂，以致人与宇宙，似乎分离。佛家所说之无明，宋儒所说之私欲，皆指此后起的隔阂也。若去此隔阂，则个人与宇宙复合而为一，佛教所说之证真如，宋儒所说"人欲尽处，天理流行"，皆指此境界也。不过此神秘主义，亦不必与唯心论的宇宙论相连。如庄子之哲学，其宇宙论非必为唯心论的，然亦注重神秘主义也。中国哲学中，孟子派之儒家，及庄子派之道家，皆以神秘境界为最高境界，以神秘经验为个人修养之最高成就。但两家之所用以达此最高境界、最高目的之方法不同。道家所用之方法，乃以纯粹经验忘我；儒家所用之方法，乃以"爱之事业"（叔本华所用名词）去私。无我无私，而个人乃与宇宙合一。如孟子哲学果有神秘主义在内，则万物皆备于我，即我与万物本为一体也。我与万物本为一体，而乃以有隔阂之故，我与万物，似乎分离，此即不"诚"。若"反身而诚"，回复与万物为一体之境界，则"乐莫大焉"。如欲回复与万物为一体之境界，则用"爱之事业"之方法。所谓"强恕而行，求仁莫近焉"。以恕求仁，以仁求诚。盖恕与仁皆注重在取消人我之界限，人我之界限消，则我与万物为一体矣。此解释果合孟子之本意否不可知，要之宋儒之哲学，则皆推衍此意也。

孟子所言简略，不能详也。

如孟子哲学中果有神秘主义，则孟子所谓浩然之气，即个人在最高境界中之精神状态。故曰："其为气也，至大至刚，以直养而无害，则塞于天地之间。"（《孟子·公孙丑上》）至于养此气之方法，孟子云："其为气也，配义与道，无是，馁也。是集义所生者，非义袭而取之也。行有不慊于心，则馁矣。我故曰：'告子未尝知义，以其外之也。'必有事焉。而勿正，心勿忘，勿助长也……"（《孟子·公孙丑上》）

此所谓义，大概包括吾人性中所有善"端"。是在内本有，故曰："告子未尝知义，以其外之也。"此诸善"端"皆倾向于取消人我界限。即将此逐渐推扩，亦勿急躁求速，亦勿停止不进（"而勿正"，焦循《孟子正义》引《诗·终风序》笺及《〈庄子·应帝王篇〉释文》谓"正之义通于止"）。"集义"既久，则行无"不慊于心"，而"塞乎天地之间"之精神状态，可得到矣。至此境界，则"居天下之广居，立天下之正位，行天下之大道。得志，与民由之；不得志，独行其道。富贵不能淫，贫贱不能移，威武不能屈，此之谓大丈夫。"（《孟子·滕文公下》）

老子

　　孔子之时，据《论语》所载，有"隐者"之徒，对于孔子之行为，常有讥评。孟子之时，有杨朱之徒，持"全生保真"之学说。此即后来道家者流之前驱也。后来道家者流，分为老庄二派。道家之有老庄，犹儒家之有孟荀也。(《老子》一书出在孟子后，辩论甚多，兹不详举。)

　　古代所谓天，乃主宰之天。孔子因之，墨子提倡之。至孟子则所谓天有时已为义理之天。所谓义理之天，常含有道德的唯心的意义，特非主持道德律之有人格的上帝耳。《老子》则直谓"天地不仁"，不但取消天之道德的意义，且取消其唯心的意义。

　　古时所谓道，均谓人道，至《老子》乃予道以形上学的意义。以为天地万物之生，必有其所以生之总原理，此原理名之曰道。故《韩非子·解老》云："道者万物之所以成也。"《老子》云："有物混成，先天地生。寂兮寥兮！独立而不改，周行而不殆，可以为天下母。吾不知其名，强字之曰道，强为之名曰大。"（二十五章）

道之作用，并非有意志的。只是自然如此。故曰："人法地，地法天，天法道，道法自然。"（二十五章）道即万物所以如此之总原理，道之作用，亦即万物之作用。但万物所以能成万物，亦即由于道。故曰："道常无为，而无不为。"（三十七章）道为天地万物所以然之总原理，德为一物所以然之原理，即《韩非子》所谓"万物各异理"之理也。

《老子》曰："孔德之容，惟道是从。"（二十一章）又曰："道生之，德畜之，物形之，势成之。是以万物莫不尊道而贵德。道之尊，德之贵，夫莫之命而常自然。"（五十一章）《管子·心术上》云："德者，道之舍，物得以生生，知得以职道之精。故德者，得也。得也者，其谓所得以然也。以无为之谓道，舍之之谓德。故道之与德无间，故言之者不别也。"此解说道与德之关系，其言甚精。

由此而言，则德即物之所得于道而以成其物者。《老子》所云"道生之，德畜之"，其意中道与德之关系，似亦如此，特未能以极清楚确定的话说出耳。"物形之，势成之"者，吕吉甫云："及其为物，则特形之而已……已有形矣，则裸者不得不裸，鳞介羽毛者，不得不鳞介羽毛，以至于幼壮老死，不得不幼壮老死，皆其势之必然也。"形之者，即物之具体化也。物固势之所成，即道德之作用，亦是自然的。故曰："道之尊，德之贵，夫莫之命而常自然。"

《老子》以为宇宙间事物之变化，于其中可发现通则。凡通则皆可谓之为"常"。常有普遍永久之义。故道曰常道。所谓："道可道，

非常道。"（一章）自常道内出之德，名曰常德。所谓："常德不忒，复归于无极。……常德乃足，复归于朴。"（二十八章）

至于人事中可发现之通则，则如："取天下常以无事。"（四十八章）"民之从事，常于几成而败之。"（六十四章）"天道无亲，常与善人。"（七十九章）凡此皆为通则，永久如此。吾人贵能知通则，能知通则为"明"。《老子》中数言"知常曰明"，可知明之可贵。"知常"即依之而行，则谓之"袭明"。（二十七章）马夷初先生云："袭，习古通。"（见《老子覈诂》）或谓为"习常"（五十二章）。若吾人不知宇宙间事物变化之通则，而任意作为，则必有不利之结果。所谓："不知常，妄作，凶。"（十六章）

事物变化之一最大通则，即一事物若发达至于极点，则必一变而为其反面。此即所谓"反"，所谓"复"。《老子》云："反者道之动。"（四十章）又云："大曰逝，逝曰远，远曰反。"（二十五章）又云："万物并作，吾以观复。"（十六章）唯"反"为道之动，故"祸兮福之所倚，福兮祸之所伏。""正复为奇，善复为妖。"（五十八章）唯其如此，故"曲则全，枉则直，洼则盈，敝则新，少则得，多则惑"（二十二章）。唯其如此，故"飘风不终朝，骤雨不终日"。唯其如此，故"以道佐人主者，不以兵强天下，其事好还"。唯其如此，故"天之道，其犹张弓与？高者抑之，下者举之；有余者损之，不足者补之"（七十七章）。唯其如此，故"天下之至柔，驰骋天下之至坚"（四十三章）。"天下莫柔弱于水，而攻坚强者莫之能胜。"（七十八章）唯其如此，"故物或损之而益，或益之而损"（四十二章）。

凡此皆事物变化自然之通则，《老子》特发现而叙述之，并非故为奇论异说。而一般人视之，则以为非常可怪之论。故曰："正言若反。"（七十八章）故曰："玄德深矣远矣，与物反矣，然后乃至于大顺。"（六十五章）故"下士闻道，大笑之。不笑不足以为道"（四十一章）。

事物变化既有上述之通则，则"知常曰明"之人，处世接物，必有一定之方法。大要吾人若欲如何，必先居于此如何之反面。南辕正所以取道北辙。故"将欲歙之，必固张之；将欲弱之，必固强之；将欲废之，必固举之；将欲取之，必固予之"（三十六章）。此非《老子》之尚阴谋，《老子》不过叙述其所发现耳。反之，则将欲张之，必固歙之；将欲强之，必固弱之。故"圣人后其身而身先，外其身而身存。非以其无私邪？故能成其私"（七章）。此"知常曰明"之人所以自处之道也。

一事物发展至极点，必变为其反面。其能维持其发展而不致变为其反面者，则其中必先包含其反面之分子，使其发展永不能至极点也。故"大成若缺，其用不弊。大盈若冲，其用不穷。大直若屈，大巧若拙，大辩若讷"（四十五章）。"知常曰明"之人，知事物真相之如此，故"知其雄，守其雌，为天下谿。……知其白，守其黑，为天下式……知其荣，守其辱，为天下谷"（二十八章）。总之："圣人去甚，去奢，去泰。"（二十九章）其所以如此，盖恐事物之发展若"泰""甚"，则将变为其反面也。

海格尔[①]谓历史进化，常经"正""反""合"三阶级。一事物发

---

① 黑格尔（1770—1831），德国哲学家。

展至极点必变而为其反面，即由"正"而"反"也。"大直若屈，大巧若拙。"若只直则必变为屈，若只巧则必"弄巧反拙"。唯包含有屈之直，有拙之巧，是谓大直大巧，即"正"与"反"之"合"也。故大直非屈也，若屈而已，大巧非拙也，若拙而已。"知常曰明"之人，"知其雄，守其雌"，常处于"合"，故能"没身不殆"矣。

老子理想中之人格，常以婴儿比之。盖婴儿知识欲望皆极简单，合乎"去甚，去奢，去泰"之意也。故曰："含德之厚，比于赤子。"（五十五章）圣人治天下，亦欲使天下人皆如婴儿，故曰："圣人之在天下也，歙歙焉，为天下浑心。……圣人皆孩之。"（四十九章）

《老子》又以愚形容有修养之人，盖愚人之知识欲望亦极简单也。故曰："我愚人之心也哉，沌沌兮！俗人昭昭，我独昏昏。俗人察察，我独闷闷。澹兮，其若海；飂兮，若无止。众人皆有以，而我独顽似鄙。"（二十章）圣人治天下，亦欲使天下人皆能如此，故曰："古之善为道者，非以明民，将以愚之。"（六十五章）"不以智治国"，即欲以"愚"民也。然圣人之愚，乃修养之结果，乃"大智若愚"之愚也。"大智若愚"之愚，乃智愚之"合"，与原来之愚不同。《老子》所谓"圣人之治，虚其心，实其腹，弱其志，强其骨，常使民无知无欲"（三章）。此使民即安于原来之愚也。此民与圣人之不同也。

老子之理想的社会，为"小国寡民"之简单组织，如《老子》八十章所说。此非只是原始社会之野蛮境界，此乃包含有野蛮之文明境界也。非无舟舆也，有而无所乘之而已。非无甲兵也，有而无所陈之而已。"甘其食，美其服"，岂原始社会中所能有者？可套《老子》之言曰："大文明若野蛮。"野蛮的文明乃最能持久之文明也。

惠施、公孙龙

诸子中之名家，当时称为"辩者"。其中有惠施、公孙龙二派。惠施之学说见《庄子·天下》所述十事。据《天下》所述，惠施谓："至大无外，谓之大一；至小无内，谓之小一。""日方中方睨，物方生方死。""大同而与小同异，此之谓小同异；万物毕同毕异，此之谓大同异。""泛爱万物，天地一体也。"其大意乃从"至大无外"之观点，指出一切事物之为变的，有限的，相对的。

"日方中方睨，物方生方死"，一切事物之为变的，皆如此也。天下之物，若谓其同，则皆有相同之处，谓万物毕同可也。若谓其异，则皆有相异之处，谓万物毕异可也。至于世俗所谓同异，此物与彼物之同异，乃小同异，非大同异也。世俗所谓同异，是相对的，所谓一体，亦是相对的，故曰："泛爱万物，天地一体也。"庄子谓"天地与我并生，而万物与我为一"（《庄子·齐物论》），亦此意也。

惠施之十事，若照上文所解释，与《庄子》之《齐物论》《秋水》等篇中所说，极相近矣。然《庄子·齐物论》甫言"天地与我并生，而万物与我为一"，下文即又言："既已为一矣，且得有言乎？"此一转语，乃庄子与惠施所以不同之处。盖惠施只以知识证明"万物毕同毕异""天地一体"之说，而未言若何可以使吾人实际经验"天地一体"之境界。

庄子则于言之外，又言"无言"。于知之外，又言不知。由所谓"心斋""坐忘"，以实际达到忘人我、齐死生、万物一体、绝对逍遥之境界。故《庄子·天下》谓庄子"上与造物者游，而下与外死生、无终始者为友"。至谓惠施，则"弱于德，强于物，其涂隩矣"。由此观之，庄子之学，实自惠施又进一步也。

名家之别一派为公孙龙。公孙龙在当时有名之辩论，为"白马非马"及"离坚白"。"白马非马"者，马之名所指只一切马所共有之性质，只一马（as such），所谓"有马如已耳"（已似当为己，如己即as such之意）。其于色皆无"所定"，而白马则于色有"所定"，故白马之名之所指，与马之名之所指，实不同也。白亦有非此白物亦非彼白物之普通的白，此即所谓"不定所白"之白也。若白马之白，则只为白马之白，故曰："白马者，言白定所白也。定所白者，非白也。"言已为白马之白，则即非普通之白，白马之名之所指，与白之名之所指，亦不同也（引用符号内乃《公孙龙子·白马论》文）。

盖公孙龙作"物"与"指"之区别。物为占空间时间中之位置者，即现在哲学中所谓具体的个体也。如此马、彼马，此白物、彼白物，是也。指者，名之所指也。就一方面说，名之所指为个体，所谓："名者，实谓也。"（《公孙龙子·名实论》）就又一方面说，名之所指为共相。如此马、彼马之外，尚有"有马如已耳"之马。此白物彼白物之外，尚有一"白者不定所白"之白。此"马"与"白"即现在哲学中所谓"共相"或"要素"也。公孙龙之立论，多就共相说。故自常识观之，多为诡论。

"离坚白"者，《公孙龙子》有《坚白论》，谢希深注云："坚者不独坚于石，而亦坚于万物，故曰：'未与石为坚而物兼'也。亦不与万物为坚而固当自坚，故曰：'未与物为坚而坚必坚'也。天下未有若此独立之坚可见，然亦不可谓之无坚，故曰：'而坚藏也。'"独立之白，虽亦不可见，然白实能自白。盖假使白而不能自白，即不能使石与物白。若白而能自白，则不借他物而亦自存焉。黄黑各色亦然。白可无石，白无石则无坚白石矣。由此可见坚白可离而独存也。此就形上学上言"坚"及"白"之共相皆有独立的潜存。

"坚"及"白"之共相，虽能独立地自坚自白，然人之感觉之则只限于其表现于具体的物者。即人只能感觉其与物为坚与物为白者。然即其不表现于物，亦非无有，不过不能使人感觉之耳。此即《坚白论》所谓"藏"也。其"藏"乃其自藏，非有藏之者。故《坚白论》曰："有自藏也，非藏而藏也。"柏拉图谓个体可见而不可思，概念可思而不可见，即此义也。于此更可见"坚""白"之"离"矣。岂独"坚""白"离，一切共相皆分离而有独立的存在，故《坚白论》曰："离也者，天下皆独而正。"

《庄子·德充符》曰："自其异者视之，肝胆楚越也；自其同者视之，万物皆一也。"盖或自物之异以立论，则见万物莫不异；或自物之同以立论，则见万物莫不同。然此特就个体的物言之耳。一个体本有许多性质，而其所有之性质又皆非绝对的。故泰山可谓为小，而秋毫可谓为大。若共相则不然。共相只是共相，其性质亦是绝对的。如大之共相只是大，小之共相只是小。

惠施之观点注重于个体的物，故曰"万物毕同毕异"，而归结于"泛爱万物，天地一体也"。公孙龙之观点，则注重于共相，故"离坚白"而归结于"天下皆独而正"。二派之观点异，故其学说亦完全不同。战国时论及辩者之学，皆总而言之曰："合同异，离坚白。"或总指其学为"坚白同异之辩"。此乃笼统言之。其实辩者之中，当分二派：一派为"合同异"，一派为"离坚白"。前者以惠施为首领，后者以公孙龙为首领。

庄子

庄子（公元前369年？—公元前286年？）哲学中之道德二观念，与《老子》同。其对于幸福之观念，则以为凡物皆由道，而各得其德，即是凡物各有其自然之性。苟顺其自然之性，则幸福当下即是，不须外求。

《庄子·逍遥游》故设为极大极小之物，鲲鹏极大，蜩鸠极小。"鹏之徙于南冥也，水击三千里，抟扶摇而上者九万里，去以六月息者也。""蜩与学鸠笑之曰：'我决起而飞，抢榆枋，时则不至，而控于地而已矣，奚以之九万里而南为？'"此所谓"故极小大之致，以明性分之适。……苟足于其性，则虽大鹏无以自贵于小鸟，小鸟无羡于天池，而荣愿有余矣。故小大虽殊，逍遥一也"（郭象《庄子注》）。

政治上、社会上各种之制度，由庄学之观点观之，均只足以予人以痛苦。盖物之性至不相同。一物有一物所认为之好，不必强同，亦不可强同。物之不齐，宜即听其不齐，所谓以不齐齐之也，一切政治上、社会上之制度，皆定一好以为行为之标准，使人从之。此是强不齐以使之齐，爱之适所以害之也。

圣人作规矩准绳，制定政治上及社会上各种制度，使天下之人皆服从之。其用意虽未尝不善，其用心未尝不为爱人，然其结果则如鲁侯爱鸟，爱之适所以害之。故庄学最反对以治治天下，以为欲使天下治，则莫如以不治治之。《庄子·应帝王》云："汝游心于淡，合气于漠，顺物自然而无容私焉，而天下治矣。"

庄学中之社会政治哲学，主张绝对的自由，盖唯人皆有绝对的自由，乃可皆顺其自然之性而得幸福也。主张绝对的自由者，必主张绝对的平等，盖若承认人与人、物与物间，有若何彼善于此，或此善于彼者，则善者应改造不善者使归于善，而即亦不能主张凡物皆应有绝对的自由矣。庄学以为人与物皆应有绝对的自由，故亦以为凡天下之物，皆无不好，凡天下之意见，皆无不对。此庄学与佛学根本不同之处。

盖佛学以为凡天下之物皆不好，凡天下之意见皆不对也。盖人之意见，万有不齐，如必执一以为是，则天下人之意见，果孰为是？正与《庄子·齐物论》所问之孰为正处、正味、正色，同一不能决定也。若不执一以为是，则天下人之意见皆是也。唯其皆是，故听其自尔，而无须辩矣。

《庄子·齐物论》云："果且无彼是乎哉？彼是莫得其偶，谓之道枢。枢始得其环中，以应无穷。是亦一无穷，非亦一无穷也。故曰莫若以明。"有所是则有所非，有所非则有所是。故是非乃相对待的，所谓"偶"也。若听是非之自尔而无所是非，则无偶矣。故曰"彼是莫得其偶，谓之道枢"也。"是亦一无穷，非亦一无穷"，如一环然。不与有所是非者为循环之辩论，而立于环中以听其自尔。则所谓"枢始其得环中，以应无穷"也。

《庄子·齐物论》又曰："是以圣人和之以是非，而休乎天钧，是之谓两行。""天钧"者，《庄子·寓言》云："万物皆种也，以不同形相禅，始卒若环，莫得其伦，是谓天钧。天钧者，天倪也。""天钧""天倪"若谓万物自然之变化，"休于天钧"，即听万物之自然也。圣人对于物之互相是非，听其自尔。故其态度，即是不废是非而超过之，"是之谓两行"。

凡物皆无不好，凡意见皆无不对，此《庄子·齐物论》之宗旨也。推而言之，则一切存在之形式，亦皆无不好。所谓死者，不过吾人自一存在之形式转为别一存在之形式而已。如吾人以现在所有之存在形式为可喜，则死后吾人所得之新形式，亦未尝不可喜。《庄子·大宗师》曰："特犯（同逢）人之形，而犹喜之。若人之形者，万化而未始有极也，其为乐可胜计邪？"知此理也，则可齐生死矣。

《庄子·大宗师》曰："浸假而化予之左臂以为鸡，予因以求时夜。浸假而化予之右臂以为弹，予因以求鸮炙。浸假而化予之尻以为轮，以神为马，予因而乘之，岂更驾哉！且夫得者时也（郭象云：'当所遇之时，世所谓得。'），失者顺也（郭象云：'时不暂停，随顺而往，世谓之失。'），安时而处顺，哀乐不能入也，此古之所谓县解也。"哀乐不能入，即以理化情也。

斯宾诺莎（Spinoza）以情感为"人之束缚"（Human Bondage）。若有知识之人，知宇宙之真相，知事物之发生为必然，则遇事不动情感，不为所束缚，而得"人之自由"（Human Freedom）矣。譬如飘风坠瓦，击一小儿与一成人之头。此小儿必愤怒而恨此瓦。成人则不动情感，而所受之痛苦亦轻。盖成人之知识，知瓦落之事实之真相，故"哀乐不能入"也。

《庄子·养生主》谓秦失谓哭老聃之死者云："是遁天倍情，忘其所受，古者谓之遁天之刑。"死为生之天然的结果，对此而有悲痛愁苦，是"遁天倍情"也。"遁天"者必受刑，即其悲哀时所受之痛苦是也。若知"得者时也，失者顺也，安时而处顺"，则"哀乐不能入"，不受"遁天之刑"而如悬之解矣。其所以能如此者，则以理化情也。

自又一方面言之，则死生不但可齐，吾人实亦可至于无死生之地位。《庄子·田子方》云："草食之兽不疾易薮，水生之虫不疾易水，行小变而不失其大常也……夫天下也者，万物之所一也。得其所一而同焉，则四支百体将为尘垢，而死生终始将为昼夜而莫之能滑，而况得丧祸福之所介乎！"

《庄子·大宗师》云："夫藏舟于壑，藏山于泽，谓之固矣。然而夜半有力者负之而走，昧者不知也。藏小大有宜，犹有所遁。若夫藏天下于天下而不得所遁，是恒物之大情也。……故圣人将游于物之所不得遁而皆存。善妖善老，善始善终，人犹效之，又况万物之所系而一化之所待乎！"如能以吾与宇宙合一，"得其所一而同焉"，则宇宙无死生，吾亦无死生，宇宙永久，吾亦永久矣。

然若何方能使个体与宇宙合一耶？曰，在纯粹经验中，个体即可与宇宙合一。所谓纯粹经验（Pure Experience）即无知识之经验。在有纯粹经验之际，经验者，对于所经验，只觉其是"如此"（詹姆士 ① 所谓"That"），而不知其是"什么"（詹姆士所谓"What"）。詹姆士谓纯粹经验，即是经验之"票面价值"（Face Value），即是纯粹所觉，不杂以名言分别（见詹姆士《激进的经验主义》*Essays in Radical Empiricism* 三十九页）。佛家所谓现量，似即是此。庄学所谓真人所有之经验，即是此种。其所处之世界，亦即此种经验之世界也。

　　《庄子·齐物论》云："古之人，其知有所至矣。恶乎至？有以为未始有物者，至矣，尽矣，不可加矣。其次以为有物矣，而未始有封也。其次以为有封焉，而未始有是非也。是非之彰也，道之所以亏也。道之所以亏，爱之所为成。"有经验而不知有物，不知有封（分别），不知有是非，愈不知则其经验愈纯粹。在经验之中，所经验之物，是具体的，而名之所指，是抽象的。所以名言所指，实只经验之一部。譬如"人"之名之所指，仅系人类之共同性质。至于每个具体的人之特点个性，皆所不能包括。故一有名言，似有所成而实则有所亏也。凡一切名言区别，皆是如此。故吾人宜只要经验之"票面价值"，而不须杂以名言区别。

　　有名言区别即有成，有成即有毁。若纯粹经验，则无成与毁也。故达人不用区别，而止于纯粹经验，则庶几矣。其极境虽止而又不知其为止。至此则物虽万殊，而于吾之知识上实已无区别。至此则真可

---

① 威廉·詹姆斯（1842–1910），美国哲学家，美国心理学之父。

觉"天地与我并生，而万物与我为一"矣。

人至此境界，始可绝对地逍遥矣。盖一切之物，苟顺其性，虽皆可以逍遥，然一切物之活动，皆有所倚赖，即《庄子·逍遥游》中所谓"待"。《庄子·逍遥游》曰："列子御风而行，泠然善也。旬有五日而后返。彼于致福者，未数数然也。此虽免乎行，犹有所待者也。"列子御风而行，无风则不得行，故其逍遥有待于风。推之世上一般人或必有富贵而后快，或必有名誉而后快，或必有爱情而后快。是其逍遥有待于富贵、名誉或爱情也。有所待则必得其所待，然后逍遥。故其逍遥亦为其所待所限制，而不能为绝对的。若至人既已"以死生为一条，可不可为一贯"（《庄子·德充符》）其逍遥即无所待，为无限制的、绝对的。

故《庄子·逍遥游》曰："若夫乘天地之正，御六气之辩，以游无穷者，彼且恶乎待哉？故曰：至人无己；神人无功；圣人无名。"（同上）"乘天地之正，御六气之辩，以游无穷者"，即与宇宙合一者也。其所以能达此境界者，则因其无己、无功、无名，而尤因其无己。

此庄学中之神秘主义也。神秘主义一名词之意义，上文已详。上文谓如孟子哲学中有神秘主义，其所用以达到神秘主义的境界之方法，为以"强恕""求仁"，以至于"万物皆备于我矣，反身而诚，乐莫大焉"之境界。庄学所用之方法，乃在知识方面取消一切分别，而至于"天地与我并生，而万物与我为一"之境界。此二方法，在中国哲学史中，分流并峙，颇呈奇观。不过庄学之方法，自魏晋而后，即无人再讲。而孟子之方法，则有宋明诸哲学家，为之发挥提倡，此其际遇之不同也。

荀子

先秦儒家最后之大师为荀子（公元前298年？—公元前238年？）。自孟子以后，儒家中无杰出之士。至荀子而儒家壁垒始又一新。孟子、荀子俱尊孔子，而荀子对于孟子，则攻击甚力。西人谓人或生而为柏拉图，或生而为亚里士多德。詹姆士谓：哲学家，可依其气质，分为硬心的及软心的二派。柏拉图即软心派之代表，亚里士多德即硬心派之代表也。

孟子乃软心的哲学家，其哲学有唯心论的倾向。荀子为硬心的哲学家，其哲学有唯物论的倾向。孟子尽性则知天，及"万物皆备于我"之言，由荀子之近于唯物论的观点视之，诚为"僻违而无类，幽隐而无说，闭约而无解"（《荀子·非十二子》）也。荀子攻孟子，盖二人之气质学说，本不同也。战国时儒家中有孟荀二学派之争，亦犹宋明时代道学家中有程朱、陆王二学派之争也。

孔子所言之天为主宰之天，孟子所言之天，有时为主宰之天，有时为运命之天，有时为义理之天。荀子所言之天，则为自然之天。此盖亦由于老庄之影响也。《庄子·天运》谓天地日月之运行，"其有机缄而不得已"，"其运转而不能自止"，即持自然主义的宇宙观者之言也。荀子之宇宙观，亦为自然主义的。"列星随旋，日月递照"，皆自然之运行，其所以然之故，圣人不求知之也。"不求知天"（《荀子·天论》）即尽人力以"自求多福"也。

孟子言义理之天，以性为天之部分，此孟子言性善之形上学的根据也。荀子所言之天，是自然之天，其中并无道德的原理，与孟子异，其言性亦与孟子正相反。《荀子·性恶》曰："人之性恶，其善者伪也。"所谓性及伪者，《荀子·性恶》曰："不可学、不可事而在人者谓之性，可学而能、可事而成之在人者谓之伪。是性、伪之分也。""生之所以然者谓之性。"（《荀子·正名》）性乃属于天者。荀子所言之天，既为自然之天，其中无理想，无道德的原理，则性中亦不能有道德的原理。道德乃人为的，即所谓伪也。

《荀子·性恶》曰："今人之性，生而有好利焉，顺是，故争夺生而辞让亡焉……故必将有师法之化，礼义之道，然后出于辞让，合于文理，而归于治。用此观之，然则人之性恶明矣，其善者伪也。"人性虽恶，而人人可以为善。《荀子·性恶》曰："'途之人可以为禹'，曷谓也？曰：凡禹之所以为禹者，以其为仁义法正也。然则仁义法正有可知可能之理，然而途之人也，皆有可以知仁义法正之质，皆有可以能仁义法正之具，然则其可以为禹明矣……今使途之人伏术为学，专心一志，思索熟察，加日县久，积善而不息，则通于神明，参于天地矣。故圣人者，人之所积而致矣。"陈澧曰："戴东原曰：'此与性善之说，不唯不相悖，而且若相发明。'（《孟子字义疏证》）澧谓途之人可以为禹，即孟子所谓人皆可以为尧舜，但改尧舜为禹耳。如此则何必自立一说乎？"（《东塾读书记》卷三）然荀子以为人皆有可以知仁义法正之质，能仁义法正之具，孟子则以为人即有仁义法正。

孟子所谓性善，乃谓人性中本有善端，人即此善端，"扩而充之"，即为尧舜。荀子谓人之性恶，乃谓人性中本无善端。但人性中虽无善端，人却有相当之聪明才力。人有此才力，若告之以"父子之义""君臣之正"，则亦可学而能之。积学既久，成为习惯，圣即可积而致也。途之人"皆有可以知仁义法正之质，皆有可以能仁义法正之具"，乃就人之聪明才力方面说，非谓人原有道德的性质也。人之积礼义而为君子，与其积耨耕而为农夫等同（《荀子·儒效》），盖皆知识习惯方面事也。故荀子性恶之说，实与孟子性善之说不同也。

荀子曰："人之欲善者，其性恶也。"黄百家驳之云："如果性恶，安有欲为善之心乎？"（《宋元学案》卷一）观以上所说，亦可知黄百家此驳，不足以难荀子。所谓善者，礼仪文理也，仁义法正也，人本不欲此，不过不得不欲此耳。

荀子曰："人伦并处，同求而异道，同欲而异知，生也。皆有可也，知愚同；所以异也，知愚分。势同而知异，行私而无祸，纵欲而不穷，则民心奋而不可说也。……无君以制臣，无上以制下，天下害生纵欲。欲恶同物，欲多而物寡，寡则必争矣。故百技所成，所以养一人也。而能不能兼技，人不能兼官，离居不相待则穷，群而无分则争。穷者患也，争者祸也，救患除祸，则莫若明分使群矣。……故知者为之分也。"(《荀子·富国》)此以功利主义说明社会国家之起源，而与一切礼教制度以理论的根据，与《墨子·尚同》所说同。

盖人有聪明才知，知人无群之不能生存，又知人无道德之不能为群，故知者制为道德制度，而人亦受之。"故知者为之分也"，"知者"二字极可注意。盖人之为此，乃以其有知识之故，非以其性中本有道德之故也。

以同一理由，荀子论礼之起源云："礼起于何也？曰，人生而有欲。欲而不得，则不能无求；求而无度量分界，则不能不争。争则乱，乱则穷。先王恶其乱也，故制礼义以分之，以养人之欲，给人之求，使欲必不能穷乎物，物必不屈于欲，两者相持而长，是礼之所起也。"(《荀子·礼论》)盖荀子以为"人之性恶，其善者伪也"，故不能不注重礼以矫人之性也。

礼之用除定分以节人之欲外，又为文以饰人之情。此方面荀子言之甚精。荀子亦重功利，与墨子有相同处。但荀子对于情感之态度，与墨子大不相同。墨以其极端的功利主义之观点，以人之许多情感为无用无意义而压抑之，其结果为荀子所谓"蔽于用而不知文"。荀子虽亦主功利，然不如墨子之极端，故亦重视情感，重用亦重文。此可于荀子论丧祭礼中见之。

荀子论丧礼云："丧礼者，以生者饰死者也，大象其生以送其死也。故事死如生，事亡如存（据郝懿行校），终始一也。……故丧礼者，无它焉，明死生之义，送以哀敬而终周藏也。……事生，饰始也；送死，饰终也。终始具而孝子之事毕，圣人之道备矣。"(《荀子·礼论》)

衣衾棺椁，皆"大象其生以送其死也"，理智明知死者之已死，而情感仍望死者之犹生。于此际专依理智则不仁，专依情感则不智，故"大象其生以送其死"，则理智情感兼顾，仁而且智之道也。

荀子论祭礼云："祭者，志意思慕之情也，忠信爱敬之至矣，礼节文貌之盛矣，苟非圣人，莫之能知也。圣人明知之，士君子安行之，官人以为守，百姓以成俗。其在君子，以为人道也；其在百姓，以为鬼事也。……卜筮视日，斋戒修涂，几筵、馈荐、告祝，如或飨之；物取而皆祭之，如或尝之……哀夫！敬夫！事死如事生，事亡如事存，状乎无形影，然而成文。"（《荀子·礼论》）因生人主观方面对死者有"志意思慕之情"，故祭之。

然其所祭之对象，则"无形影"，只"如或飨之""如或尝之"而已。一方面郑重其事以祭祀，一方面又知其为"状乎无形影"，"然而成文"。丧祭礼之原始，皆起于人之迷信。荀子以其自然主义的哲学，予丧祭礼以新意义，此荀子之一大贡献也。

荀子有《正名》。孔子言"正名"，欲使"君君，臣臣，父父，子子"。孟子言："无父无君，是禽兽也。"孟子正人之名而排无父无君者于人之外，是亦孟子之正名主义也。不过孔孟之正名，仅从道德着想，故其正名主义，仅有伦理的兴趣，而无逻辑的兴趣。犹之苏格拉底之"以归纳法求定义"，亦原只有伦理的兴趣也。柏拉图讲概念，其伦理的兴趣，亦较其逻辑的兴趣为大。至亚里士多德始有纯讲逻辑之著作。荀子生当"辩者"正盛时代，故其所讲正名，逻辑的兴趣亦甚大。

荀子对于当时诸家学说，俱有辩驳。《荀子·正名》更就正名之观点，将当时流行彼所认为误谬之学说，分为三科。其第一科为惑于用名以乱名者，第二科为惑于用实以乱名者，第三科为惑于用名以乱实者。

节选自冯友兰《中国哲学小史》，标题为编者所加

第二章

秦汉儒学

儒家之兴起，为子学时代之开端；

儒家之独尊，为子学时代之结局。

及汉之初叶，政治上既开以前所未有之大一统之局，

而社会及经济各方面之变动，开始自春秋时代者，

至此亦渐成立新秩序；

故此后思想之亦渐归统一，乃自然之趋势。

秦皇、李斯行统一思想之政策于前，

汉武、董仲舒行统一思想之政策于后，

盖皆代表一种自然之趋势，非只推行一二人之理想也。

《韩非子·显学》曰：

> 自孔子之死也，有子张之儒，有子思之儒，有颜氏之儒，有孟氏之儒，有漆雕氏之儒，有仲良氏之儒，有孙氏之儒，有乐正氏之儒。(《韩非子》卷十九，《四部丛刊》本，页七)

此战国末年儒家中之派别也。战国末及汉初一般儒者之著作，大小戴《礼记》为其总集。《孝经》相传为孔子所作，然《论语》中并未言及。至《吕氏春秋》始称引之（见《察微》），当亦战国末年儒者所作。兹均于本章论之。

关于礼之普通理论

孔子言"直"又言"礼"，言直则注重个人性情之自由，言礼则注重社会规范对于个人之制裁。但孔子虽注重礼，而尚未有普通理论，以说明礼之性质，及其对于人生之关系。儒家以述为作，孔子之言礼，盖述之成分较大，而作之成分较少也。

战国末汉初之儒者，对于礼始有普通的理论，以说明其性质，及其对于人生之关系。荀子对于礼之普通理论，上文已略言之。《檀弓》曰：

> 曾子谓子思曰："伋！吾执亲之丧也，水浆不入于口者七日。"子思曰："先王之制礼也，过之者俯而就之，不至焉者跂而及之。故君子之执亲之丧也，水浆不入于口者三日，

杖而后能起。"(《礼记》卷二,《四部丛刊》本，页八)

又曰：

　　子夏既除丧而见。予之琴，和之而不和，弹之而不成声。作而曰："哀未忘也，先王制礼，而弗敢过也。"子张既除丧而见。予之琴，和之而和，弹之而成声。作而曰："先王制礼，不敢不至焉。"(《礼记》卷二页十二)

《礼运》曰：

　　饮食男女，人之大欲存焉；死亡贫苦，人之大恶存焉。故欲恶者，心之大端也。人藏其心，不可测度也。美恶皆在其心，不见其色也。欲一以穷之，舍礼何以哉？(《礼记》卷七页七)

《仲尼燕居》曰：

　　仲尼燕居，子张、子贡、言游侍。……子曰："师！尔过，而商也不及。子产犹众人之母也，能食之，不能教也。"子贡越席而对曰："敢问将何以为此中者也？"子曰："礼乎礼！夫礼，所以制中也。"(《礼记》卷十五页六)

《坊记》曰：

> 礼者，因人之情而为之节文，以为民坊者也。（《礼记》
> 卷十五页十二）

礼之用有二方面，一方面为"节""人之情"，一方面为
"文""人之情"。兹先就其"节""人之情"一方面言之。盖人之情欲
之流露，须合乎适当之节度分限。合乎节度分限者，即是合乎中。中即
人之情欲之流露之一恰好之点，过此即与人或与己之别方面有冲突。

礼即所以使人得中之标准的外部规范也。孔子注重人之性情之真
的流露，但同时又谓须"以礼节之"。其意似即如此，不过孔子尚未
明白说出耳。孟子谓："仁之实，事亲是也。义之实，从兄是也。礼之
实，节文斯二者是也。"（《离娄上》，《孟子》卷七，《四部丛刊》本，
页十六）孟子亦以"节文"为礼之功用。不过孟子以为"辞让之心"，
人皆生而有之。"节文斯二者"之礼，不过此"辞让之心"之具体的
表现。故孟子对于礼之理论，亦未多言及。

荀子以为人之性恶，人皆有欲，若无节制，则人与人必互相冲
突而乱。故"先王制礼义以分之"（《礼论》，《荀子》卷十三，《四部
丛刊》本，页一）。不过荀子所说，多以为礼乃所以防人与人之冲突。
至于礼亦所以调和一己自身间诸情欲之冲突，则未言及。若《檀弓》
所说，则礼亦所以调和一己自身之诸情欲，如所说思亲之情，及饮食
求乐之欲，以使之皆遵一标准的规范而不自相冲突也。荀子对于礼之
理论，言之已详。上所引《礼记》诸篇，更有论述。盖儒家对于礼之

普通理论，至此始完成也。

《礼记》诸篇中，又有以礼为规定社会上诸种差别者。《曲礼》曰：

> 夫礼者，所以定亲疏、决嫌疑、别同异、明是非也。
> （《礼记》卷一页二）

《哀公问》曰：

> 民之所由生，礼为大。非礼无以节事天地之神也。非礼无以辨君臣、上下、长幼之位也。非礼无以别男女、父子、兄弟之亲，昏姻、疏数之交也。（《礼记》卷十五页三）

礼所以规定社会上诸种差别。此诸种差别所以需要，亦因必如此方能使人与人不相冲突也。

吾人既知礼之原理，则知具体的礼，可以因时宜而变动，非一成不变者。《礼运》曰：

> 故圣王修义之柄，礼之序，以治人情。故人情者，圣王之田也。修礼以耕之，陈义以种之，讲学以耨之，本仁以聚之，播乐以安之。故礼也者，义之实也。协诸义而协，则礼虽先王未之有，可以义起也。（《礼记》卷七页九）

《礼器》曰：

> 礼，时为大……尧授舜，舜授禹，汤放桀，武王伐纣，时也。（《礼记》卷七页十二）

《乐记》曰：

> 五帝殊时，不相沿乐；三王异世，不相袭礼。（《礼记》卷十一页九）

《郊特牲》曰：

> 礼之所尊，尊其义也。失其义，陈其数，祝、史之事也。故其数可陈也，其义难知也。知其义而敬守之，天子之所以治天下也。（《礼记》卷八页九）

礼之"义"即礼之普通原理。知"其义"，则可"因人之情而为之节文"，可以制礼矣。礼之"义"不变，至于"其数"，即具体的礼，则非不变者也。

礼与法之比较，《大戴礼记·礼察》言及之曰：

> 凡人之知，能见已然，不能见将然。礼者，禁于将然之前；而法者，禁于已然之后。是故法之用易见，而礼之所为

生难知也。若夫庆赏以劝善，刑罚以惩恶，先王执此之正，坚如金石，行此之信，顺如四时，处此之功，无私如天地尔，岂顾不用哉？然如曰礼云礼云，贵绝恶于未萌，而起敬于微眇，使民日徙善远罪，而不自知也。孔子曰："听讼吾犹人也，必也使无讼乎？"此之谓也。……以礼义治之者积礼义，以刑罚治之者积刑罚。刑罚积而民怨倍，礼义积而民和亲。故世主欲民之善同，而所以使民之善者异。或导之以德教，或欧之以法令。导之以德教者，德教行而民康乐。欧之以法令者，法令极而民哀戚。哀乐之感，祸福之应也。（《大戴礼记》卷二，《四部丛刊》本，页一至二）

此文取自贾谊《论时政疏》。礼固不必皆"禁于将然之前"，法亦不必皆"禁于已然之后"。不过礼所规定，多为积极的；法所规定，多为消极的。又法有国家之赏罚为后盾，而礼则不必有也。

关于乐之普通理论

孔子甚重乐，但关于乐之普通理论，如乐之起源及其对于人生之关系，孔子亦未言及。《荀子·乐论》及《礼记·乐记》，对此始有详细之讨论。《荀子·乐论》云：

> 夫乐者，乐也。人情之所必不免也，故人不能无乐。乐则必发于声音，形于动静，而人之道，声音、动静、性术之变尽是矣。故人不能不乐，乐则不能无形，形而不为道，则不能无乱。先王恶其乱也，故制雅、颂之声以道之，使其声足以乐而不流，使其文足以辨而不息（原作諰，依郝懿行校改），使其曲直、繁省、廉肉、节奏，足以感动人之善心。使夫邪污之气无由得接焉，是先王立乐之方也。(《荀子》卷十四页一)

《乐记》云：

> 凡音之起，由人心生也。人心之动，物使之然也。感于物而动，故形于声。……是故其哀心感者，其声噍以杀；其乐心感者，其声啴以缓；其喜心感者，其声发以散；其怒心感者，其声粗以厉；其敬心感者，其声直以廉；其爱心感者，其声和以柔。六者，非性也，感于物而后动。是故先王慎所以感之者。(《礼记》卷十一页五至六)

由此而言，则乐之功用，乃所以节人之情，使其发而合乎"道"，即发而得中也。礼节人之欲，乐节人之情。盖礼乐之目的，皆在于使人有节而得中。《乐记》云：

> 是故先王之制礼乐也，非以极口腹耳目之欲也，将以教民平好恶而反人道之正也。人生而静，天之性也。感于物而动，性之欲也。……夫物之感人无穷，而人之好恶无节，则是物至而人化物也。人化物也者，灭天理而穷人欲者也。于是有悖逆诈伪之心，有淫佚作乱之事。……此大乱之道也。是故先王之制礼乐，人为之节。(《礼记》卷十一页七至八)

至于礼乐之功效，则《乐记》云：

> 礼节民心，乐和民声。政以行之，刑以防之。礼、乐、

刑、政，四达而不悖，则王道备矣。乐者为同，礼者为异。同则相亲，异则相敬。乐胜则流，礼胜则离。合情饰貌者，礼乐之事也。……乐由中出，礼自外作。乐由中出，故静；礼自外作，故文。大乐必易，大礼必简。乐至则无怨，礼至则不争。揖让而治天下者，礼乐之谓也。（《礼记》卷十一页八）

儒家主以礼乐治天下，至于政刑，不过所以推行礼乐而已。《乐记》并以礼乐为有形上学的根据。《乐记》云：

　　天高地下，万物散殊，而礼制行矣。流而不息，合同而化，而乐兴焉。春作夏长，仁也；秋敛冬藏，义也。仁近于乐，义近于礼。……天尊地卑，君臣定矣。卑高已陈，贵贱位矣。动静有常，小大殊矣。方以类聚，物以群分，则性命不同矣。在天成象，在地成形。如此，则礼者，天地之别也。地气上齐，天气下降，阴阳相摩，天地相荡，鼓之以雷霆，奋之以风雨，动之以四时，煖之以日月，而百化兴焉。如此，则乐者天地之和也。化不时则不生，男女无辨则乱升，天地之情也。及夫礼乐之极乎天而蟠乎地，行乎阴阳而通乎鬼神，穷高极远而测深厚。乐著大始，而礼居成物。著不息者天也，著不动者地也，一动一静者，天地之间也。故圣人曰"礼乐"云。（《礼记》卷十一页九至十）

由此而言，则宇宙本来即有天然之秩序，即是一大调和，而礼乐则此秩序调和之具体的例证也。

关于丧礼之理论

荀子一方面谓礼所以节人之欲，一方面谓礼所以饰人之情。又谓礼之用有二方面：一方面为"节""人之情"，一方面为"文""人之情"。其"文""人之情"之功用，依《荀子》《礼记》所说，在丧祭礼中最可见，兹述之。

吾人之心，有情感及理智二方面。如吾人之所亲者死，自吾人理智之观点观之，则死者不可复生，而灵魂继续存在之说，又不可证明，渺茫难信。不过吾人之感情又极望死者之可复生，死者之灵魂继续存在。吾人于此，若惟从理智，则对于死者尽可采用《列子·杨朱》中所说："焚之亦可，沈之亦可，瘗之亦可，露之亦可，衣薪而弃诸沟壑亦可。"（《列子》，《四部丛刊》本，卷七页二）若纯自理智之观点观之，则一切送死之礼节，皆是无意义，反之若专凭情感，则尽可以种种迷信为真理，而否认理智之判断。世之宗教，皆以合于人之情感之想象为真，而否认理智之判断者也。

吾人对待死者，若纯依理智，则为情感所不许。若专凭情感，则使人流于迷信，而妨碍进步。《荀子》及《礼记》中所说对待死者之道，则折中于此二者之间，兼顾理智与情感。依其所与之理论与解释，《荀子》及《礼记》中所说之丧礼、祭礼，是诗与艺术而非宗教。其对待死者之态度，是诗的、艺术的，而非宗教的。

诗对于宇宙及其间各事物，皆可随时随地，依人之情感，加以推测解释，可将合于人之情感之想象，任意加于真实之上。亦可依人情感，说自欺欺人之话。此诗与散文、艺术与科学，根本不同之处也。不过诗与艺术所代表非真实，而亦即自己承认其所代表为非真实。所以虽离开理智，专凭情感，而却仍与理智不相冲突。诗与艺术是最不科学的，而却与科学并行不悖。我们在诗与艺术中，可得情感的安慰，而同时又不碍理智之发展。宗教亦是人之情感之表现，其所以与诗及艺术异者，即在其真以合于人之情感之想象为真实，因即否认理智之判断，此其所以为独断（dogma）也。

近人桑戴延纳[①]（George Santayana）主张宗教亦宜放弃其迷信与独断而自比于诗。但依《荀子》《礼记》对于其所拥护之丧礼与祭礼之解释与理论，则《荀子》《礼记》早已将古时之宗教，修正为诗。古时所已有之丧祭礼，或为宗教的仪式，其中或包含不少之迷信与独断。但《荀子》《礼记》以述为作，加以澄清，与之以新意义，使之

---

① 即桑塔亚那（1863—1952），美国哲学家、诗人、文学批评家。

由宗教而变为诗。例如古时与死者预备器具，未尝非以为死者灵魂继续存在，能用器具。但后来儒者则与所谓明器以新意义。《礼记》云：

孔子曰："之死而致死之，不仁而不可为也；之死而致生之，不知而不可为也。是故，竹不成用，瓦不成味，木不成斫，琴瑟张而不平，竽笙备而不和，有钟磬而无簨虡。其曰'明'器，神明之也。"（《檀弓》，《礼记》卷二页十四至十五）

又曰：

孔子谓：为明器者知丧道矣，备物而不可用也。（《檀弓》，《礼记》卷三页五）

专从理智之观点待死者，断其无知，则为不仁。专从情感之观点待死者，断其有知，则为不智。折中于二者，为死者"备物而不可用"。为之"备物"者，冀其能用，所以副吾人情感之期望也。"不可用"者，吾人理智明知死者之不能用之也。《荀子》《礼记》对于丧礼祭礼之理论，皆专就主观情感方面立论，盖吾人理智明知死者已矣，客观对象方面，固无可再说者也。兹再引《荀子》《礼记》以见此意。《礼记》云：

丧礼，哀戚之至也。节哀，顺变也，君子念始之者也。

复，尽爱之道也，有祷祠之心焉。……饭用米、贝，弗忍虚也，不以食道，用美焉尔。铭，明旌也，以死者为不可别已，故以其旗识之。爱之，斯录之矣；敬之，斯尽其道焉耳。……奠以素器，以生者有哀素之心也。唯祭祀之礼，主人自尽焉尔，岂知神之所飨？亦以主人有斋敬之心也！（《檀弓》，《礼记》卷三页三）

"主人自尽焉尔，岂知神之所飨？""自尽"以得情感之慰安，不计"神之所飨"，则不以情感欺理智也。

亲死三日而殓，《礼记》云：

或问曰："死三日而后殓者何也？"曰："孝子亲死，悲哀志懑，故匍匐而哭之，若将复生然，安可得夺而敛之也？故曰：三日而后殓者，以俟其生也。三日而不生，亦不生矣。孝子之心，亦益衰矣。家室之计，衣服之具，亦可以成矣。亲戚之远者，亦可以至矣。是故圣人为之断决，以三日为之礼制也。"（《问丧》，《礼记》卷十八页六）

三月而葬，《礼记》云：

子思曰："丧三日而殡，凡附于身者，必诚必信，勿之有悔焉耳矣。三月而葬，凡附于棺者，必诚必信，勿之有悔焉耳矣。"（《檀弓》，《礼记》卷二页三）

《荀子》云：

> 故殡，久不过七十日，速不损五十日。是何也？曰：远者可以至矣，百求可以得矣，百事可以成矣，其忠至矣，其节大矣，其文备矣。然后月朝卜宅，月夕卜日（据王引之校），然后葬也。（《礼论》，《荀子》卷十三页十二）

葬毕反哭，《礼记》云：

> 送形而往，迎精而反也。其往送也，望望然，汲汲然，如有追而弗及也。其反哭也，皇皇然，若有求而弗得也。故其往送也如慕，其反也如疑。求而无所得之也，入门而弗见也，上堂又弗见也，入室又弗见也，亡矣丧矣，不可复见已矣！故哭泣辟踊，尽哀而止矣。心怅焉怆焉，惚焉忾焉，心绝志悲而已矣。祭之宗庙，以鬼享之，徼幸复反也。（《问丧》，《礼记》卷十八页五）

"祭之宗庙，以鬼享之"，情感希望死者之"复反"也，曰"徼幸复反"者，不以情感欺理智也。

葬后又为亲服三年之丧，《礼记》云：

> 凡生天地之间者，有血气之属必有知，有知之属莫不知爱其类。今是大鸟兽，则失丧其群匹，越月逾时焉，则必反

巡过其故乡，翔回焉，鸣号焉，踯躅焉，踟蹰焉，然后乃能去之。小者至于燕雀，犹有啁噍之顷焉，然后乃能去之。故有血气之属者莫知于人，故人于其亲也，至死不穷。将由夫患邪淫之人与？则彼朝死而夕忘之，然而从之，则是曾鸟兽之不若也，夫焉能相与群居而不乱乎？将由夫修饰之君子与？则三年之丧，二十五月而毕，若驷之过隙，然而遂之，则是无穷也。故先王焉为之立中制节，壹使足以成文理，则释之矣。（《三年问》，《礼记》卷十八页十一至十二；《荀子·礼论》同）

以上所引，皆就主观的情感方面立论。盖丧礼之本意，只以求情感之慰安耳。

《荀子》总论丧礼云：

礼者，谨于治生死者也。生，人之始也；死，人之终也。终始俱善，人道毕矣。故君子敬始而慎终。终始如一，是君子之道，礼义之文也。夫厚其生而薄其死，是敬其有知而慢其无知也。……故死之为道也，一而不可得再复也，臣之所以致重其君，子之所以致重其亲，于是尽矣。……丧礼者，以生者饰死者也，大象其生以送其死也，故事死如生，事亡如存（据郝懿行校），终始一也。……具生器以适墓，象徙道也。略而不尽，貌而不功。……故生器文而不功，明器貌而不用。……故丧礼者，无它焉，明死生之义，送以哀敬而终周藏也。……事生，饰始也；送死，饰终也。终始具而孝子之事毕，圣人之道备矣。刻死而附生谓之墨，刻生而附死谓之惑，杀生而送死谓之贼。大象其生以送其死，使死生终始莫不称宜而好善，是礼义之法式也，儒者是矣。(《礼论》,《荀子》卷十三页九至二十)

衣衾棺椁，皆"大象其生以送其死"也，吾人理智明知死者之已死，而吾人情感仍望死者之犹生。于此际专依理智则"不仁"，专依情感则"不智"，故"大象其生以送其死"，则理智情感兼顾，仁而且智之道也。然圣人之为此制度，亦非武断。

此孝子之志也，人情之实也，礼义之经也。非从天降也，非从地出也，人情而已矣。(《问丧》,《礼记》卷十八页七)

关于祭礼之理论

以上为《荀子》《礼记》对于丧礼之理论。其对于祭礼之理论，亦全就主观情感方面立言。祭礼之本意，依《荀子》《礼记》之眼光视之，亦只以求情感之慰安。《礼记》云：

> 凡治人之道，莫急于礼；礼有五经，莫重于祭。夫祭者，非物自外至者也，自中出，生于心也。心怵而奉之以礼。是故唯贤者能尽祭之义。贤者之祭也，必受其福，非世所谓福也。福者，备也；备者，百顺之名也。无所不顺者谓之备，言内尽于己而外顺于道也。……是故贤者之祭也，致其诚信，与其忠敬，奉之以物，道之以礼，安之以乐，参之以时，明荐之而已矣。不求其为，此孝子之心也。……凡天

之所生，地之所长，苟可荐者，莫不咸在，示尽物也。外则尽物，内则尽志，此祭之心也。（《祭统》，《礼记》卷十四页十五至十六）

"外则尽物，内则尽志"，"不求其为"，专重祭祀而不重祭祀之对象也。《荀子》云：

祭者，志意思慕之情也。忠信爱敬之至矣，礼节文貌之盛矣，苟非圣人，莫之能知也。圣人明知之，士君子安行之，官人以为守，百姓以成俗。其在君子，以为人道也；其在百姓，以为鬼事也。……卜筮视日、斋戒、修涂、几筵、馈荐、告祝，如或飨之。物取而皆祭之，如或尝之。毋利举爵，主人有尊，如或觞之。宾出，主人拜送，反易服，即位而哭，如或去之。哀夫！敬夫！事死如事生，事亡如事存，状乎无形影，然而成文。（《礼论》，《荀子》卷十三页二十四至二十六）

因主人主观方面对死者有"志意思慕之情"，故祭之。然其所祭之对象，则"无形影"，只"如或飨之""如或尝之"而已。一方面郑重其事以祭祀，一方面又知其为"状乎无形影"，"然而成文"。此其所以为诗也。

《礼记》更描写祭者祭时之心理状态云：

致斋于内，散斋于外。斋之日，思其居处，思其笑语，思其志意，思其所乐，思其所嗜。斋三日，乃见其所为斋者。祭之日，入室，僾然必有见乎其位；周还出户，肃然必有闻乎其容声；出户而听，忾然必有闻乎其叹息之声。……唯圣人为能飨帝，孝子为能飨亲。飨者，乡也，乡之然后能飨焉。……齐齐乎其敬也！愉愉乎其忠也！勿勿诸其欲其飨之也！……洞洞乎！属属乎！如弗胜，如将失之，其孝敬之心至也与！……于是谕其志意，以其恍惚以与神明交，庶或飨之。庶或飨之，孝子之志也。（《祭义》,《礼记》卷十四页五至七）

近人以为人之见鬼，乃由于心理作用。依《礼记》此说，则祭者正宜利用此等心理作用，"乡"死者而想象之，庶得"恍惚"而见其鬼焉。"以其恍惚以与神明交"，而冀其"庶或飨之"，无非以使"志意思慕之情"得慰安而已。故祭祀，"君子以为人道"，而"百姓以为鬼事"也。

此等诗的态度，荀子不但于讲祭祀祖宗之祭礼时持之，即讲任何祭礼，亦持此态度。《荀子》云：

雩而雨，何也？曰：无何也，犹不雩而雨也。日月食而救之，天旱而雩，卜筮然后决大事，非以为得求也，以文之也。故君子以为文，而百姓以为神，以为文则吉，以为神则凶也。（《天论》,《荀子》卷十一页二十二）

"旱而雩"，无非表示惶急之情。"卜筮然后决大事"，无非表示郑重之意。此所谓"以为文"也。若"以为神"则必为迷信所误而凶矣。

祭祀祖宗，一方面因吾人本有"志意思慕之情"，一方面因吾人须讲报恩之义。《荀子》曰：

> 礼有三本：天地者，生之本也；先祖者，类之本也；君师者，治之本也。无天地，恶生？无先祖，恶出？无君师，恶治？三者偏亡焉，无安人。故礼，上事天，下事地，尊先祖而隆君师。是礼之三本也。（《礼论》，《荀子》卷十三页三）

《礼记》云：

> 万物本乎天，人本乎祖，此所以配上帝也。郊之祭也，大报本反始也。（《郊特牲》，《礼记》卷八页六）

除祖宗之外，人之所以祭祀诸神祇，亦皆报本反始之义。《礼记》云：

> 天子大蜡八。……蜡也者，索也。岁十二月，合聚万物而索飨之也。蜡之祭也，主先啬而祭司啬也，祭百种以报啬也。飨农及邮表畷、禽兽，仁之至，义之尽也。古之君子，

使之必报之。迎猫，为其食田鼠也；迎虎，为其食田豕也，迎而祭之也。祭坊与水庸，事也。曰："土反其宅，水归其壑，昆虫毋作，草木归其泽。"……蜡之祭，仁之至，义之尽也。（同上）

又云：

夫圣王之制祭祀也，法施于民则祀之，以死勤事则祀之，以劳定国则祀之，能御大菑则祀之，能捍大患则祀之。是故厉山氏之有天下也，其子曰农，能殖百谷。夏之衰也，周弃继之，故祀以为稷。共工氏之霸九州也，其子曰后土，能平九州，故祀以为社。……汤以宽治民而除其虐，文王以文治，武王以武功去民之菑。此皆有功烈于民者也。及夫日、月、星辰，民所瞻仰也。山林、川谷、丘陵，民所取财用也，非此族也，不在祀典。（《祭法》，《礼记》卷十四页三至四）

根于崇德报功之义，以人为祭祀之对象，孔德所谓"人之宗教"，即有此意。中国旧社会中，每行之人，皆供奉其行之神，如木匠供鲁班，酒家奉葛仙。其意即谓，各种手艺，皆有其发明者。后来以此手艺为生者，饮水思源，崇德报功，故奉原来发明者为神明，而祀之焉。至于天地星辰，鸟兽草木，亦以崇德报功之义，而崇拜之。此或起源于原始社会中之拜物教，但依儒家所与之意义，则此已为诗而非宗教矣。

有一派儒者谓所以特别提倡报本反始之义者，欲使民德之厚也。曾子曰：

> 慎终追远，民德归厚矣。（《学而》，《论语》卷一，《四部丛刊》本，页六）

《大戴礼记》云：

> 丧祭之礼，所以教仁爱也，致爱故能致丧祭，春秋祭祀之不绝，致思慕之心也。夫祭祀，致馈养之道也。死且思慕馈养，况于生而存乎？故曰：丧祭之礼明，则民孝矣。（《盛德》，《大戴礼记》卷八页六）

对于死者，对于无知者，尚崇其德而报其功，况对于生者，对于有知者乎？社会之中，人人皆互相报答，而不互相争斗，则社会太平矣，然此等功利主义，多数儒家者流不持之。

此外则公共祭祀之举行，亦与人民以一种休息游戏之机会。故《礼记》论蜡祭云：

> 黄衣、黄冠而祭，息田夫也。……既蜡而收，民息已。故既蜡，君子不兴功。（《郊特牲》，《礼记》卷八页六至七）

《礼记》又云：

> 子贡观于蜡，孔子曰："赐也，乐乎？"对曰："一国之人皆若狂，赐未知其乐也。"子曰："百日之蜡，一日之泽，非尔所知也。张而不弛，文武弗能也。弛而不张，文武弗为也。一张一弛，文武之道也。"（《杂记》,《礼记》卷十二页十七）

从此观点看祭祀，则祭祀更为艺术而非宗教矣。

关于婚礼之理论

以上为《荀子》《礼记》中对于丧祭礼之诸理论。此外另有一端，《礼记》中虽未明言，而实可为其所理论化之丧礼祭礼应有之含义，兹申言之。

依上所引，则儒者，至少一部分的儒者，对于人死之意见，不以为人死后尚有灵魂继续存在。然灵魂不死之说，虽为理智所不能承认，而人死之可不即等于完全断灭，则为事实。盖人所生之子孙，即其身体一部之继续存在生活者，故人若有后，即为不死。凡生物皆如此，更无须特别证明。

再则某人之于某时曾经生于某地，乃宇宙间之一固定的事实，无论如何，不能磨灭，盖已有之事，无论何人，不能使之再为无有。就此方面说，孔子时代之平常人，与孔子同为不可磨灭，其差异只在受人知与不受人知。亦犹现在之人，同样生存，而因其受知之范围之小大，而有小大人物之分。然即绝不受人知之人物，吾人亦不能谓其不存在。盖受人之知与否，与其人之存在与否，固无关系也。就此方面说，则凡人皆不死。不过此等不死，与生物学的不死，性质不同，可名为理想的不死，或不朽。

不过不受人知之不朽，普通认为无价值。故不朽二字，普通专以谓曾经存在之受人知之大人物。所谓人有三不朽：太上有立德，其次有立功，其次有立言。人能有所立，则即能为人所知，为人所记忆，而不死或不朽。然若惟立德立功立言之人，方能为人所记忆，则世之能得此受人知之不朽者必甚寡。

大多数之人，皆平庸无特异之处，不能使社会知而记忆之。可知而记忆之者，唯其家族与子孙。特别注重祭祀祖先，则人人皆得在其子孙之记忆中，得受人知之不朽。此儒家所理论化之丧礼祭礼所应有之含义也。

后来儒者对于不死问题之注意，可于其对于婚礼之理论见之。儒者对于婚姻之意见，完全注意于其生物学的功用。《礼记》云：

> 昏礼者，将合二姓之好，上以事宗庙，而下以继后世也。故君子重之。（《昏义》，《礼记》卷二十页二）

又曰：

> 天地不合，万物不生。大昏，万世之嗣也，君何谓已重

焉？（《哀公问》,《礼记》卷十五页四）

又曰：

舅姑降自西阶，妇降自阼阶，授之室也。……昏礼不贺，人之序也。（《郊特牲》,《礼记》卷八页十）

又曰：

嫁女之家，三夜不息烛，思相离也。取妇之家，三日不举乐，思嗣亲也。（《曾子问》,《礼记》卷六页四）

《孟子》亦云：

不孝有三，无后为大。舜不告而娶，为无后也。（《离娄上》,《孟子》卷七页十六）

据上所引，可知儒者以为婚姻之功用，在于使人有后。结婚生子，造"新吾"以代"故吾"，以使人得生物学的不死。由此观点，则吾人之预备结婚生子，实与吾人之预备棺材，同一可悲，盖吾人若非有死，则无需乎此等事物也。本来男女会合，其真正目的，即在于生殖。至于由此而发生之爱情与快感，乃系一种附带的心理情形。自生物学的眼光观之，实无关重要，故儒家亦不重视之。儒者论夫妇之关系时，但言夫妇有别，从未言夫妇有爱也。

凡人皆有死，而人多畏死，于是种种迷信生焉。许多宗教，皆以灵魂不死相号召。儒家，至少一部分的儒家，既不主灵魂不死，乃特注重于使人人得生物学的不死，及理想的不死之道。旧社会中，人及暮年，既为子娶妻生子，以为自己生命已有寄托，即安然以俟死，更不计死后灵魂之有无。此实儒家思想所养成之精神也。

关于孝之理论

儒者以为结婚之功用，在于造"新吾"以代"故吾"。"故吾"对于"新吾"之希望，在其能继续"故吾"之生命及其事业，为其"万世之嗣"。"新吾"若能副此希望，即为孝子。其所以副此希望之道，即孝子"嗣亲"之道，谓之孝道。孝子"嗣亲"之道，可分为两方面：一为肉体方面，一为精神方面。其肉体方面，又可分为三方面：一方面为养父母之身体，一方面须念此身为父母所遗留而慎重保护之，一方面须另造"新吾"以续传父母之生命。《礼记·祭义》曰：

乐正子春下堂而伤其足，数月不出，犹有忧色。门弟子曰："夫子之足瘳矣，数月不出，犹有忧色，何也？"乐正子春曰："善如尔之问也！善如尔之问也！吾闻诸曾子，曾子闻诸夫子曰:'天之所生,地之所养,无人为大。父母全而生之,子全而归之,可谓孝矣。不亏其体,不辱其身,可谓全矣。故君子顷步而弗敢忘孝也。'今予忘孝之道,予是以有忧色也。壹举足而不敢忘父母,壹出言而不敢忘父母。壹举足而不敢忘父母,是故道而不径,舟而不游,不敢以先父母之遗体行殆。壹出言而不敢忘父母,是故恶言不出于口,忿言不反于身。不辱其身,不羞其亲,可谓孝矣。"(《礼记》卷十四页十二至十三)

"父母全而生之,子全而归之。"曾子有疾,召门弟子曰:"启予足,启予手。《诗》云:'战战兢兢,如临深渊,如履薄冰。'而今而后,吾知免夫,小子!"(《泰伯》,《论语》卷四页十二)盖深幸其能以父母之遗体,"全而归之"也。然若只将此身"全而归之",此身死后,父母之生命,不能再有"新吾"以继续之,则仍为不孝。孟子曰:"不孝有三,无后为大。"盖人若无后,则自古以来之祖先所传下之"万世之嗣",即自此而斩,或少一支,故为不孝之大也。

孝之在精神方面者,在吾人之亲存时,须顺其志意,不独养其口体,且养其志(《孟子·离娄上》),有过并规劝之,使归于正。在吾人之亲殁后,一方面为致祭祀而思慕之,使吾人之亲,在吾人之思慕记忆中得不朽。此点上节已详。又一方面为继吾人之亲之事业,使其未竟之志得申,或吾人自有述作,使吾人之亲之名,"附骥尾而致千里",因亦在众人之思慕记忆中,得不朽焉。《中庸》曰:

子曰："舜其大孝也与！德为圣人，尊为天子，富有四海之内。宗庙飨之，子孙保之。"（《礼记》卷十六页四）

又曰：

子曰："武王、周公，其达孝矣乎！夫孝者，善继人之志，善述人之事者也。春秋修其祖庙，陈其宗器，设其裳衣，荐其时食。……践其位，行其礼，奏其乐，敬其所尊，爱其所亲，事死如事生，事亡如事存，孝之至也。"（《礼记》卷十六页五至六）

此等精神方面之孝为大孝，达孝。盖较肉体方面之孝为尤重要也。《祭义》曰：

曾子曰："孝有三：大孝尊亲，其次弗辱，其下能养。"公明仪问于曾子曰："夫子可以为孝乎？"曾子曰："是何言与！是何言与！君子之所为孝者，先意承志，谕父母于道。参，直养者也，安能为孝乎？"（《礼记》卷十四页十一）

此皆以精神方面之孝为最重要也。

父母之遗体，孝子欲"全而归之"，不但须"不亏其体"，且须"不辱其身"。"大孝尊亲，其次弗辱"，"尊亲"谓积极的有善行，使亲能享令名；"弗辱"谓消极的无恶行，使亲不被恶名。人若能存此心，自能力行诸德。故《礼记》中有几篇及《孝经》以孝为一切道德之根本。《祭义》曰：

> 曾子曰："身也者，父母之遗体也。行父母之遗体，敢不敬乎？居处不庄，非孝也；事君不忠，非孝也；莅官不敬，非孝也；朋友不信，非孝也；战陈无勇，非孝也。五者不遂，灾及于亲，敢不敬乎？亨、熟、膻、芗，尝而荐之，非孝也，养也。君子之所谓孝也者，国人称愿然曰：'幸哉有子如此！'所谓孝也已。众之本教曰孝，其行曰养。养可能也，敬为难；敬可能也，安为难；安可能也，卒为难。父母既没，慎行其身，不遗父母恶名，可谓能终矣。仁者，仁此者也。礼者，履此者也。义者，宜此者也。信者，信此者也。强者，强此者也。乐自顺此生，刑自反此作。"曾子曰："夫孝，置之而塞乎天地，溥之而横乎四海。施诸后世而无朝夕，推而放诸东海而准，推而放诸西海而准，推而放诸南海而准，推而放诸北海而准。《诗》云：'自西自东，自南自北，无思不服。'此之谓也。"（《礼记》卷十四页十一至十二）

《孝经》曰：

> 夫孝，德之本也，教之所由生也。……身体发肤，受之父母，不敢毁伤，孝之始也。立身行道，扬名于后世，以显父母，孝之终也。夫孝始于事亲，中于事君，终于立身。

《大雅》云："无念尔祖，聿修厥德。"……夫孝，天之经也，地之义也，民之行也。天地之经而民是则之。(《孝经》,《四部丛刊》本，页一至七)

依此言，则凡有孝之德者，必有一切诸德，故孝为一切道德之根本也。此种学说在汉时极有势力，在汉时"孝弟力田"者，皆受奖励。汉之诸帝谥号，上皆冠孝字，可见其对于孝之特别重视矣。

【注一】以孝为一切道德之根本之说，当系后起。《论语》中载孔子言孝之言甚多。又谓："有子曰：'……君子务本，本立而道生。孝弟也者，其为仁之本欤。'"(《学而》,《论语》卷一页四) 此谓仁之要素，为推己及人。己之所亲对己之关系，至亲至密，若对于己之所亲，尚不能推，则对于别人，当更不能推矣。故推己及人，须自己之所亲始。此孝弟所以"为仁之本"也。孔子、孟子皆注重孝，但未以孝为一切道德之根本。一切道德之根本为仁，仁者自然孝。孟子所谓"未有仁而遗其亲者"也。

【注二】《礼记》中此诸篇之作者皆以其所述为曾子之言。《孝经》一书，亦标明为孔子答曾子之辞。盖曾子在当时以孝名，故孟子数称曾子事曾皙之道，曰："事亲若曾子者可也。"不过曾子虽有孝行，而以孝为一切道德之根本之说，是否果曾子所主张，不易断定。盖孟荀于此皆未言及，而《礼记》中所述某曰某曰甚滥，几不能辨何者真为某曰也。

节选自冯友兰《中国哲学史》，标题为编者所加

第三章

魏晋玄学

魏晋人对于超乎形象的始更有清楚的认识。
也可以说，他们对于超乎形象的有比《老》《庄》
及《易传》《中庸》的作者更清楚的认识。

魏晋人对于超乎形象的始更有清楚的认识。也可以说，他们对于超乎形象的有比《老》《庄》及《易传》《中庸》的作者更清楚的认识。我们屡次说到"玄之又玄"，魏晋人了解玄之又玄，他们也喜欢玄之又玄。他们称《老子》《庄子》及《周易》为三玄，称谈玄之又玄的言论为玄谈，称谈玄之又玄的学问为玄学，称谈玄谈、谈玄学的风气为玄风。他们可以说是一玄而无不玄。

他们也深知讲到超乎形象的哲学能使人"经虚涉旷"。《世说新语》谓向秀《庄子注》"妙析奇致，大畅玄风"（《文学》）。《竹林七贤论》云："秀为此义，读之者无不超然若已出尘埃而窥绝冥。始了视听之表，有神德玄哲，能遗天下，外万物。"（刘孝标《世说新语》注引）

向秀、郭象称赞庄子，亦说："虽复贪婪之人，进躁之士，暂而揽其余芳，味其溢流，仿佛其音影，犹足旷然有忘形自得之怀，况探其远情而玩永年者乎？遂绵邈清遥，去离尘埃而返冥极者也。"（《庄子注》序）此所说的境界是极高的。玄学的功用就是能使人有这种境界。

玄学是老庄哲学的继续。老庄的思想是经过名家，而又超过名家的。玄学家的思想也是如此。名家之学，在魏晋时亦盛行。《世说新语》云："谢安年少时，请阮光禄（阮裕）道《白马论》。为论以示谢，于时谢不即解阮语，重相咨尽。阮乃叹曰：'非但能言人不可得，正索解人亦不可得！'"（《文学》）又云："司马太傅（司马孚）问谢车骑（谢玄）：'惠子其书五车，何以无一言入玄？'谢曰：'故当是其妙处不传。'"（《文学》）说惠子"无一言入玄"，这是错的。不过于此两条可见魏晋人对于名家的注意，及他们对于公孙龙、惠施的推崇。

魏晋人的思想，也是从名家出发的。所以他们于谈玄时所谈之理，谓之名理。《世说新语·文学》谓："王（长史）叙致作数百语，自谓是名理奇藻。"又注引《谢玄别传》云："玄能清言，善名理。""善名理"，就是"能辩（疑当作辨）名析理"（向、郭《庄子·天下》注）。我们见名家所做的工作，例如公孙龙辩"白马非白""离坚白"，都是辩名析理，就是专就名而分析理，不管实际，不管事实。此亦是所谓"专决于名，而失人情"。

《世说新语》谓："客问乐令（乐广）'旨不至'者，乐亦不复剖析文句，直以麈尾柄确几曰：'至不？'客曰：'至。'乐因又举麈尾曰：'若至者，那得去？'"（《文学》）"旨不至"就是《庄子·天下》所说"指不至"，是公孙龙一派的辩者之言。以麈柄确几上，普通以为麈尾至几。但其至若是真至，则至者不能去。今至者能去，则至非真至。此就至之名析至之理，就至之理批评某一至之事实。此即所谓辩名析理。

《世说新语》此段，刘孝标注云："夫藏舟潜往，交臂恒谢，一息不留，忽焉生灭。故飞鸟之影，莫见其移；驰车之轮，曾不掩地。是以去不去矣，庸有至乎？至不至矣，庸有去乎？然则前至不异后至，至名所以生；前去不异后去，去名所以立。今天下无去矣，而去者非假哉？既为假矣，而至者岂实哉？"此注不知是刘孝标自己的话或是引他人的话。"飞鸟之影，未尝动也"，"轮不辗地"，亦是《庄子·天下》所述辩者之言。

此段的大意是说：事物时时刻刻在变，一息就是一个生灭。此一息间的飞鸟之影，并不是上一息间的飞鸟之影。上一息间的飞鸟之影，于上一息间已灭。此一息间的飞鸟之影，于此一息间新生。联合观之，则见其动；分别观之，则不见其移。轮不辗地，理亦如是。所谓去者，是许多一息间的去，所谓前去后去，联合起来的。所谓至者，亦是许多一息间的至，所谓前至后至，联合起来的。因为前至与后至相似，所以似乎是一至，所以至之名可以立。也正因为前去与后去只是相似，所谓一去，亦只是似乎一去，所以去之名不可以立。专就一息间的生灭说，实是无去。既无去亦无至。

这就是所谓辩名析理。《庄子·天下》末段向、郭注，以为辩者之言，"尺棰连环之意"，"无经国体致，真所谓无用之谈也。然膏粱之子，均之戏豫，或倦于典言，而能辩名析理，以宣其气，以系其思，流于后世，使性不邪淫，不犹贤于博弈者乎？"向、郭超过了名家，得鱼忘筌，所以他们似乎是反对辩名析理。其实向、郭并不是反对辩名析理，他们是反对只辩名析理。他们自己是最能辩名析理的，他们的《庄子注》是辩名析理的工作的最好的模范。

王弼、向秀、郭象都"善名理"，所以他们注《老》《庄》，与《淮南》讲《老》《庄》，大不相同。《老子》四十二章"道生一"，王弼注云："万物万形，其归一也。何由致一？由于无也。由无乃一，一可谓无。已谓之一，岂得无言乎？有言有一，非二如何？有一有二，遂生乎三。从无之有，数尽乎斯。过此以往，非道之流。"又说："一者数之始，而物之极也。"（三十九章注）这一段话的确切的意义，我们姑不必详说。但其所谓道，所谓无，所谓有，所谓一，确乎与《淮南》所解释不同，这是可以一望而知的。经王弼的解释，道、无、有、一等观念，又只是形式的观念，不是积极的观念。有道，有一等命题，又只是形式命题，不是积极命题。

玄学虽说是老庄的继续，但多数的玄学家，都以孔子为最大的圣人，以为老庄不及孔子。例如《世说新语》云："王辅嗣（王弼）弱冠诣裴徽。徽问曰：'夫无者，诚万物之所资，圣人（孔子）莫肯致言，而老子申之无已，何耶？'弼曰：'圣人体无，无又不可以训，故言必及有。老庄未免于有，恒训其所不足。'"（《文学》）

王弼的意思是说，在老子的思想中，尚有有无的对立。他从有希望无，所以常说无。在孔子的思想中，有无的对立，已统一起来，孔子已与无同体。从无说有，所以常说有。用"极高明而道中庸"的标准说，老子不"道中庸"，正因其尚未"极高明"，孔子已"极高明"，所以他"道中庸"。

向秀、郭象是庄子最大的注释者，亦是庄子最大的批评者。现在流传的郭象《庄子注》，大概有一部分是向秀的《庄子注》，我们于本书称为向郭注。向、郭《庄子注》叙说："夫庄子者，可谓知本矣。故未始藏其狂言，言虽无会，而独应者也。夫应而非会，则虽当无用；言非物事，则虽高不行。与夫寂然不动，不得已而后起者，固有间矣。斯可谓知无心者也。夫心无为，则随感而应，应随其时，言唯谨尔。故与化为体，流万代而冥物。岂曾设对独遘，而游谈乎方外哉。此其所以不经，而为百家之冠也。然庄生虽未体之，言则至矣。通天地之统，序万物之性，达死生之变，而明内圣外王之道。上知造物无物，下知有物之自造也。"向、郭此段对于庄子的批评，可分两点说。

就第一点说，向、郭亦以为庄子的境界，不及孔子。向、郭许庄子为"知本""知无心"，但虽"知之"，而"未体之"，所以"未始藏其狂言"。设为对话，独自谈天，所谓"设对独遘"。若圣人既已"与化为体"，不但"知无心"，而且是"心无为"。心无为则随感而应，这就是所谓"寂然不动，不得已而后起"。既是"不得已而后起"，所以只是随着实际的应对，随机指点，而不"设对独遘"。这就是所谓"应随其时，言唯谨尔"。向、郭对于庄子的此种批评，若用我们于《新原人》中所用的名词说，庄子的境界，是所谓知天的境界；孔子的境界，是所谓同天的境界。所谓"与化为体"，所谓"体之"，正是我们所谓同天的意思。庄子仅知与化为体，而尚未能与化为体。故其境界虽亦是天地境界，但仅是天地境界中的知天的境界，而不是同天的境界。

就向、郭对于庄子的批评的第二点说，庄子的"狂言"，既只是设为对话独自谈天，所以其言是"无会而独应"。"应而非会，则虽当无用，言非物事，则虽高不行。""会"是应付事物之意。庄子"设对独遘，而游谈乎方外"，他是离开日常事物而别求"玄冥之境"，"恍惚之庭"，所以其言是"虽当无用"，"虽高不行"。他所讲虽亦是内圣外王之道，但实在是内圣多而外王少。向、郭对于庄子的批评的此点，正是说庄子的哲学，是"极高明"而不"道中庸"。

因此两点，所以向、郭说：庄子与圣人"固有间矣"。其言亦不足为经，而只为诸子之冠。其境界比圣人低，其言的价值亦比圣人的言低。

老庄"知无"，孔子"体无"，虽有程度上的不同；老庄只能游于方之外，圣人亦能游于方之内，虽有内外的不同；但老庄与圣人俱"明内圣外王之道"。所以玄学家中,亦有谓老庄与孔子,在根本上没有不同者。《世说新语》说:"阮宣子(阮修)有令闻。太尉王夷甫(王衍)见而问曰:'老庄与圣教同异?'对曰:'将无同?'"(《文学》)阮修的意思是说,老庄与孔子不能说是完全相同,亦不能说是完全相异。所以说是"将无同",意谓他们在根本上是相同的。

王弼、向秀、郭象以为先秦道家,有其缺点。他们继续先秦道家,实则是修正先秦道家。用我们的名词说,他们以为先秦道家不合乎"极高明而道中庸"的标准,所以他们修正之,以使其合乎此标准。王弼对于先秦道家的主要修正,是圣人喜怒哀乐之说。何晏有"圣人无喜怒哀乐论",论今不传,其大意,大概是先秦道家所持以理化情,或以情从理之说。

照庄子的说法,人的感情,如喜怒哀乐等,起于人对于事物的不了解。圣人对于事物有完全的了解,所以"哀乐不能入"(《庄子·养生主》)。哀乐不能入,就是无哀乐,也就是无情。圣人所以无情,并不是冥顽不灵,如所谓槁木死灰,而是其情为其了解所融化。此所谓以理化情。王弼以为这是不可能的。王弼的说法是:"夫明足以寻幽极微,而不能去自然之性。""圣人之所茂于人者神明也,同于人者五情也。神明茂,故能体冲和以通无。五情同,故不能无哀乐以应物。然则圣人之情,应物而无累于物者也。"(《三国志·钟会传》裴松之注引)圣人不是无情,而是有情而不为情所累。先秦道家以有情为累,以无情为无累。王弼以有情而为情所累为累,以有情而不为情所累为无累。这是王弼对于先秦道家的一个修正。这个修正是将有情与无情的对立,统一起来。这个对立,与高明与中庸的对立,是一类的。

向、郭对于先秦道家哲学的修正，其要点在于取消"有"与"无"的对立，取消"天"与"人"的对立，统一"方内"与"方外"的对立。

　　在先秦道家哲学中，有"有"与"无"的对立。"天下万物生于有，有生于无"，所谓"无"是无名的简称，并不是等于零之无。向、郭则以为所谓"无"就是等于零之无。《庄子·庚桑楚》云："有乎生，有乎死，有乎出，有乎入，出入而无见其形，是谓天门。天门者，无有也。万物出乎无有。"向、郭注云："生死出入，皆欻然自尔，未有为之者也。然有聚散隐显，故有出入之名。徒有名耳，竟无出入，门其安在乎？故以无为门。以无为门，则无门也。""非谓无能为有也。若无能为有，何谓无乎？""一无有则遂无矣。无者遂无，则有自欻然生明矣。"

　　照向、郭的说法，说"有生于无"，就是说没有生有者。也就是说，有是自生，"未有为之者"。说有是自生，只是说没有生有者；不是说，有一时，没有有，忽然从没有生有。《庄子·知北游》注云："非唯无不得化而为有也，有亦不得化而为无矣。是以有之为物，虽千变万化，而不得一为无也。不得一为无，故自古无未有之时而常存也。"

　　有是本来常存，不生于无。物是欻然自生，亦不需要一"先物者"以生之。《庄子·知北游》注云："谁得先物者乎哉？吾以阴阳为先物，而阴阳者即所谓物耳。谁又先阴阳者乎？吾以自然为先之，而自然即物之自尔耳。吾以至道为先之矣，而至道者，乃至无也。既以无矣，又奚为先？然则先物者谁乎哉？而犹有物无已，明物之自然，非有使然也。"

　　向、郭的主要的意思，在于破有"造物者"之说。说有某种气是造物者，是须破的。这些固然须破，但即说有"一切物所由以生成者"，这亦是须破的。俱破之后，则见"造物者无主，而物各自造。物各自造而无所待焉，此天地之正也"（《庄子·齐物论》注）。

没有"一切物所由以生成者"，则所谓道即是等于零之无。道既真是无，则说道生万物，即是说万物各自生；说万物皆有所得于道，也就是说万物皆各自得。《庄子·大宗师》注云："道无能也。此言得之于道，乃所以明其自得耳。""凡得之者，外不资于道，内不由于己，掘然自得而独化也。"照向、郭的说法，只有先秦道家所谓有，没有先秦道家所谓无。"有生于无"，还是可以说的，不过其意义是：没有生有者，如此则即没有"有"与"无"的对立。晋人裴𫜦有《崇有论》，向、郭的这种说法，才真正是崇有论。

在先秦道家哲学中，有"天"与"人"的对立。《庄子·秋水》云："天在内，人在外。""牛马四足，是谓天。落（络）马首，穿牛鼻，是谓人。"天是现在所谓天然，人是现在所谓人为。属于天的活动，活动者不知其所以然而然，所以其为是无为。属于人的活动，活动者是有意的，所以其为是有为。以属于人的活动，替代属于天的活动，是所谓"以人灭天"。先秦道家以为"以人灭天"是一切痛苦的根源，他们主张"勿以人灭天"。

向、郭的《庄子注》，取消了这个对立。上所引《庄子》"落马首，穿牛鼻"，向、郭注云："人之生也，可不服牛乘马乎？服牛乘马可不穿落之乎？牛马不辞穿落者，天命之固当也。苟当乎天命，则虽寄之人事，而本乎在天也。"向、郭所谓天命，似亦是自然之义。

《庄子·人间世》云："天下有大戒二。其一，命也；其二，义也。子之爱亲，命也。不可解于心。"向、郭注云："自然结固，不可解也。"《庄子·大宗师》云："然而至此极者，命也夫。"向、郭注云："言物皆自然，无为之者也。"据此，则向、郭所谓天命，亦是自然之义。鸟筑巢，是出于自然；人盖房子，亦是出于自然。若人盖房子亦是出于自然，则纽约之摩天大厦，亦是出于自然。

从此方面看，则所谓人为，亦是自然。《庄子·大宗师》向、郭注云："知天人之所为者，皆自然也。"《庄子·人间世》向、郭注云："千人聚不以一人为主，不乱，则散。故多贤不可以多君，无贤不可以无君。此天人之道，必至之宜。"有国家的组织，是人道，亦是天道，此亦可见"天人之所为者，皆自然也"。天人之所为皆自然，则即没有天与人的对立。

由此方面看，则以前道家所认为是有为者，亦可以说是无为。《庄子·天道》注云："故对上下，则君静而臣动；比古今，则尧舜无为而汤武有事。然各用其性，而天机玄发，则古今上下无为，谁有为也？"照向、郭的新义，无为并不是"拱默之谓"（《庄子·在宥》注）。"苟当乎天命"，则一个人的行为，无论如何繁多，一个社会的组织，无论如何复杂，都是"天机玄发"，都是无为，不是有为。

在向、郭的系统中，所谓天，又是万物之总名。《庄子·齐物论》注云："天者，万物之总名也。"《庄子·逍遥游》注说："天地者，万物之总名也。"所谓天或天地，是新理学所谓大全。整个的天，是一"玄冥之境"。一切事物，皆"独化于玄冥之境"（《庄子注》叙），各是"自己而然"（《齐物论》注）。它们彼此之间，虽互有作用，但彼不是为此而生，亦不待此而生；此亦不是为彼而生，亦不待彼而生。

此所谓"虽复玄合，而非待也"。所以"万物虽聚而共成乎天，而皆历然莫不独见矣"（《齐物论》注）。万物共成为天，但每一物的存在，还是由于独化。这就是"天地之正"。

在先秦道家的系统中，道占重要的地位。在向、郭的系统中，天占重要的地位。天是大全。圣人是自同于大全者。《庄子·大宗师》注说："夫圣人游于变化之涂，放于日新之流。万物万化，亦与之万化。化者无极，亦与之无极。""与物无不冥，与化无不一，故无外无内，无死无生。体天地而合变化，索所遁而不得矣。""体天地而合变化"，就是与天为一，与化为一。这个一是不可言说，不可思议的。《庄子·齐物论》注云："夫以言言一，而一非言也。则一言为二矣，一既一矣，言又二之。""故一之者与彼未殊，而忘一者无言而自一。"

大全是超乎形象的。自同于大全者，亦神游象外，但神游于象外，并不必是"拱默乎山林之中"。《庄子·逍遥游》极力推崇许由等隐士，轻视尧舜。《逍遥游》说："尧让天下于许由。"许由说："归休乎君，余无所用天下为。"《逍遥游》又说："其尘垢秕糠，将犹陶铸尧舜者也。"又说："尧治天下之民，平海内之政，往见四子藐姑射之山，汾水之阳，窅然丧其天下焉。"许由诸隐士是游于方之外的人，尧舜是游于方之内的人。但向、郭的新义，则极力推崇尧舜，轻视许由诸隐士。

《逍遥游》注云："夫自任者对物，而顺物者与物无对，故尧无对于天下，而许由与稷契为匹矣。何以言其然耶？夫与物冥者，故群物之所不能离也。是以无心玄应，唯感之从。泛乎若不系之舟，东西之非己也。故无行而不与百姓共者，亦无往而不为天下之君矣。以此为君，若天之自高，实君之德也。若独亢然立乎高山之顶，非夫人有情于自守，守一家之偏尚，何得专此？此固俗中之一物，而为尧之外臣耳。"各物皆守一己的偏尚，所以每一物皆是与他物相对者。顺物者"得其环中"，不守一己的偏尚，而随顺万物。所谓随顺万物，实则是超越万物，超越万物者不与万物立于对待的地位，所以他不是"俗中之一物"而"无对于天下"。虽日有万机，而他亦应以无心，所以"应物而无累于物"。

《逍遥游》向、郭注又说："夫圣人虽在庙堂之上，然其心无异于山林之中，世岂识之哉？徒见其戴黄屋，佩玉玺，便谓足以缨绂其心矣。见其历山川，同民事，便谓足以憔悴其神矣。岂知至者之不亏哉？"他不亏因为他应世而不为世所累，应物而无累于物。

圣人的境界虽至高，而其行为，则可以是至平凡。《逍遥游》向、郭注云："至远之迹，顺者更近。而至高之所会者反下。"又云："若乃厉然以独高为至，而不夷乎俗累，斯山谷之士，非无待者也。"又云："若谓拱默乎山林之中，而后得称无为者，此庄老之谈，所以见弃于当涂。当涂者自必于有为之域而不反者，斯之由也。"

照向、郭的新义，对于圣人，无所谓方内方外之分。《庄子·大宗师》注云："夫理有至极，外内相冥。未有极游外之至而不冥于内者也，未有能冥于内而不游于外者也。故圣人常游外以宏内，无心以顺有。故虽终日见形，而神气无变，俯仰万机，而淡然自若。"真能游外者，必冥于内；真能冥于内者，必能游外。圣人无心以顺有，顺有就是所谓随顺万物；无心就是所谓冥于内，顺有就是游于外。

向、郭注以为这是庄子"述作之大意"。明此大意，"则夫游外冥内之道，坦然自明，而庄子之书，故是涉俗盖世之谈矣"（《大宗师》

注）。向、郭的努力，就是在于使原来道家的寂寥恍惚之说，成为涉俗盖世之谈。将方内与方外，统一起来。他们已有很大的成就，但其成就仍有可批评之处（说见下文）。

于魏晋时，佛法已入中国，在当时人的思想中，已有甚大的势力。在佛学中，有真如与生灭法的对立，常与无常的对立，涅槃与生死的对立。当时的思想家，以为真如与生灭法的对立，就是道家哲学中的无与有的对立，常与无常的对立；就是道家哲学中的静与动的对立，涅槃与生死的对立；就是道家哲学中的无为与有为的对立。当时有一部分佛学家讲佛学，亦用有、无、动、静、有为、无为等观念。因此他们虽讲佛学，但其所讲的佛学，可以说是玄学中的一派。

僧肇便是这一类的佛学家的杰出人才。僧肇的《物不迁论》《不真空论》诸论，所讲的便是这一类的佛学的代表作品。王弼、向秀、郭象拟统一道家哲学中的对立。僧肇亦拟统一佛学中的对立，他的《物不迁论》是拟统一动与静的对立，他的《不真空论》是拟统一有与无的对立，他的《般若无知论》是拟统一有知与无知的对立，及有为与无为的对立。

僧肇《物不迁论》云："夫人之所谓动者，以昔物不至今，故曰动而非静。我之所谓静者，亦以昔物不至今，故曰静而非动。动而非静，以其不来；静而非动，以其不去。""求向物于向，于向未尝无；责向物于今，于今未尝有。于今未尝有，以明物不来；于向未尝无，故知物不去。覆而求今，今亦不往。是谓昔物自在昔，不从今以至昔；今物自在今，不从昔以至今。""如此，则物不相往来，明矣。既无往返之微朕，有何物而可动乎？然则旋岚偃岳而常静，江河竞注而不流，野马飘鼓而不动，日月历天而不周，复何怪哉？"上文引刘孝标《世说新语》注，谓至有前至后至，去有前去后去。僧肇所说，亦有此意。前至前去，不从昔至今；后至后去，亦不从今至昔。则在某一息间的某事物，自只是在某一息间的某事物。普通所谓另一息间的某事物实另是一事物，并非前一息间的某事物继续而来者。

《物不迁论》云："是以梵志出家，白首而归，邻人见之曰：'昔人尚存乎？'梵志曰：'吾犹昔人，非昔人也。'"今日的梵志不过是似乎昔日的梵志。昔日的梵志自在昔日，不从昔来今。今日的梵志自在今日，不从今至昔。"言往不必往，古今常存，以其不动。称去不必去，谓不从今至古，以其不来。不来，故不驰骋于古今；不动，故各性住于一世。"昔日曾经有某事物的事实，不但常存而且有其功用。

《物不迁论》云："是以如来，功流万世而常存，道通百劫而弥固。成山假就于始篑，修途托至于初步，果以功业不可朽故也。功业不可朽，故虽在昔而不化。不化故不迁，不迁故湛然明矣。"譬如人筑山，一筐土有一筐土的功业。又譬如人走路，一步有一步的功业。现在筑成一山，这山之筑成，靠最初的一筐土。现在走完一段路，这路之走完，靠最初的一举步。最初一筐土，最初一举步的功业，是在昔而不化，不化可见其不迁。

普通人以为，如说事物是静的，则须说今日的事物，就是昨日的事物。此所谓静，是与动对立的。普通人以为，如说事物是动的，则须说昨日的事物，变为今日的事物。此所谓动，是与静对立的。其实今日的事物，并不是昨日的事物，亦不是昨日的事物所变的。动是"似动而静"，去是"似去而留"。动只是似动，不是与静对立的；去只是似去，不是与留对立的。

《物不迁论》云："寻夫不动之作，岂释动以求静？必求静于诸动。必求静于诸动，故虽动而常静。不释动以求静，故虽静而不离动。""虽静而常动""静而不离动"，所以动静不是对立的。如此说，即取消了普通所谓动静的对立，也可以说是统一了普通所谓动静的对立。

僧肇《不真空论》云："万物果有其所以不有，有其所以不无。有其所以不有，故虽有而非有；有其所以不无，故虽无而非无。"一切事物都是众缘和会而生的，"夫有若真有，有自常有，岂待缘而后有哉？譬彼真无，无自常无，岂待缘而后无也？若有不能自有，待缘而后有者，故知有非真有。有非真有，虽有不可谓之有矣。不无者，夫无则湛然不动，可谓之无。万物若无，则不应起，起则非无。以明缘起，故不无也。""然则万法果有其所以不有，不可得而有；有其所以不无，不可得而无。何则？欲言其有，有非真生；欲言其无，事象既形。象形不即无，非真非实有。然则不真空义，显于兹矣。故《放光》[1]云：'诸法假号不真。譬如幻化人，非无幻化人，幻化人非真人也。'"一切诸法，缘会而生，缘离则灭，如幻化人。就此方面说，"万物有其所以不有"。但幻化人虽不是真人，而幻化人却是有的；万物虽都在生灭中，但生灭的万物却是有的。

由此方面说，所谓空是空而不空，"万物有其所以不无"。普通所谓无，是说没有事物。普通所谓有，是说真有事物。其实是有事物而事物非真有。若就普通所谓有无说，有事物而事物非真有，是不有不

---

[1] 佛教典籍《放光般若经》。

无，亦可说是亦有亦无。《不真空论》云："若有不即真，无不夷迹，然则有无称异，其致一也。"如此说即取消了普通所谓有无的对立，也可以说是统一了普通所谓有无的对立。

般若，僧肇称为圣智。就广义的知识说，圣智亦是一种知识。但这种知识，与普通知识不同。知必有所知，所知就是现在所谓知识的对象。圣智的对象，是所谓真谛，但真谛是不可为知的对象的。其所以不可为知的对象者，因知是知其对象是什么，真谛不是什么，所以不可为知的对象。

《般若无知论》说："智以知所知，取相故名知。真谛自无相，真智何由知？"一事物的是什么，是其相。知知其是什么，是取其相。真谛不是什么，故无相，无相故不可知。从另一方面说，知与所知是相对待的，有知则必有所知，有所知则必有知。

《般若无知论》云："夫知与所知，相与而有，相有而无。""所知既生知，知亦生所知。所知既相生，相生即缘法。缘法故非真，非真故非真谛也。"知的对象，是由知之缘而生，知亦是因其对象而生，所以知的对象是缘生。缘生的不是真，不是真的不是真谛，所以真谛不可为知的对象。

但般若是对于真谛的知，此种知以不可为知的对象者为其对象，所以这种知与普通的知不同。《般若无知论》云："是以真智观真谛，未尝取所知。智不取所知，此智何由知？"所以般若之知，可以称为无知。"圣人以无知之般若，照彼无相之真谛。""寂怕无知，而无不知者矣。"（《般若无知论》）无知而无不知，就是无知之知。

然所谓真谛者，并非于事物之外，另有存在。真谛就是一切事物的真正的样子，就是所谓"诸法实相"。诸法都是众缘和会而生，"如幻化人"。其"是什么"是虚幻的。其相就是无相，无相就是诸法实相。知诸法实相之知，就是般若。无相不可为知的对象，所以般若无知。僧肇云："夫智之生也，极于相内。法本无相，圣智何知？"（《答刘遗民书》）圣智是"无相之知"，有"无相之知"，则有"不知之照"（《般若无知论》）。

"不知之照"，照于诸法实相，所以圣智也不离于诸法。不离于诸法，就是所谓应会或抚会。应会或抚会就是应付事物。圣人有般若之无知，是谓"虚其心"；亦有"不知之照"，是谓"实其照"。"虚不失照，照不失虚。""然则智有穷幽之鉴，而无知焉。神有应会之用，而无虑焉。神无虑，故能独王于世表。智无知，故能玄照于事外。智虽事外，未始无事。神虽世表，终日域中。"（《般若无知论》）"是以照无相，不失抚会之功；睹变动，不乖无相之旨。""是以圣人空洞其怀，无识无知，然居动用之域，而止无为之境；处有名之内，而宅绝言之乡。寂寥虚旷，莫可以形名得，若斯而已矣。"（《答刘遗民书》）"居动用之域""处有名之内"，是就圣人的行为说。"止无为之境""宅绝言之乡"，是就圣人的境界说。

《般若无知论》云："故《宝积》①曰：'以无心意而现行。'《放光》云：'不动等觉而建立诸法。'所以圣迹万端，其致一而已矣。是以般若可虚而照，真谛可亡而知，万动可即而静，圣应可无而为。斯则不知而自知，不为而自为矣。复何知哉？复何为哉？"圣人亦有知，亦

① 佛教典籍《宝积经》。

无知；亦有为，亦无为。如此说，即取消了有为与无为的对立，也就是统一了有为与无为的对立。

僧肇及王弼、向秀、郭象所说的圣人，其境界是"经虚涉旷"，而其行事则可以是"和光同尘"。这是高明与中庸的统一。这是原来的道家、佛家所欠缺，而是玄学家所极欲弥补的。不过他们所得到的统一，还有可以批评之处。

《庄子·在宥》云："物者，莫足为也，而不可不为。"玄学家所谓"应务应世"，似乎都有这种态度。他们说圣人亦应务应世，不过是说，圣人亦能应务应世。王弼《老子》四章注："和光而不污其体，同尘而不喻其真。"此是说圣人虽应世随俗，但亦无碍于其是圣人。《庄子·大宗师》向、郭注云："夫游外者依内，离人者合俗，故有天下者，无以天下为也。是以遗物而后能入群，坐忘而后能应务。愈遗之，愈得之。"此亦不过是说，唯有高境界的人，最能应务。亦尚不是说，对于圣人，"依内"就是"游外"，"合俗"就是"离人"。

僧肇说圣人"居动用之域，而止无为之境；处有名之内，而宅绝言之乡"，这也是说，圣人"居动用之域"，"处有名之内"，无碍于其"止无为之境""宅绝言之乡"。他尚不是说，对于圣人，"居动用之域"就是"止无为之境"，"处有名之内"就是"宅绝言之乡"。

玄学家极欲统一高明与中庸的对立。但照他们所讲的，高明与中庸还是两行，不是一行。对于他们所讲的，还需要再下一转语。禅宗的使命，就是再下此一转语。

节选自冯友兰《新原道（中国哲学之精神）》

第四章

隋唐佛学

然禅宗虽无形上学，
而其所说修行方法，实皆有形上学之根据。

南北朝佛学的发展

及乎魏晋，道家之学又盛。盖古代思想中之最与术数无关者为道家。汉代阴阳家与儒家混合，盛行一时。其反动即为魏晋时代道家之复兴。南北朝时人以《老》《庄》《易》为"三玄"，故讲此方面之学，有玄学之称。

南北朝时，中国思想界又有新分子加入。盖于是时佛教思想有系统地输入。而中国人对之，亦能有甚深了解。隋唐之时，中国之第一流思想家皆为佛学家。佛学本为印度之产物，但中国人讲之，多将其加入中国人思想之倾向，以使成为中国的佛学。所谓中国人思想之倾向者，可分数点论之。

（一）原来之佛学中，派别虽多，然其大体之倾向，则在于说明"诸行无常，诸法无我"。所谓外界，乃系心现，虚妄不实，所谓空也。中国人对于世界之见解，皆为实在论。即以为吾人主观之外，实有客观的外界。谓外界必依吾人之心始有存在，在中国人视之，乃非常可怪之论。故中国人之讲佛学者，多与佛学所谓空者以一种解释，使外界为"不真空"（用僧肇语）。

（二）"诸行无常，诸法无我，涅槃寂静"，乃佛教中之"三法印"。涅槃译言圆寂，佛之最高境界，乃永寂不动者。但中国人又最注重人之活动。儒家所说人之最高境界，亦即在活动中。如《易·乾·象辞》所说"天行健，君子以自强不息"。即教人于活动中求最高境界也。即庄学最富有出世色彩，然其理想中之真人至人，亦非无活动者。故中国人之讲佛学者，多以为佛之境界，非永寂不动。佛之净心，亦能"繁兴大用"。虽"不为世染"，而亦"不为寂滞"（《大乘止观法门》语）。所谓"寂而恒照，照而恒寂"（僧肇语）也。

（三）印度社会中阶级之分甚严。故佛学中有一部分谓，有一种人无有佛性，永不能成佛。但中国人以为"人皆可以为尧舜"。即荀子以为人之性恶，亦以为"途之人可以为禹"。故中国之讲佛学者，多以为人人皆有佛性，甚至草木亦有佛性。又佛教中有轮回之说。一生物此生所有修行之成就，即为来生继续修行之根基。如此历劫修行，积渐始能成佛。如此说则并世之人，其成佛之可能，均不相同。但中国人所说"人皆可以为尧舜"之义，乃谓人人皆于此生可为尧舜。无论何人，苟"服尧之服，行尧之行，言尧之言"，皆即是尧。而人之可以为此，又皆有其自由意志也。故中国人之讲佛学者，又为"顿悟成佛"（道生语）之说。以为无论何人，"一念相应，便成正觉"（神会语）。

凡此诸倾向，非为印度之佛学家所必无有，但中国之佛学家则多就诸方面发挥也。中国佛学家就此诸方面发挥，即成为天台、华严、禅诸新宗派，盛行于隋唐。

节选自冯友兰《中国哲学小史》，标题为编者所加

天台宗之《大乘止观法门》

　　陈隋间，智颛为又一派佛学之大师，世称智者大师。智颛居天台山，故此派世称为天台宗。此宗以《法华经》为本经，故世又称为法华宗。此宗以慧文为第一祖，慧思为第二祖，智颛为第三祖。智颛为此宗之发扬光大者，其著述亦极多。但其所说，多为修行之方法，不尽有哲学的兴趣。《大乘止观法门》一书，相传为慧思作。然其书引《起信论》。慧思之时代，不及见《起信论》，故知非慧思作也。其书中又似受唯识宗及华严宗之影响者，当系唯识宗华严宗盛时天台宗人之所作也。（此陈寅恪先生说）今取此书，以见唐代天台宗之佛学。

真如、如来藏

宇宙之全体，即是一心，此心名为真如，又称为如来藏。所以名为真如者，《大乘止观法门》云：

> 一切诸法，依此心有，以心为体。望于诸法，法悉虚妄，有即非有。对此虚伪法故，目之为真。又复诸法虽实非有，但以虚妄因缘，而有生灭之相。然彼虚法生时，此心不生；诸法灭时，此心不灭。不生，故不增；不灭，故不减。以不生不灭，不增不减，故名之为真。三世诸佛，及以众生，同以此一净心为体。凡圣诸法，自有差别异相；而此真心，无异无相，故名之为如。又真如者，以一切法，真实如是，唯是一心；故名此一心，以为真如。若心外有法者，即非真实；亦不如是，即为伪异相也。是故《起信论》言，"一切诸法，从本已来，离言说相，离名字相，离心缘相。毕竟平等，无有变异，不可破坏。唯是一心，故名真如。"以此义故，自性清净心，复名真如也。（卷一，《大藏经》卷四六页六四二）

所以名为如来藏者，《大乘止观法门》云：

> 如来藏体，具足一切众生之性。各各差别不同，即是无差别之差别也。然此一一众生性中，从本已来，复具无量

无边之性。所谓六道四生，苦乐好丑，寿命形量，愚痴智慧等，一切世间染法；及三乘因果等，一切出世净法。如是等无量差别法性，一一众生性中，悉具不少也。以是义故，如来之藏，从本已来，俱时具有染净二性。以其染性故，能现一切众生等染事；故以此藏为在障本住法身，亦名佛性。复具净性故，能现一切诸佛等净德；故以此藏为出障法身，亦名性净法身，亦名性净涅槃也。（卷二，《大藏经》卷四六页六四七）

此心"体具染净二性之用，能生世间出世间法"，（《大乘止观法门》卷一，《大藏经》卷四六页六四四）一切诸法，凡所有者，其性皆"藏"于此心中，故此心有"藏"之名也。

"以其有染性故，能现一切众生等染事"，"性"与"事"之区别，极可注意。依佛学所用名辞言之，则性为体；有体即有用；此体依用所现之相，即事也。依现在哲学中之术语言之，则事即具体的事物，为现实；性则其潜能也。性现为事，即潜能现为现实也。依此所说，则吾人本心中不但有一切所谓好的诸事物之潜能，且有一切所谓恶的诸事物之潜能，所谓"如来之藏，从本以来，俱时具有染净二性"也。惟因本心中原有一切染净之性，故可有一切染净诸事。此对于人性之二元论，乃天台宗所特有之见解，下文另详。（见下第七目）

此心虽"包含染净二性，及染净二事"，所藏虽多，而却能"无所妨碍"。（同上）自一方面言之，此心中可谓为空，可谓为无差别；

自又一方面言之，其中又可谓为不空，可谓为有差别。《大乘止观法门》云：

> 藏体平等，实无差别，即是空如来藏；然此藏体，复有不可思议用故，具足一切法性，有其差别，即是不空如来藏；此盖无差别之差别也。此义云何？谓非如泥团具众微尘也。何以故？泥团是假，微尘是实。故一一微尘，各有别质。但以和合成一团泥，此泥团即具多尘之别。如来之藏，即不如是。何以故？以如来藏是真实法，圆融无二故。是故如来之藏，全体是一众生一毛孔性，全体是一众生一切毛孔性。如毛孔性，其余一切所有世间一一法性，亦复如是。如一众生世间法性，一切众生所有世间一一法性，一切诸佛所有出世间一一法性，亦复如是。是如来藏全体也。（卷二，《大藏经》卷四六页六四八）

如来藏之包含一切法性，非如一束草之包含其束中之众草；盖每一法性，即是如来藏全体也。如来藏对于其所包含染净诸性之关系，非全体与部分之关系，每一部分即是整个的全体也。故如来藏中，虽具一切诸性，而无多性之别。就此方面言，则"藏体平等，实无差别，即是空如来藏"。然就其具一切诸性，能现一切诸事而言，则如来藏中亦有差别，即是不空如来藏。

三性

真心中含有染性；由此染性，现为染事。染事者，即现象世界中之具体的事物也。《大乘止观法门》云：

> 即彼染性，为染业熏故，成无明住地，及一切染法种子。依此种子，现种种果报。此无明及与业果，即是染事也。然此无明住地，及以种子果报等，虽有相别显现，说之为事，而悉一心为体，悉不在心外。以是义故，复以此心为不空也。譬如明镜所现色像，无别有体，唯是一镜，而复不妨万像区分不同。不同之状，皆在镜中显现，故名不空镜也。（卷二，《大藏经》卷四六页六四七）

此不空镜中所现色像，即是现象世界也。

若欲明染业之所由起，则须先明所谓三性。三性即真实性，依他性，及分别性。《大乘止观法门》云：

> 三性者，谓出障真如及佛净德，悉名真实性。在障之真与染和合名阿梨耶识，此即是依他性。六识七识妄想分别，悉名分别性。（卷三，《大藏经》卷四六页六五五）

此"总明三性"。阿梨耶识亦名本识，《大乘止观法门》云：

本识，阿梨耶识，和合识，种子识，果报识等，皆是一体异名。……真如与阿梨耶同异之义，……谓真心是体，本识是相，六七等识是用。如似水为体，流为相，波为用。类此可知。是故论云："不生不灭，与生灭和合，说名阿梨耶识"，即本识也。以与生死作本，故名为本。是故论云："以种子时阿梨耶识，与一切法作根本种子故，"即其义也。又复经云："自性清净心。"复言："彼心为烦恼所染。"此明真心，虽复体具净性，而复体具染性故，而为烦恼所染。以此论之，明知就体，偏据一性，说为净心；就相异与染事和合，说为本识。（卷三，《大藏经》卷四六页六五三）

"真心虽复体具净性，而复体具染性"，故若"别明三性"，则真实性"复有两种：一者有垢净心以为真实性，二者无垢净心以为真实性。所言有垢净心者，即是众生之体实，事染之本性"。"所言无垢净心者，即是诸佛之体性，净德之本实。"（《大乘止观法门》卷三，《大藏经》卷四六页六五六）本一真心，就其"体具净性"而言，则为无垢净心；就其"体具染性"而言，则为有垢净心也。真心本不生不灭，但以"不觉故动，显现虚状"。（《大乘止观法门》卷一，《大藏经》卷四六页六四三）动即有生灭，就真心之不生不灭与生灭和合言之，即名之为阿梨耶识，此即依他性。依他性及分别性，又有清净与染浊之分。清净依他性，清净分别性，下文另详。染浊依他性，及染浊分别性，即现象世界所由起也。《大乘止观法门》云：

染浊依他性中，虚状法内，有于似色似识似尘等法。何故皆名为似？以皆一心依熏所现故，但是心相，似法非实，故名为似。由此似识一念起现之时，即与似尘俱起。故当起之时，即不知似尘似色等，是心所作，虚相无实。以不知故，即妄分别，执虚为实。以妄执故，境从心转，皆成实事，即是今时凡夫所见之事。如此执时，即念念熏心，还成依他性；于上还执，复成分别性。如是念念虚妄，互相生也。问曰：分别之性与依他性，既迭互相生，竟有何别？答曰：依他性法者，心性依熏故起，但是心相，体虚无实。分别性法者，以无明故，不知依他之法是虚，即妄执以为实事。是故虽无异体相生，而虚实有殊，故言分别性法也。

（卷三，《大藏经》卷四六页六五六）

似识，即六七识。（《大乘止观法门》卷一，《大藏经》卷四六页六四二）真如"不觉故动"，有诸虚状。虚状之内，即有似识。似识不知诸虚状即是心作，妄执为实。本来之虚状，即染浊依他性法；而妄执虚状，以为实境，即染浊分别性法也。染浊分别性妄执虚状，以为实境；此实境即现象世界也。此所说之染浊分别性，即唯识宗所说之遍计所执性。此所说之染浊依他性，即唯识宗所说之依他起性。此所说之真实性，与唯识宗所说之圆成实性异，与华严宗所说之圆成实性同。

现象世界之本身为依他性；然推其根本，则即有垢净心之真实性所现。《大乘止观法门》云：

真心能与一切凡圣为体，心体具一切法性。如即时世间出世间事得成立者，皆由心性有此道理也。若无道理者，终不可成。（卷二，《大藏经》卷四六页六五二）

凡所有者，皆真实性所现，所谓心外无法也。

共相识与不共相识

如一切法皆一心所现，何以众生在现象世界中，所见及所受用，或有不同？此一问题也。《大乘止观法门》云：

问曰："一切凡圣，既唯一心为体，何为有相见者，有不相见者；有同受用者，有不同受用者？"答曰："所言一切凡圣唯以一心为体者，此心就体相论之。有其二种：一者真如平等心，此是体也；……二者阿梨耶识，即是相也。……就中即合有二事别，一者共相识，二者不共相识。何故有耶？以真如体中，具此共相识性，不共相识性故。一切凡圣，造同业熏此共相性故，即成共相识也。若一一凡圣，各各别造别业，熏此不共相性故，即成不共相识也。……然此同用之土，惟是心相，故言共相识。……所言不共相者，谓一一凡圣，内身别报是也。以一一凡圣，造业不同，熏于真心。真心不共之性，依熏所起，显现别报，各各不同，自他

两别也。然此不同之报，唯是心相，故言不共相识。"（卷二，《大藏经》卷四六页六五二）

众生同业所现之事物，如山河大地等，因其为同业所现，故均能见之，受用之。其别业所现，如各人之根身等，则只其自己能用之，他人不能用之也。一种之行为，能引其同类之性，使现为事。故一种之行为愈多，则其所引起同类之性亦愈多。故"一一凡圣，造业不同"，所得之报亦异也。

万法互摄

现象世界中各个事物，即所谓事者，虽万有不同，而皆可圆融互摄。《大乘止观法门》云：

> 又复如举一毛孔事，即摄一切世出世事。如举一毛孔事，即摄一切事。举其余世间出世间中一切所有，随一一事，亦复如是，即摄一切世出世事。何以故？谓以一切世间出世间事，即以彼世间出世间性为体故。是故世间出世间性，体融相摄故，世间出世间事，亦即圆融相摄无碍也。（卷二，《大藏经》卷四六页六四八）

事以性为体，每一性皆如来藏全体，故每一事亦是如来藏全体所现也。《大乘止观法门》又举例明此诸性诸事互融无碍之理云：

> 沙门曰："汝当闭目，忆想身上一小毛孔，即能见不？"外人忆想一小毛孔已，报曰："我已了了见也。"沙门曰："汝当闭目，忆想作一大城，广数十里，即能见不？"外人想作城已，报曰："我于心中了了见也。"沙门曰："毛孔与城，大小异不？"外人曰："异。"沙门曰："向者毛孔与城，但是心作不？"外人曰："是心作。"沙门曰："汝心有大小耶？"外人曰："心无形相，焉可见有大小？"沙门曰："汝想作毛孔时，为减小许心作，为全用一心作耶？"外人曰："心无形段，焉可减小许用之？是故我全用一念想作毛孔也。"沙门曰："汝想作大城时，为只用自家一念作，为更别得他人心神共作耶？"外人曰："唯用自心作城，更无他人心也。"沙门曰："然则一心全体，唯作一小毛孔，复全体能作大城。心既是一，无大小故。毛孔与城，俱全用一心为体。当知毛孔与城，体融平等也。"以是义故，举小收大，无大而非小；举大摄小，无小而非大。无小而非大，故大入小而大不减；无大而非小，故小容大而小不增。是以小无异增，故芥子旧质不改；大无异减，故须弥大相如故。此即据缘起之义也。若以心体平等之义望彼，即大小之相本来非有，不生不灭，唯一真心也。（卷二，《大藏经》卷四六页六百五十）

须弥山可纳于芥子，而"芥子旧质不改，须弥大相如故"。此就空间

言之。更就时间言之,《大乘止观法门》云:

> "我今又问汝,汝尝梦不?"外人曰:"我尝有梦。"沙门曰:"汝曾梦见经历十年五岁时节事不?"外人曰:"我实曾见历涉多年,或经旬日时节。亦有昼夜,与觉无异。"沙门曰:"汝若觉已,自知睡经几时?"外人曰:"我既觉已,借问他人,言我睡始经食顷。"沙门曰:"奇哉!于一食之顷,而见多年之事。"以是义故,据觉论梦,梦里长时,便则不实;据梦论觉,觉时食顷,亦则为虚。若觉梦据情论,即长短各论,各谓为实,一向不融。若觉梦据理论,即长短相摄;长时是短,短时是长,而不妨长短相别。若以一心望彼,则长短俱无,本来平等一心也。正以心体平等,非长非短;故心性所起长短之相,即无长短之实,故得相摄。若此长时自有长体,短时自有短体,非是一心起作者,即不得长短相摄。又虽同一心为体,若长时则全用一心而作,短时即减少许心作者,亦不得长短相摄。正以一心全体复作短时,全体复作长时,故得相摄也。是故圣人依平等义故,即不见三世时节长短之相;依缘起义故,即知短时长时体融相摄。
>
> (卷二,《大藏经》卷四六页六百五十至六五一)

就空间言,大小可以体融相摄;就时间言,长短可以体融相摄。其余诸性诸事,无不如是。《大乘止观法门》云:

是故经云："一一尘中，显现十方一切佛土。"又云："三世一切劫，解之即一念。"即其事也。又复经言："过去是未来，未来是现在。"此是三世以相摄。其余净秽好丑，高下彼此，明暗一异，静乱有无等，一切对法及不对法，悉得相摄者，盖由相无自实，起必依心，心体既融，相亦无碍也。

　　（卷二，《大藏经》卷四六页六百五十）

每一现象，皆为真心全体所现，此说又与外道真心遍一切处之说不同。《大乘止观法门》云：

　　问曰："……此则真心遍一切处，与彼外道所计神我遍一切处，义有何异耶？"答曰："外道所计，心外有法。大小远近，三世六道，历然是实。但以神我微妙广大，故遍一切处，犹如虚空。此即见有实事之相异神我，神我之相异实事也。设使即事计我，我与事一。但彼执事为实，彼此不融。佛法之内，即不如是。知一切法，悉是心作。但以心性缘起，不无相别。虽复相别，其唯一心为体。以体为用，故言实际无处不至。非谓心外有其实事，心遍在中，名为至也。"

　　（卷二，《大藏经》卷四六页六百五十）

心外无实法，故一切现象皆为心所现，而不可谓心遍在一切处；此此说与普通所谓泛神论不同之处也。

止观

由此可知，吾人普通对于宇宙人生之意见，皆是迷妄。因此流转生死，受诸烦恼。若欲破此迷妄，脱离流转，则须用修行工夫，使吾人本心中之净性，得以显现。所用修行工夫，有止观二门，《大乘止观法门》云：

> 所言止者，谓知一切诸法，从本已来，性自非有，不生不灭。但以虚妄因缘故，非有而有。然彼有法，有即非有。唯是一心，体无分别。作是观者，能令妄念不流，故名为止。所言观者，虽知本不生，今不灭，而以心性缘起，不无虚妄世用，犹如幻梦，非有而有，故名为观。（卷一，《大藏经》卷四六页六四二）

又云：

> 当知观门，即能成立三性，缘起为有；止门，即能除灭三性，得入三无性。入三无性者，谓除分别性，入无相性；除依他性，入无生性；除真实性，入无性性。……譬如手巾，本来无兔。真实性法，亦复如是；惟一净心，自性离相也。加以幻力，巾是兔现。依他性法，亦复如是；妄熏真性，现六道相也。愚小无知，谓兔为实。分别性法，亦复如是；意识迷妄，执虚为实。是故经言："一切法如幻。"此喻三性观

门也。若知此兔依巾似有，惟虚无实。无相性智，亦复如是；能知诸法，依心似有，惟是虚状，无实相性也。若知虚兔之相，惟是手巾；巾上之兔，有即非有，本来不生。无生性智，亦复如是；能知虚相，惟是真心，心所现相，有即非有，自性无生也。若知手巾，本来是有，不将无兔，以为手巾。无性性智，亦复如是；能知净心，本性自有，不以二性之无，为真实性。此即喻三无性止门也。（卷三，《大藏经》卷四六页六五八）

所谓除"真实性"者，即不以依他分别二性之无为真如性。所谓"但除此等于真性上横执之真，非谓除灭真如之体也"。（同上）至此境界，"念即自息，名证真如。亦无异法来证，但如息波入水"。（同上）

在此境界中，即为住涅槃。然诸佛为利他起见，亦可复起现象世界，复入生死以化度众生。前者为止门作用，后者为观门作用也。《大乘止观法门》云：

止观作用者，谓止行成故，体证净心。理融无二之性，与诸众生圆同一相之身。三宝于是混而无三，二体自斯莽然不二。恒今凝湛渊渟，恬然澄明内寂。用无用相，动无动相。盖以一切法，本来平等故，心性法尔故，此则甚深法性之体也。谓观行成故，净心体现，法界无碍之用，自然生出一切染净之能。……又止行成故，其心平等，不住生死；观行成故，德用缘起，不入涅槃。又止行成故，住大涅槃；观行成故，处于生死。又止行成故，不为世染；观行成故，不为寂滞。又止行成故，即用而常寂；观行成故，即寂而常用。（卷四，《大藏经》卷四六页六六一）

此所谓："但除其病而不除法。病在执情，不在大用。"（《大乘止观法门》卷三，《大藏经》卷四六页六五四）"虽知诸法有即非有，而复即知不妨非有而有。"（《大乘止观法门》卷四，《大藏经》卷四六页六六一）对于现象世界，若无执情，则虽复住于现象世界，亦无妨也。

诸佛染性

故"一一诸佛，心体依熏，作涅槃时，而不妨体有染性之用"。（《大乘止观法门》卷一，《大藏经》卷四六页六四六）上文所引"止行成故，住大涅槃；观行成故，处于生死"。"处于生死"，即"染性之用"也。故诸佛亦有染性，与众生同；众生亦有净性，与诸佛同，所谓佛性也。诸佛修成之后，仍有染性者，盖性不可变，修行之结果，仅能使染性不现为事，不能根本去之也。《大乘止观法门》云：

问曰："如来之藏，体具染净二性者，为是习以成性，为是不改之性也？"答曰："此是体用不改之性，非习成之性也。故云：佛性大王，非造作法，焉可习成也。佛性即是净

性，既不可造作，故染性与彼同体，是法界法尔，亦不可习成。"（卷二，《大藏经》卷四六页六四八）

净染二性俱是不改之性，非习成者。故众生虽依染性现染事，而其净性完全不坏。诸佛虽依净性现净事，而其染性亦完全不坏。《大乘止观法门》云：

> 一一众生心体，一一诸佛心体，本具二性，而无差别之相。一味平等，古今不坏。但以染业熏染性故，即生死之相显矣。净业熏净性故，即涅槃之用现矣。……以是义故，一一众生，一一诸佛，悉具染净二性。法界法尔，未曾不有。但依熏力起用，先后不俱。是以染熏息，故称曰转凡；净业起，故说为成圣。然其心体二性，实无成坏。……是以经言："清净法中，不见一法增。"即是本具性净，非始有也。"烦恼法中，不见一法减。"即是本具性染，不可灭也。（卷一，《大藏经》卷四六页六四六）

故众生与诸佛，在本性方面，完全无别。其所异者，即众生以染业熏染性，故有生死等染事。诸佛以净业熏净性，故有涅槃等净事。然众生虽在染事之中，而净性完全不坏，故随时可起净业而熏净性。诸佛虽在净事之中，而染性完全不坏，故随时可入生死而起染用也。

觉与不觉

如染净二性俱系如来藏中所本有者，则净性何故有与染性不同之价值？换言之，即众生何必修行，以求成佛？此可取《大乘止观法门》所说"染业违心""净业顺心"之义，以答此问。《大乘止观法门》云：

> 染业虽依心性而起，而常违心。净业亦依心性而起，而常顺心也。……无明染法，实从心体染性而起。但以体暗故，不知自己及诸境界，从心而起。亦不知净心具足染净二性而无异相，一味平等。以不知如此道理，故名之为违。智慧净法，实从心体而起。以明利故，能知己及诸法，皆从心作。复知心体具足染净二性，而无异性，一味平等。以如此称理而知，故名之为顺。（卷一，《大藏经》卷四六页六四六至六四七）

由此可知众生染性所起之染业，乃起于不觉；此不觉即所谓无明也。净性所起之净业，使人觉；此觉即所谓智慧也。以此理由，故净性有与染性不同之价值，而众生所以须修行以成佛也。诸佛与众生之差别，即在觉与不觉。由此亦可知，诸佛虽亦依其染性，起染用，入生死，然其如此作为，是在觉中者，即虽在染事之中，而知"己及诸法，皆从心作"等。而众生之在染事中，则在不觉中；所以称为如在梦中，而可怜悯也。

诸佛所起之染事，即清净依他性法。其用此以教化，即清净分别性法也。《大乘止观法门》云：

> 问曰："性染之用，由染熏灭故，不起生死。虽然成佛之后，此性岂全无用？"答曰："此性虽为无漏所熏，故不起生死。但由发心以来，悲愿之力熏习故，复为可化之机。为缘熏示违之用，亦得显现。所谓现同六道，示有三毒，权受苦报，应从死灭，等。即是清净分别性法。……"问曰："既言依他性法，云何名为分别性？"答曰："此德依于悲愿所熏起故，即是依他性法。若将此德对缘施化，即名分别性法也。"（卷三，《大藏经》卷四六页六五六）

此依他性法及分别性法，皆在觉中，所以为清净的也。诸佛之觉净心，即是净心之自觉。《大乘止观法门》云：

> 问曰："智慧佛者，为能觉净心，故名为佛？为净心自觉，故名为佛？"答曰："具有二义：一者觉于净心，二者净心自觉，虽言二义，体无别也。"（卷一，《大藏经》卷四六页六四二）

就此方面讲，佛学与海格尔之哲学颇有相同处。（参看拙著《人生哲学》第十一章）

天台宗与唯识宗及华严宗之比较

由上可知，天台宗之教义，如《大乘止观法门》所表现者，实大受唯识宗及华严宗之影响。其所说如来藏中，具一切染净诸法之性，即唯识宗所说阿赖耶识中具一切种子之意也。惟唯识宗谓识亦依他起，故其中之种子，亦可谓为依他起。而《大乘止观法门》则谓一切染净诸法之性，皆不可改。即世间诸恶，其性亦不可改。《大乘止观法门》又以常恒不变之真心，为一切现象之本体。与华严宗同。依上所引譬喻言之，则真心，手巾也；一切事物，兔也。"手巾本来是有；不将无兔以为手巾。"唯识宗不言常恒不变之真心，正以无兔为手巾也。华严宗以为一一事物皆是真心全体所现；《大乘止观法门》，亦如此说。且又谓每一事物所以有者，皆因如来藏中，已具有其性。如来藏中，具足一切法之性；而一切法之性，一一皆是如来藏全体，常恒如此，不可变改。由是言之，则每一事物，较华严宗所说尤为实在。盖关于空有之问题，《大乘止观法门》，可谓极力持有者矣。

关于最高境中活动之问题，《大乘止观法门》亦有极明确的见解。诸佛与众生同具染性，故诸佛亦可有与众生相同之染事。其所差只在觉与不觉。故对于此问题，《大乘止观法门》所说，亦较仅言"寂而恒照，照而恒寂"者为具体也。

湛然"无情有性"之说

就一一事物皆为真心全体所现之说推之，则为湛然"无情有性"之说。

湛然为天台宗第九祖，世称荆溪大师，（"俗姓戚氏，常州人"，建中三年卒。〔《宋高僧传》卷六，《大藏经》卷五十页七三九〕）作《金刚錍》，立"无情有性"之说。无情者，谓如草木瓦石等。无情有性者，谓即无情之物，亦有佛性也。湛然云：

> 故知一尘一心，即一切生佛之心性。……万法是真如，由不变故。真如是万法，由随缘故。……故万法之称，宁隔于纤尘。真如之体，何专于彼我。是则无有无波之水，未有不湿之波。在湿讵间于混澄，为波自分于清浊。虽有清有浊，而一性无殊。纵造正造依，依理终无异辙。若许随缘不变，复云无情有无，岂非自语相违耶？（《金刚錍》，《大藏经》卷四六页七八二）

唯识宗以外界之事物，皆吾人之识所现。故皆为吾人所受用者，非其自身有存在，或有存在之价值也。正谓正报，依谓依报。正报如吾人之根身等，依报如外界之山河大地等，皆为吾人之受用而存在也。若依华严天台二宗所说，则一切皆真心所现；一一事物，皆真心之全体所现。如此，则一一事物，皆如水中之波，清浊虽有不同，而其湿性则一。故云："虽有清有浊，而一性无殊。纵造正造依，依理终无异辙。"真如虽随缘而现为一一事物，而在一一事物之中，仍复常恒不变。"真如之体，何专于彼我？"如此，则一一事物，皆有其自身之存在，而且皆有佛性。故云："若许随缘不变，复云无情有无，岂非自语相违耶？"

由此言之，普通所谓无情有情之分，实已不存。湛然云：

> 圆人始末知理不二，心外无境，谁情无情？法华会中，一切不隔；草木与地，四微何殊？举足修途，皆趣宝渚；弹指合掌，咸成佛因。与一许三，无乖先志。岂至今日，云无情无？（《金刚錍》，《大藏经》卷四六页七八五）

物物皆有佛性，湛然之为此说，自有其前提，如上所述者，固不必为有意的推衍道生一阐提有佛性之说。然自哲学史之整个观之，则中国佛学家思想在此方面之发展，可谓至湛然而造极也。

节选自冯友兰《中国哲学史》

慧能、神会、宗密

慧能、神会与禅宗

以同一之观点言之，则道生顿悟成佛之说，至禅宗之顿门而造极。中国所谓禅宗，对于佛教哲学中之宇宙论，并无若何贡献。惟对于佛教中之修行方法，则辩论甚多。上文谓南北朝时，道生主张"忘筌取鱼"、"顿悟成佛"之说。谢灵运以为"学"之所得，与"悟"不同。佛教中所说修行之最高境界，可以一悟即得；即积学之人，亦须一悟，方能达此最高境界。此意至后日益推衍，遂有谓佛法有"教外别传"。谓除佛教经典之教外，尚有"以心传心，不立文字"之法。佛教之经典，如筌，乃学人所研究。然若直悟本人之本心即是佛之法身，则可不借学而立地成佛。中国之禅宗中之顿门，即弘此说者也。

禅宗中所传述之禅宗历史，以为此宗直受释迦佛之心传，"以心传心，不立文字"，（相传达摩答慧可语）传至菩提达摩乃至中国。达摩于梁武帝时至中国，为中国禅宗之开创者，为中国禅宗之初祖。达摩传慧可为二祖，慧可传僧璨为三祖，僧璨传道信为四祖，道信传弘忍（姓周氏，家寓淮左浔阳，一云黄梅人也。卒于唐高宗上元二年。《宋高僧传》卷八有传。）为五祖。五祖后禅宗分为南北二宗。北宗以神秀（《宋高僧传》云："姓李氏，今东京尉氏人也。……以神龙二年卒。"）为六祖，南宗以慧能为六祖。此外旁出分歧者，派别甚多。就中所谓南宗，尤主所谓"顿门"。慧能姓卢，南海新兴人。唐贞观十二年，生在蕲州。受学于弘忍，后又南返讲学于韶州。以先天二年（713年）卒。（《宋高僧传》卷八，《大藏经》卷五十页七五四至七五五）其弟子神会姓高，襄阳人。至岭南受学于慧能，后以其学北上攻击北宗，卒倾动当世，南宗乃为禅宗之正统焉。以上元元年（760年）卒。（同上，《大藏经》卷五十页七五六至七五七）禅宗中所传述之禅宗历史，关于菩提达摩及印度传法统系，不必即为真正的历史。要之，在南北朝时，中国自有"顿悟成佛"之说；至于唐代，其说大盛，此为事实。至其间传授之迹，则亦不必如禅宗中所传述之禅宗历史所说之若此整齐划一也。

今所传之《六祖坛经》，依旧说系慧能所说，弟子法海集记。胡适之先生近发现敦煌本《神会语录》，其中有数处与《坛经》文字略同，谓《坛经》为神会一派人所作。此说未知当否；但《坛经》与《神会语录》文字有数处略同，乃系事实，故今并合述之。

无念

慧能，神会所提倡之修行方法，以"无念"为主。《坛经》云：

> 我此法门，从上以来，先立无念为宗，无相为体，无住为本。无相者，于相而离相。无念者，于念而无念。无住者，人之本性，于世间善恶好丑，乃至冤之与亲，言语触刺欺争之时，并将为空，不思酬害。念念之中，不思前境。若前念今念后念，念念相续不断，名为系缚；于诸法上念念不住，即无缚也；此是以无住为本。善知识，外离一切相，名为无相。能离于相，即法体清净；此是以无相为体。善知识，于诸境上心不染曰无念；于自念上常离诸境，不于境上生心。若只百物不思，念尽除却，一念绝即死别处受生，是为大错。（《大藏经》卷四八页三五三）

所谓"无念"者，非是"百物不思，念尽除却"。若"百物不思"，亦是"法缚"。（《坛经》)神会云："声闻修空住空被空（胡云："空字原无，疑脱。"）缚，修定住定被定缚，修静住静被静缚，修寂住寂被寂（胡云："寂字原无，疑脱。"）缚。"（《语录》卷一，《神会遗集》，亚东图书馆印胡校敦煌唐写本，页一一九）"百物不思"，即"修空住空"之类也。所谓"无念"者，即是"于诸境上心不染"，"常离诸境"。《坛经》云：

般若三昧，即是无念。何名无念？若见一切法，心不染著，是为无念。用即遍一切处，亦不著一切处。但净本心，使六识出六门，于六尘中无染无杂，来去自由，通用无滞，即是般若三昧，自在解脱，名无念行。(《大藏经》卷四八页三五一)

眼耳口鼻身意，共有六识。六门即六识所依之器官；六尘即六识所取之对象，即所谓"前境"也。任此六识"来去自由"，但于其对象不可执着沾滞，即所谓"不思前境"。能于对象不执着沾滞，即"通用无滞"矣。若执着沾滞"前境"，则前念今念后念，随前境而"念念相续"，则吾即为前境所"系缚"。若念念不住于前境，则即"通用无滞"也。念念不住于前境，即所谓"无住"也，此亦即所谓"离于相"，亦即所谓"无相"也。故《坛经》所谓"无念为宗，无相为体，无住为本"者，实亦即只一"无念"而已。"前念著境即烦恼，后念离境即菩提"(《坛经》，《大藏经》卷四八页三百五十)；此即所谓"顿悟成佛"之道也。

《坛经》云：

心量广大，犹如虚空，无有边畔，亦无方圆大小，亦非青黄赤白，亦无上下长短，亦无嗔无喜，无是无非，无善无恶，无有头尾。诸佛刹土，尽同虚空。世人妙性本空，无有一法可得。自性真空，亦复如是。善知识，莫闻吾说空，便即着空。第一莫着空。若空心静坐，即着无记空。善知识，世界虚空，能含万物色像。日月星宿，山河大地，泉源溪涧，草木丛林，恶人善人，恶法善法，天堂地狱，一切大海，须弥诸山，总在空中。世人性空，亦复如是。善知识，自性能含万法是大，万法在诸人性中。若见一切人恶之与善，尽皆不取不舍，亦不染着。心如虚空，名之为大。……心量广大，遍周法界。用即了了分明，应用便知一切。一切即一，一即一切，去来自由，心体无滞，即是般若。（同上）

真如之中，本有诸种现象。但人执着某现象而沾滞于其上，故其心即为其所限而不大。若不执着某现象而沾滞于其上，则不为其所限。心不为所限，即所谓"心体无滞"也。此所以"念离境即菩提"也。

对于无念之另外解释

《坛经》云：

故此法门，立无念为宗。善知识，无者无何事，念者念何物？无者无二相，无诸尘劳之心；念者念真如本性。真如即是念之体，念即是真如之用。真如自性起念，非眼耳鼻舌能念。真如有性，所以起念。真如若无，眼耳色声，当时即坏。善知识，真如自性起念，六根虽有见闻觉知，不染万境，而真性常自在。（《大藏经》卷四八页三五三）

《神会语录》亦云：

> 无念法是圣人法；凡夫修无念法，即非凡夫。问：无者
> 无何法？念者念何法？答：无者无有云然，念者唯念真如。
> 问：念与真如有何差别？答：无差别。问：既无差别，何故
> 言念真如？答：言其念者真如之用，真如者念之体。以是义
> 故，立无念为宗。若见无念者，虽具见闻觉知，而常空寂。
> （卷一，《神会遗集》页一二九至一百三十）

此"无念"之又一解释。依此解释，"无"者是"无诸尘劳之心"，
"念"者是"念真如本性"。吾人念念皆注意于真如本性，久之乃见此
念亦系"真如之用"。若见念亦系"真如之用"，则知一切"见闻觉
知"，亦系"真如之用"；则知"虽有见闻觉知，不染万境，而真性常
自在"矣。

《坛经》云：

> 善知识，何名坐禅？此法门中，无障无碍，外于一切
> 善恶境界。心念不起，名为坐；内见自性不动，名为禅。善
> 知识，何名禅定？外离相为禅，内不乱为定。外若著相，内
> 心即乱。外若离相，心即不乱。本性自净自定，只为见境思
> 境即乱。若见诸境心不乱者，是真定也。善知识，外离相即
> 禅，内不乱即定。外禅内定，是为禅定。（《大藏经》卷四八
> 页三五三）

《神会语录》亦云：

> 念不起，空无所有，名正定。能见念不起，空无所有，
> 名为正惠（同慧）。即定之时是惠体，即惠之时是定用。即
> 定之时不异惠，即惠之时不异定。即定之时即是惠，即惠之
> 时即是定。何以故？性自如故。即是定惠等学。（原作觉，
> 依胡校改）（卷一，《神会遗集》页一二八至一二九）

此为"无念"之第三解释，依此解释，则"无念"即是"念不起"。
"念不起空无所有"，惟见"自性不动"而已。此"念不起"，似亦即
神会所谓"不作意"。《神会语录》云：

> 不作意即是无念。无念体上自有智命。本智命即是实
> 相。诸佛菩萨用无念以为解脱法身。……然一切众生，心本
> 无相。所言相者，并是妄心。何者是妄？所作意住心，取空
> 取净，乃至起心求证菩提涅槃，并属虚妄。但莫作意，心自
> 无物。即无物心，自性空寂。空寂体上，自有本智，谓知以
> 为照用。故《般若经》云："应无所住而生其心。""应无所
> 住"，本寂之体；"而生其心"，本智之用。但莫作意，自当悟
> 入。（卷一，《神会遗集》页一百〇一）

自性本体，本自空寂；不作意，则空寂的自性本体显矣。此"空寂体
上，自有本智"，本体显则"本智之用"亦显矣。

上述对于无念之三解释，意义各不相同。或者《坛经》本慧能诸弟子集记，而《神会语录》所记又非一时所说；故对于"无念"之口号，有如此不同之解释欤？惟依上述，"无念"之第一解释，则修"无念"法者，实可于人伦日用之中行之。依此解释之"无念法"，于后来影响甚大，即此再一转即宋儒之学矣。

由上观之，慧能神会等所说修行方法，在理论方面，不必有一贯之解释。其学能震动一时之故，即在其"顿悟成佛"之主张。《坛经》云：

> 若起真正般若观照，一刹那间，妄念俱灭；若识自性，一悟即至佛地。（《大藏经》卷四八页三五一）

《神会语录》云：

> 如周太公傅说，皆竿钓板筑，简在帝心，起自匹夫，位顿登台辅，岂不是世间不思议事？出世不思议者，众生心中具贪爱无明宛然者，遇真善知识，一念相应，便成正觉，岂不是出世不思议事？（卷一，《神会遗集》页一百三十）

如此说法，诚可谓简易直捷。于是以后禅宗，遂有专恃机锋，以使人言下顿悟者矣。

宗密所述禅宗七家

由上可知，禅宗所注重，大端在修行方法。而因其所讲修行方法之小异，禅宗中遂又有诸派别。然禅宗虽无形上学，而其所说修行方法，实皆有形上学之根据。盖其所说之修行方法，为如何使个人与宇宙合一之方法，必其心目中有如此之宇宙，然后方讲如此之方法也。不过此如此之宇宙，禅宗以为修行者证悟后自可知之。故不必讲，且亦不能讲也。禅宗中诸派所说之修行方法，虽大同而又有小异；盖因其心目中之宇宙，大同而又小异也。寻出禅宗各派所暗中根据之形上学，在学问方面，实一有趣而重要之工作。当时作此工作者有宗密。《宋高僧传》云：

> 释宗密，姓何氏，果州西充人也。家本豪盛，少通儒书。……元和二年偶谒遂州圆禅师；圆未与语，密欣然慕之。……又集诸宗禅言为禅藏。总而序之。……会昌元年正月六日坐灭于兴福塔院。……其月二十二日，道俗等奉全身于圭峰。俗龄六十二。……或曰："密师为禅耶？律耶？经论耶？"则对曰："夫密者，四战之国也，人无得而名焉。"……是故裴休论撰云："议者以师不守禅行而广讲经论。"……系曰："今禅宗有不达而讥密不宜讲诸教典者。"（卷六，《大藏经》卷五〇页七四一至七四二）

宗密华严宗以为第五祖，但亦奉神会一派之禅学，且常以和会

"宗""教"为言。宗者即禅宗，教者即佛教中经典之教也。本传称其著述二百余卷，盖佛学中之学者。其讲述宏博，为当时禅宗中人所讥。但因其能以学者之态度，将当时禅宗中之派别及其学说，分析比较。其所集禅藏之总序，名《禅源诸诠集都序》。在此序中，宗密分禅宗为三家。但在《圆觉经大疏》中，则分禅宗为七家。七家者，宗密云：

> 有拂尘看净，方便通经。有三句用心，谓戒定慧。有教行不拘而灭识。有触类是道而任心。有本无事而忘情。有藉传香而存佛。有寂知指体，无念为宗。遍离前非，统收俱是。（卷上之二，《续藏经》，涵芬楼影印本，第一辑第一编第十四套第三册页一一九）

"拂尘看净，方便通经"者。宗密云：

> 略叙七家，今初第一也。……拂尘者，即彼本偈云："时时须拂拭，莫遣有尘埃"是也。意云：众生本有觉性，如镜有明性，烦恼覆之，如镜之尘。息灭妄念，念尽即本性圆明如磨拂尘尽镜明，即物无不极。（《圆觉经大疏钞》卷三之下，《续藏经》第一辑第一编第一四套第二册页二百零四）

此禅宗之北宗神秀等所主张者。方便通经者，言此宗以通经典为方便。宗密在《禅源诸诠集都序》中判此宗为"息妄修心宗"。"三句用心，谓戒定慧"者，宗密云：

> ……第二家也。……言三句者，无忆，无念，莫忘也。意令勿追忆已过之境，勿预念虑未来荣枯等事，常与此智相应，不昏不错，名莫忘也。或不忆外境，不念内心，儵然无寄。（自注："莫忘如上。"）戒定慧者，次配三句也。虽开宗演说，方便多端，而宗旨所归，在此三句。（《续藏经》第一辑第一编第一四套第二册页二七八）

"有教行不拘而灭识"者，宗密云：

> ……第三家也。……谓释门事相，一切不行。剃发了便挂七条，不受禁戒。至于礼忏转读，画佛写经，一切毁之，皆为妄想。所住之院，不置佛事，故云教行不拘也。言灭识者，即所修之道也。意谓生死轮转，都为起心。起心即妄，不论善恶，不起即真。亦不似事相之行，以分别为怨家，无分别为妙道。……良由宗旨说无分别，是以行门无非无是，但贵无心而为妙极，故云灭识也。上来三家，根本皆是六祖同学，但傍正之异耳。（《续藏经》第一辑第一编第一四套第二册页二七八至二七九）

"有触类是道而任心"者，宗密云：

……第四家也。……起心动念，弹指声咳，扬扇，因所作所为，皆是佛性全体之用，更无第二主宰。如面作多般饮食，一一皆面。佛性亦尔，全体贪瞋痴，造善恶，受苦乐，故一一皆性。意以推求，而四大骨肉，舌齿眼耳手足，并不能自语言见闻动作。如一念今终，全身都未变坏，即便口不能语，眼不能见，耳不能闻，脚不能行，手不能作。故知语言作者，必是佛性。四大骨肉，一一细推，都不解贪瞋。故贪瞋烦恼，并是佛性。佛性非一切差别种种，而能作一切差别种种。……故云触类是道也。言任心者，彼息业养神之行门也。谓不起心造恶修善，亦不修道。道即是心，不可将心还修于心。恶亦是心，不可以心断心。不断不造，任运自在，名为解脱人，亦名过量人。无法可拘，无佛可作。何以故？心性之外，无一法可得。故云：但任心即为修也。此与第三家敌对相违。谓前则一切是妄；此即一切是真。（《续藏经》第一辑第一编第一四套第二册页二七九）

此慧能弟子怀让及怀让弟子道一所传。道一俗姓马，时称马祖。以后之临济宗、沩仰宗，皆自此出。宗密在《禅源诸诠集都序》中判此宗为"直显心性宗"中之一派。"有本无事而忘情"者，宗密云：

……第五家也。……言本无事者，是所悟理。谓心境本空，非今始寂。迷之谓有，所以生憎爱等情。情生诸苦所系，梦作梦受。故了达本来无等，即须丧己忘情。情忘即度苦厄，故以忘情为修行也。前次触类是通为悟，而任心是修。此以本无事为悟，忘情为修。又此与前两家皆异者，且就悟理而言者，第三家一切皆妄，第四家一切皆真，如地（疑当作此）则一切皆无。就行说者，第三伏心灭妄，第四纵任心性，此则休心不起。又三是灭病，四是任病，五是止病。（《续藏经》第一辑第一编第一四套第二册页二七九）

宗密在《禅源诸诠集都序》中判此宗为"泯绝无寄宗"云：

> 泯绝无寄宗者，说凡圣等法，皆如梦幻，都无所有。本来空寂，非今始无。即此达无之智，亦不可得。平等法界，无佛无众生。即此法界，亦是假名。心既不有，谁言法界？无修不修，无佛不佛。设有一生，胜过涅槃，我说亦如梦幻。无法可拘，无佛可作。凡有所作，皆是迷妄。如此了达本来无事，心无所寄，方免颠倒，始名解脱。（《大藏经》卷四八页四百零二）

"有藉传香而存佛"者，宗密云：

> ……第六家也。……言传香者，……欲授法时，以传香为资师之信。和上手付，弟子却授和上，和上却授弟子。如是三遍，人皆如地。（疑当作此）言存佛者，正授法时，先说法门道理，修行意趣。然后令一字念佛，初引声由念，后

渐渐没声微声，乃至无声。送佛至意，意念犹粗，又送至心。念念存想，有佛恒在心中。乃至无想，盍得道。（《续藏经》第一辑第一编第一四套第二册页二七九）

"有寂智指体，无念为宗"者，宗密云：

> ……即第七家也。是南宗第七祖荷泽大师所传。谓万法既空，心体本寂，寂即法身。即寂而知，知即真智，亦名菩提涅槃。……此是一切众生本源清净心也。是自然本有之法。言无念为宗者，既悟此法本寂本知，理须称本用心，不可遂起妄念。但无妄念即是修行，故此一门，宗于无念。（《续藏经》第一辑第一编第一四套第二册页二七九）

此即荷泽大师神会所传。宗密在《禅源诸诠集都序》中，判此为"直显心性宗"中之第二派。在《禅门师资承袭图》中，宗密更详述此宗云：

> 荷泽宗者，尤难言述。……今强言之，谓诸法如梦，诸圣同说。故妄念本寂，尘境本空。空寂之心，灵知不昧。即此空寂寂知，是前达摩所传空寂心也。任迷任悟，心本自知。不藉缘生，不因境起。迷时烦恼亦知，（知下疑脱知字）非烦恼；悟时神变亦知，知非神变。然知之一字，众妙之源。由迷此知，即起我相。计我我所，爱恶自生。随爱恶

心，即为善恶。善恶之报，受六道形。世世生生，循环不绝。若得善友开示，顿悟空寂之知。知且无念无形，谁为我相人相。觉诸相空，真心无念。念起即觉，觉之即无。修行妙门，唯在此也。故虽备修万行，唯以无念为宗。但得无念之心，则爱恶自然淡薄，悲智自然增明，罪业自然断除，功行自然精进。于解则见诸相非相，于行则名无修之修。烦恼尽时，生死即绝。生灭灭已，寂照现前。应用无穷，名之为佛。（《续藏经》第一辑第二编第十五套第五册页四三六）

"无念为宗"，《六祖坛经》及《神会语录》中已详说。惟"知之一字，众妙之源"之说，《神会语录》中未多言及。"真心无念"，而却"灵知不昧"。故"念起即觉，觉之即无"。此点或者宗密于神会之后，续有发挥。后来王阳明良知之说，颇与此相同；不过阳明专就道德方面之知言耳。

禅宗教人，不重文字。上述各派之主要宗旨，乃宗密以学者之资格，考察所得。宗密云：

> 宗密性好勘会，一一曾参，各搜得旨趣如是。若将此语，问彼学人，即皆不招承。问有答空，征空认有。或言俱非，或言皆不可得，修不修等，皆类此也。彼意常恐堕于文字，常怕滞于所得，故随言拂也。（《禅门师资承袭图》，《续藏经》第一辑第二编第十五套第五册页四三六）

禅宗后学，常恃机锋，令人言下顿悟。不以语言文字，述其意见。惟"好勘会"之学者，乃始述之于文字。勘者研究，会者比较，勘会即比较研究之意。

宗密又各设一喻，以明诸宗异同云：

如一摩尼珠，唯圆净明，都无一切差别色相。以体明故，对外物时，能现一切差别色相。色相自有差别，明珠不曾变易。然珠所现色，虽百千般，今且取与明珠相违者之黑色，以况灵明知见，与黑暗无明，虽即相违，而是一体。谓如珠现黑色时，彻体全黑，都不见明。如痴孩子，或村野人见之，直是黑珠。有人语云：此是明珠，灼然不信。却嗔前人，谓为欺诳。任说种种道理，终不听览。纵有肯信是明珠者，缘自睹其黑，亦谓言被黑色缠裹覆障。拟待磨拭揩洗，去却黑暗，方得明相出现，始名亲见明珠。（自注："北宗〔即上第一家〕见解如此。"）复有一类人指示云：即此黑暗，便是明珠。明珠之体，永不可见。欲得识者，即黑便是明珠。乃至即青黄种种皆是。致令愚者，的信此言，专记黑相，或认种种相，为明珠。或于异时，见黑柿子珠，米吹青珠碧珠，乃至赤珠，琥珀，白石英等珠，皆云是摩尼。或于异时，见摩尼珠，都不对色时，但有明净之相，却不认之。以不见有诸色可识认故，疑恐局于一明珠相故。（自注："洪州〔即马祖，上第四家〕见解如此。"）复有一类人，闻说珠中种种色，皆是虚妄，彻体全空。即计此一颗明珠，都是其

空。便云都无所得，方是达人。认有一法，便是未了。不悟
色相皆空之处，乃是不空之珠。（自注："牛头〔即上第五家〕
见解如此。"）何如直云：唯莹净圆明，方是珠体。其黑色，
乃至一切青黄色等，悉是虚妄。正见黑色时，黑元不黑，但
是其明。青元不青，但是其明。乃至赤白黄等，一切皆然，
但是其明。既即于诸色相处，一一但见莹净圆明，即于珠
不惑。但于珠不惑，则黑既无黑，黑即是明珠。诸色皆尔，
即是有无自在，明黑融通，复何碍哉？（自注："荷泽〔即
上第七家〕见解如此。"）若认得明珠是能现之体，永无变
易。（自注："荷泽。"）但云黑是珠，（自注："洪州宗。"）或
拟离黑觅珠，（自注："北宗。"）或言明黑都无（自注："牛头
宗。"）者，皆是未见珠也。（《禅门师资承袭图》，《续藏经》
第一辑第一编第十五套第五册页四三六至四三七）

宗密对于神会学说之认识如此。故以神会之说，为"遍离前非，统收
俱是"也。

【注】此后禅宗分为临济宗，沩仰宗，云门宗，法眼宗，曹洞宗。
此五宗皆推其源于慧能，今不具述。

宗密和会"宗""教"

宗密对于"宗"中之各派别，皆详加分析，如上所述。在《禅源

诸诠集都序》中，宗密即以宗中之某派，和会教中之某派；宗中某派所以讲如此之修行方法者，即因其暗中根据教中某派之教义也。在此序中宗密分禅门为三宗：一息妄修心宗，二泯绝无寄宗，三直显心性宗。其息妄修心宗，包括上述七家中之第一、第二、第三、第六，四家，云："南侁（智侁第二家）北秀（神秀第一家）保唐（无住第三家）宣什（第六家）皆此类也。"（《禅源诸诠集都序》卷上二，《大藏经》卷四八页四〇二）盖此四家皆主"背境观心，息灭妄念"，（同上）故合为一家也。二泯绝无寄宗，三直显心性宗，上文已述。教亦有三种：一密意依性说相教，二密意破相显性教，三显示真心即性教。

密意依性说相教者，宗密云：

> 佛见三界六道，悉是真性之相。但是众生迷性而起，无别自体。故云依性。然根钝者卒难开悟，故且随他所见境相，说法渐度。故云说相。说未彰显，故云密意也。（《禅源诸诠集都序》卷上二，《大藏经》卷四八页四〇三）

此教包括《原人论》中所说之人天教，小乘教，及大乘法相教。（详下）然严格言之，"惟第三将识破境教，与禅门息妄修心宗而相符会"。（同上）盖禅宗亦属大乘，故不可与人天，小乘，和会也。将识破境教，即大乘法相教。禅门息妄修心宗所暗根据之形上学，即此教所说。宗密云：

> 以知外境皆空，故不修外境事相，唯息妄修心也。息妄

者，息我法之妄；修心者，修唯识之心。（同上）

大乘破相教，"以识为身本"，"迷故执有我及诸境"。（同上）禅门息妄修心宗，即息我，法（诸境）二执之妄修唯识之心。此所谓"拂尘看净"也。

密意破相显性教者，宗密云：

> 据真实了义，即妄执本空，更无可破。无漏诸法，本是真性；随缘妙用，永不断绝，又不应破。但为一类众生，执虚妄相，障真实性，难得玄悟。故佛且不拣善恶垢净性相，一切呵破。以真性及妙用不无，而且云无，故云密意。又意显性，语乃破相。意不形于言中，故云密也。（《禅源诸诠集都序》卷上二，《大藏经》卷四八页四〇四）

此即《原人论》中所说之大乘破相教。（详下）此教以为"未曾有一法，不从因缘生，是故一切法，无不是空者"。"生死涅槃，平等如幻。但以不住一切，无执无著，而为道行"。（同上）禅门泯绝无寄宗，"本无事而忘情"之修行方法，即暗以此形上学为根据也。

显示真心即性教者，宗密云：

> 直指自心即是真性。不约事相而示，不约心相而示，故云即性。不是方便隐密之意，故云显示也。（同上）

此即《原人论》中所说之一乘显性教。（详下）此教"开示灵知之心，即是真性，与佛无异"。（同上，页四〇五）禅门直显心性宗"念起即觉，觉之即无"之"修行妙门"所暗根据之形上学，即在此教中也。

所谓禅者，本只是佛教中修行方法之一种。及后禅宗虽蔚为大国，而其所讲，仍以修行方法为主。此修行方法所根据之形上学，仍须于"教"中求之。宗密以上所讲，虽不必与历史合，然以禅宗作一种学问讲者，则必须用宗密此种和会宗教之方法也。

宗密所述之五教

宗密又作《原人论》，并将儒家道家及佛教各派别所说对于人生来源之理论，比较论之。首叙儒道所持之理论云：

> 儒道二教，说人畜等类，皆是虚无大道，生成养育。谓道法自然，生于元气。元气生天地。天地生万物。故愚智贵贱，贫富苦乐，皆禀于天，由于时命。故死后却归天地，复其虚无。（《原人论·斥迷执》第一，《大藏经》卷四五页七百零八）

宗密题此章为"斥迷执"，以为儒道此种理论，乃系一种迷执。宗密下文指出此理论所遇之困难。例如：如谓道法自然，则"万物皆是自然生化"，不必待一定的因缘而后生，如此则"石应生草，草或生人"

矣。"且天地之气，本无知也。人禀天地之气，安得欻起而有知乎？草木亦皆禀气，何无知乎？"如此之类，皆儒道之"迷执"所遇之困难。人何以有知之问，尤有哲学的兴趣。以前中国哲学，对此问题，似少注意。

宗密于是又考佛教中各派别所说对于人生来源之理论，以为"佛教自浅之深，略有五等。一人天教，二小乘教，三大乘法相教，四大乘破相教，五一乘显性教"。前四宗宗密以为系"偏浅"，俱列入"斥偏浅"章。末一宗乃系"佛了义实教"，列入"直指真源"章中。

人天教者，《原人论》云：

> 佛为初心人，且说三世业报善恶因果。谓造上品十恶，死堕地狱；中品饿鬼；下品畜生。故佛且类世五常之教，令持五戒，得免三途，生人道中。修上品十善及施戒等，生六欲天。修四禅八定，生色界无色界天。故名人天教也。据此教中，业为身本。(《斥偏浅》第二，《大藏经》卷四五页七八)

宗密下文指出此宗所遇之困难，以为此宗专讲业报，未言造业者是谁何，受报者是谁何，"故知但习此教者，虽信业缘，不达身本"。(同上)

小乘教者，《原人论》云：

> 小乘教者，说形骸之色，思虑之心，从无始来，因缘力故，念念生灭，相续无穷。如水涓涓，如灯焰焰。身心假

合，似一似常。凡愚不觉，执之为我。宝此我故，即起贪瞋痴等三毒。三毒击意，发动身口，造一切业，业成难逃。故受五道苦乐等身，三界胜劣等处。于所受身，还执为我，还起贪等，造业受报。身则生老病死，死而复生。界则成住坏空，空而复成。劫劫生生，轮回不绝。无终无始，如汲井轮。……据此宗中，以色心二法，及贪瞋痴，为根身器界之本也。(《斥偏浅》第二，《大藏经》卷四五页七百零九)

此以色心二法为世界人生之根本，即所谓心物二元论也。世界经成、住、坏、空四时期，即所谓四劫。空则复成，成已又空；如是循环不绝。宗密更详述云：

从空劫初成世界者，颂曰："空界大风起，傍广数无量。厚十六洛叉，金刚不能坏。此名持界风。光音金藏云，布及三千界。雨如车轴下，风遏不听流。深十一洛叉，始作金刚界。次第金藏云，注雨满其内，先成梵王界，乃至夜摩天。风鼓清水成，须弥七金等。滓浊为山地，四洲及泥犁。咸海外轮围，方名器界立。"时经一增减，乃至二禅福尽，下生人间，初食地饼林藤，后粳米不销，大小便利，男女形别。分田立主，求臣佐，种种差别。经十九增减，兼前总二十增减，名为成劫。(《原人论·斥偏浅》章自注，《大藏经》卷四五页七百零九)

此引《俱舍论》颂以说由空劫至成劫世界发生之成序。劫者，梵语劫波，此云分别世节。增减者，从人寿八万四千岁时，每经百年，人寿即减一岁，减至人寿十岁。复从十岁，每百年增一岁，增至八万四千岁。如是一减一增，为一小劫。二十增减，成一中劫。总成、住、坏、空四中劫，为一大劫，即一世界之终始也。成、住、坏、空四大劫，每劫皆经二十增减。宗密云：

> 住者住劫，亦经二十增减。坏者坏劫，亦二十增减。前十九增减坏有情，后一增减坏器界。能坏是水火风等三灾。空者空劫，亦二十增减。中空无世界，及诸有情也。（同上）

此本印度人对于世界起源所持之说，宗密以之比附于儒道二家之说云：

> 空界劫中，是道教指云虚无之道。然道体寂照灵通，不是虚无。老氏或迷之，或权设，务绝人欲，故指空界为道。空界中大风，即彼混沌一气，故彼云：道生一也。金藏云者，气形之始，即太极也。雨下不流，阴气凝也。阴阳相合，方能生成矣。梵王界乃至须弥者，彼之天也。滓浊者地，即一生二矣。二禅福尽下生，即人也，即二生三，三才备矣。地饼以下，乃至种种，即三生万物。此当三皇已前，穴居野处，未有火化等。（同上）

宗密此所说，对于以后道学家之宇宙发生论，有极大影响。邵康节及朱子对于世界成坏之理论，大体上全与此同。

此小乘宗以色心二法为根身器界之本，比于人天教，进一步矣。但其所谓心，乃是思虑之心，即前六识。"五识阙缘不起；意识有时不行"，无色界天亦无四大。故色心二法，本身即有间断，"如何持得此身，世世不绝"？故宗密以为"专此教者，亦未原身"。

大乘法相教者，宗密云：

> 大乘法相教者，说一切有情，无始已来，法尔有八种识。于中第八阿赖耶识，是其根本，顿变根身器界种子。转生七识，皆能变现自分所缘都无实法。……如患梦者，患梦力故，心似种种外境相现。梦时执为实有外物；寤来方知唯梦所变。我身亦尔，唯识所变。迷故执有我及诸境，由此起惑造业，生死无穷。悟解此理，方知我身唯识所变，识为身本。（《原人论·斥偏浅》第二，《大藏经》卷四五页七百零九）

此即大乘相宗，亦即玄奘等所讲之唯识宗，如上第七章第二节所述。此宗立一相续无间断之阿赖耶识为身本，比上小乘教又进一步矣。但亦有其困难，即下大乘破相教所提出者。

大乘破相教者，宗密云：

> 大乘破相教者，破前大小乘法相之执，密显后真性空

寂之理。将欲破之，先诘之曰：所变之境既妄，能变之识岂真？……梦时则梦想梦物，似有能见所见之殊；据理则同一虚妄，都无所有。诸识亦尔，以皆假托众缘，无自性故。……是知心境皆空，方是大乘实理。若约此原身，身元是空；空即身本。（同上）

此即大乘空宗，吉藏所讲述者，如上第七章第一节所述。吾人在梦中时，不惟梦物，即梦中所见之物，为虚妄，梦想亦是虚妄。由此推之，识所变之境既妄，则能变之识亦非真。一切皆空，即此宗所持也。

此宗亦有困难，盖"心境皆无，知无者谁？又若都无实法，依何现诸虚妄"？若真一切皆空，则虚妄亦不能有。故宗密以为"此教但破执情，亦未明显真灵之性"。（同上）

直显真源者，乃一乘显性教。宗密云：

一乘显性教者，说一切有情，皆有本觉真心。无始已来，常住清净，昭昭不昧，了了常知。亦名佛性，亦名如来藏。从无始际，妄想翳之，不自觉知，但认凡质，故耽著结业，受生死苦。……若离妄想，一切智，自然智，无碍智，即得现前。……当知迷悟同一真心。大哉妙门，原人至此。（《原人论·直显真源》第三，《大藏经》卷四五页七百一十）

此即大乘性宗，此宗以本觉真心为一切根本。此天台宗、华严宗所讲，如本章第一节与上章第三节所述。宗密以为此乃佛教了义。

宗密又以为儒道及佛教中前四宗所持之见解，亦皆真理之一部分，故又立《会通本末》一章，以总论之。宗密云：

真性虽为身本，生起盖有因由。不可无端，忽成身相。但缘前宗未了，所以节节斥之。今将本末会通，乃至儒道亦是。谓初唯一真灵性，不生不灭，不增不减，不变不易。（自注："初唯第五性教所说。"）众生无始迷睡，不自觉知。由隐覆故，名如来藏。依如来藏，故有生灭心相。（自注："自此方是第四教，亦同破此已生灭诸相。"）所谓不生不灭真心，与生灭妄相和合，非一非异，名为阿赖耶识。此识有觉不觉二义。（自注："此下方是第三法相教中亦同所说。"）依不觉故，最初动念，名为业相。又不觉此念本无，故转成能见之识，及所见境界相现。又不觉此境但从自心妄现，执为定有，名为法执。（自注："此下方是第二小乘教中亦同所说。"）执此等故，遂见自他之殊，便成我执。执我相故，贪爱顺情诸境，欲以润我；瞋嫌违情诸境，恐相损恼。（自注："此下方是第一人天教中亦同所说。"）故杀盗等心神，乘此恶业，生于地狱鬼畜等中。复有怖此苦者，或性善者，行施戒等心神，乘此善业，运于中阴，入母胎中。（自注："此下方是儒道二教亦同所说。"）禀气受质，（自注："会彼所说，以气为本。"）气则顿具四大，渐成诸根。心则顿具四蕴，渐成诸识。十月满足，生来名人，即我等今者身心是也。故知

身心各有其本，二类和合，方成一人。……然所禀之气，展
转推本，即混一之元气也。所起之心，展转穷源，即真一之
灵心也。究竟言之，心外的无别法，元气亦从心之所变，属
前转识所现之境，是阿赖耶相分所摄。从初一念业相，分为
心境之二。……据此则心识所变之境，乃成二分：一分与心
识和合成人；一分不与心识和合，即是天地山河国邑。三才
中惟人灵者，由与心神合也。（《原人论·会通本末》第四，
《大藏经》卷四五页七百一十）

宗密此论，以为儒道所见，亦是真理之一部分。此已为宋明道学立先
声矣。此论中又有许多见解，可以影响宋明道学者。其对于世界发生
之见解，有大影响于宋明道学，上文已言及。此段所引"禀气受质"
一段，宋明道学讲气质，亦恐受此影响。尤可注意者，即宋明道学中
程朱陆王二派对立之学说，此论中已有数点，为开先路。如云："然
所禀之气，展转推本，即混一之元气也。所起之心，展转穷源，即
真一之灵心也。"心气对立；程朱一派，以理气对立，即在此方面发
展。又云："究竟言之，心外的无别法，元气亦从心之所变。"一切唯
心；陆王一派，以"宇宙即是吾心"，即在此方面发展。由此言之，
则宗密学说之影响，可谓甚大。就其此论观之，则宗密不啻上为以前
佛学，作一结算；下为以后道学，立一先声。盖宋明道学出现前之准
备，已渐趋完成矣。

节选自冯友兰《中国哲学史》

第五章

宋明道学

盖道学中之理学，以朱子为集大成者；

而其中之心学，则以阳明为集大成者。

由二人所代表之时代言，

则吾人可谓宋元为理学最盛时代，明为心学最盛时代。

朱子

朱子名熹（1200年卒），其学系以周濂溪之《太极图说》为骨干，而以康节所讲之数，横渠所说之气，及程氏弟兄所说形上形下及理气之分融合之。故朱子之学，可谓集其以前道学家之大成也。关于形上之道与形下之器之分，朱子云："凡有形有象者，即器也；所以为是器之理者，则道也。"（《与陆子静书》，《文集》卷三十六）所谓道，即指抽象的原理或概念；所谓器，即指具体的事物。

故朱子云："形而上者，无形无影是此理。形而下者，有情有状是此器。"（《语类》卷九十五）又云："无极而太极，不是说有个物事，光辉辉地在那里。当初皆无一物，只有此理而已。……唯其理有许多，故物有许多。"（《语类》卷九十四）

以现在哲学中之术语言之，则所谓形而上者，超时空而潜存

（subsist）者也；所谓形而下者，在时空而存在（exist）者也。超时空者，无形象可见。故所谓太极，"不是说有个物事，光辉辉地在那里"。此所谓"无极而太极"也。朱子云："无极而太极，只是说无形而有理。"（《语类》卷九十四）

"唯其理有许多，故物有许多。"无此理则不能有此物也。朱子云："做出那事，便是这里有那理。凡天地生出那物，便是那里有那理。"（《语类》卷一一〇）不仅天然之物各有其理，即人为之物亦各有其理。朱子云："天下无性外之物。阶砖便有砖之理，竹椅便有竹椅之理。"（《语类》卷四）天下之物，无论其是天然的或人为的，皆有其所以然之理，其理并在其物之先。朱子云："若在理上看，则虽未有物而已有物之理。然亦但有其理而已，未尝实有是物也。"（《答刘叔文》，《文集》卷四十六）

如尚未有舟车之时，舟车之理或舟车之概念已先在。然其时只有概念而无实例，所谓"但有其理而已，未尝实有是物也"。所谓发明舟车，不过发现舟车之理而依之以做出实际的舟车，即舟车之概念之实例而已。故凡可能有之物，无论其是天然的或人为的，在形而上之理世界中，本已具有其理。故形而上之理世界，实已极完全之世界也。

一事物之理，即其事物之最完全的形式，亦即其事物之最高的标准，此所谓极也。《语类》云："事事物物，皆有个极，是道理极至。蒋元进曰：'如君之仁，臣之敬，便是极。'先生曰：'此是一事一物之极。总天地万物之理，便是太极。太极本无此名，只是个表德。'"（《语类》卷九十四）太极即天地万物之理之总和，而亦即天地万物之

最高标准也。朱子云："太极只是个极好至善的道理。……周子所谓太极，是天地人物万善至好的表德。"（《语类》卷九十四）

由此而言，则太极即如柏拉图所谓好之概念。

每一事物，不但具有此事物之所以然之理，其中且具太极之全体。朱子云："人人有一太极，物物有一太极。"（《语类》卷九十四）又云："盖统体是一太极，然又一物各具一太极。"（《语类》卷九十四）

由此而言，则一切事物中，除其自己之所以然之理外，且具太极，即一切理之全体。太极在一切物中，亦"不是割成片去，只如月印万川相似"（《语类》卷九十四）。此与华严宗所谓因陀罗网境界之说相似。朱子想亦受其说之影响。不过彼所谓因陀罗网境界，乃谓一具体的事物中，含有一切具体的事物，所谓"一即一切，一切即一"。此则谓一具体的事物，具有一太极，即一切事物之理。一切事物之理，并非一切事物也。

形而上之理世界中只有理。至于此形而下之具体的世界之构成，则赖于气。理即如希腊哲学中所说之形式（form），气即如希腊哲学所说之材质（matter）也。朱子云："天地之间，有理有气。理也者，形而上之道也，生物之本也；气也者，形而下之器也，生物之具也。是以人物之生，必禀此理，然后有性；必禀此气，然后有形。"（《答黄道夫书》，《文集》卷五十八）

又云："盖气则能凝结造作，理无情意，无计度，无造作。只此气凝聚处，理便在其中。且如天地间人物草木鸟兽，其生也莫不有种，定不会无种子白地生出一个物事。这个都是气。若理则只是个净洁空阔的世界，无形迹，他却不会造作。气则酝酿凝聚生物也。"（《语类》

卷一）理世界为一"无形迹"之"净洁空阔的世界"。理在其中，"无情意，无计度，无造作"。此其所以为超时空而永久（eternal）也。

此具体的世界为气所造作。气之造作，必依理。如人以砖瓦木石建造一房。砖瓦木石虽为必须，然亦必须先有房之形式，而后人方能用此砖瓦木石以建筑此房。砖瓦木石，形下之器，建筑此房之具也；房之形式，形上之理，建筑此房之本也。及此房成，而理即房之形式，亦在其中矣。

依逻辑言，理虽另有一世界，就事实言，则理即在具体的事物之中。《语类》云："理在气中发现处如何？曰：如阴阳五行错综不失条绪，便是理。若气不结聚时，理亦无所附着。"（《语类》卷九十四）气不结聚，则理无所附着，即理不能实现为具体的物也。具体的物中之秩序条理，即理在气中之发现处。

至于理气为有之先后，朱子云："或问必有是理，然后有是气。如何？曰：此本无先后之可言。然必欲推其所从来，则须说先有是理。"（同上）盖依事实言，则有理即有气，所谓"动静无端，阴阳无始"。若就逻辑言，则"须说先有是理"。盖理为超时空而永存者，气则为在时空而变化者。就此点言，必"须说先有是理"。

太极中有动静之理，气因此理而有实际的动静。气之动者，即流行而为阳气；气之静者，即凝聚而为阴气。朱子即濂溪《太极图说》言之云："阳变阴合，而生水、火、木、金、土。阴阳气也，生此五行之质，天地生物，五行独先。地即是土，土便包含许多金木之类。天地之间，何事而非五行？五行阴阳七者滚合，便是生物的材料。……土则寄旺四季。"（《语类》卷九十四）气即生物的材料。具体的物之生，气为材料，理为形式。材料一名，正柏拉图、亚里士多德所谓 matter 之意。

理与气合而成为具体的物。此气中之理，即所谓性也。故不唯人有性，物亦有性。朱子云："天下无无性之物。盖有此物则有此性，无此物则无此性。"（《语类》卷四）

上文谓一物有一太极。每一物中皆有太极之全体。然在物中，仅其所以为其物之理能表现，而太极之全体所以不能表现者，则因物所禀之气蔽塞之也。此具体的世界中之恶，皆由于此原因。《语类》云："问：理无不善，则气胡有清浊之殊？曰：才说着气，便自有寒有热，有香有臭。"（同上）又云："二气五行，始何尝不正。只滚来滚去，便有不正。"（同上）

盖理是完全至善的。然当其实现于气，则为气所累而不能完全。如圆之概念本是完全的圆，然及其实现于物质而为一具体圆物，则其圆即不能是一绝对的圆矣。实际世界之不完全，皆由为气所累也。唯气是如此，故即人而言，又亦有得气之清者，有得气之浊者。朱子云："就人之所禀而言，又有昏明清浊之异。"（同上）禀气清明者为圣人，浑浊者为愚人。朱子以为如此说法，可将自孟荀以来儒家所争论之性善性恶问题，完全解决。

朱子谓："凡人之能言语、动作、思虑、营为，皆气也。"（同上）《语类》又云："问：知觉是心之灵固如此，抑气之为耶？曰：不专是气，是先有知觉之理。光聚成形，理与气合，便能知觉。譬如这烛火是因得这脂膏，便有许多光焰。"（《语类》卷五）一切事物，皆有其理，故知觉亦有知觉之理。然知觉之理，只是理而已。至于知觉之具体的事例，则必"理与气合"，始能有之。

盖一切之具体的事物，皆合材料与形式而成者也。理必合气，方能实现，如烛火之必依脂膏。吾人之知觉思虑，既皆在此具体的世界之中，故皆是气与理合以后之事也。吾人之知觉思虑，即所谓灵处，"灵处只是心，不是性。性只是理"。（同上）盖心能有具体的活动，理不能如此也。

朱子又论心、性与情之关系云："性、情、心，惟孟子说得好。仁是性，恻隐是情，须从心上发出来。心统性、情者也。性只是合如此的，只是理，非有个物事。若是有的物事，则既有善，必有恶。唯其无此物，只有理，故无不善。"（同上）性非具体的事物，故无不善。情亦是此具体的世界中之事物，故须从心上发出。性为气中之理，故亦可谓为在于心中。所以谓"心统性、情"也。

朱子又论心、性、情与才之关系云："才是心之力，是有气力去做的；心是营摄主宰者，此心所以为大也，心譬水也，性水之理也。性所以立乎水之静，情所以行乎水之动，欲则水之流而至于滥也。才者水之气力，所以能流者。然其流有急有缓，则是才之不同。伊川谓性禀于天，才禀于气，是也。只有性是一定，情与心与才，便合着气了。"（同上）凡人所禀之理皆同，故曰："只是性有一定。"至于气，则有清浊之不同。故在此方面，人有各种差异也。"欲则水之流而至于滥也"，理学家以欲与理，或人欲与天理，对言，详下。

在客观的理中，存有道德的原理。吾人之性，即客观的理之总合。故其中亦自有道德的原理，即仁、义、礼、智是也。吾人之性中，不但有仁、义、礼、智，且有太极之全体。但为气禀所蔽，故不能全然显露。所谓圣人者，即能去此气禀之蔽，使太极之全体完全显露者也。

朱子云："圣人千言万语，只是教人存天理，灭人欲。人性本明，如宝珠沉溷水中，明不可见。去了溷水，则宝珠依旧自明。自家若知得是人欲蔽了，便是明处。只是这上便紧着力主定，一面格物，今日格一物，明日格一物，正如游兵攻围拔守，人欲自销铄去。所以程先生说敬字，只谓我自有一个明的事物在这里，把个敬字抵敌，常常存个敬在这里，则人欲自然来不得。"（《语类》卷十二）

人得于其理而后有其性，得于其气而后有其形。性为天理，即所谓"道心"也。而因人之有气禀之形而起情，其"流而至于滥者"者，则皆人欲，即所谓"人心"也。人欲亦称私欲。就其为因人之为具体的人而起之情之流而至于滥者而言，则谓之人欲；就其为因人之为个体而起之情之流而至于滥者而言，则谓之私欲。

天理为人欲所蔽，如宝珠在浊水中。人欲终不能全蔽天理，即此知天理为人欲所蔽之知，即是天理之未被蔽处。即此"紧着力主定"，努力用工夫。工夫分两方面，即程伊川所谓用敬与致知。只谓我自有一个明的事物，心中常记此点，即用敬之工夫也。所以须致知者，朱子云："所谓致知在格物者，言欲致吾之知，在即物而穷其理也。盖人心之灵，莫不有知，而天下之物，莫不有理。唯于理有未穷，故其知有不尽也。是以《大学》始教，必使学者即凡天下之物，莫不因其已知之理而益穷之，以求至乎其极。至于用力之久，而一旦豁然贯通焉，则众物之表里精粗无不到，而吾心之全体大用无不明矣。"（《大学章句·补格物传》）"格，至也；物，犹事也。穷至事物之理，欲其极处无不到也。"(《大学章句》)此朱子格物之说，大为以后陆王学派所攻击。陆王一派，以此工夫为支离。

　　然就朱子之哲学系统整个观之，则此格物之修养方法，自与其全系统相协调。盖朱子以天下事物，皆有其理。而吾心中之性，即天下事物之理之全体。穷天下事物之理，即穷吾性中之理也。今日穷一性中之理，明日穷一性中之理。多穷一理，即使吾气中之性多明一点。穷之既多，则有豁然顿悟之一时。至此时则见万物之理，皆在吾性中。所谓"天下无性外之物"。至此境界，"则众物之表里精粗无不到，而吾心之全体大用无不明矣"。用此修养方法果否能达到此目的，乃另一问题。不过就朱子之哲学系统言，朱子固可持此说也。

节选自冯友兰《中国哲学小史》第十二节

陆象山

朱子为道学中理学一派之最大人物，与朱子同时而在道学中另立心学一派者，为陆象山。杨简《象山先生行状》云：

先生姓陆，名九渊，字子静。……生有异禀，端重不伐。……先生独谓某曰："丱角时闻人诵伊川语，自觉若伤我者。"亦尝谓人曰："伊川之言奚为与孔子、孟子之言不类？初读《论语》，即疑有子之言支离。"先生生而清明，不可企及，有如此者。他日，读古书至"宇宙"二字，解者曰："四方上下曰宇，往古来今曰宙。"忽大省曰："宇宙内事，乃己分内事；己分内事，乃宇宙内事。"又尝曰："宇宙便是吾心，吾心便是宇宙。（《行状》无此语，据《年谱》增，见《全集》卷三十六页五）东海有圣人出焉，此心同也，此理同也；西海有圣人出焉，此心同也，此理同也；南海、北海有圣人出焉，此心同也，此理同也；千百世之上有圣人出焉，此心同也，此理同也；千百世之下有圣人出焉，此心同也，此理同也。"（《象山全集》卷三十三，《四部丛刊》本，页四至五）

《行状》谓象山抚州金溪人，生于宋高宗绍兴九年（1139 年），卒于宋光宗绍熙四年（1193 年）。

象山自幼即觉伊川语"若伤我者"，象山之学，虽与伊川不同，而与明道则极相近。明道《识仁篇》，以为学者须先识仁。识得此理，以诚敬存之，此外更无他事。象山之说，正与此同。象山云：

近有议吾者云：除了"先立乎其大者"一句，全无伎俩。吾闻之曰：诚然。（《全集》卷三十四页八）

所谓"先立乎其大者"，即先知道即吾心，吾心即道，道外无事，事外无道。如明道所谓学者须先识仁也。象山云：

万物森然于方寸之间，满心而发，充塞宇宙，无非是理。（《全集》卷三十四页三十八）

又云：

　　孟子云："尽其心者知其性，知其性则知天矣。"心只是一个心，某之心，吾友之心，上而千百载圣贤之心，下而千百岁复有一圣贤，其心亦只如此。心之体甚大若能尽我之心，便与天同。为学只是理会此。(《全集》卷三十五页十八)

又云：

　　此理塞宇宙，所谓道外无事，事外无道。舍此而别有商量，别有趋向，别有规模，别有形迹，别有行业，别有事功，则与道不相干，则是异端，则是利欲。谓之陷溺，谓之旧窠。说即是邪说，见即是邪见。(《全集》卷三十五页五十五)

又云：

　　道遍满天下，无些小空阙，四端万善，皆天之所予，不劳人妆点，但是人自有病，与他相隔了。(同上，页二十三)

吾人之心，本是宇宙全体。但普通人则常有所蔽。象山云：

道塞宇宙，非有所隐遁。在天曰阴阳，在地曰柔刚，在人曰仁义。故仁义者，人之本心也。……愚不肖者，不及焉，则蔽于物欲而失其本心。贤者、智者过之，则蔽于意见而失其本心。（《与赵监书》，《全集》卷一页十一至十二）

此象山所谓"宇宙不曾限隔人，人自限隔宇宙"也。
吾人为学，即所以去此心之蔽，而复其本体。象山云：

此理在宇宙间，何尝有所碍。是你自沈埋，自蒙蔽。阴阴地在个陷阱中，更不知所谓高远底。要决裂破陷阱，窥测破罗网。（《全集》卷三十五页二十八）

只此是学，除此之外更无学。象山云：

论语中多有无头柄的说话，如"知及之仁不能守之"之类，不知所及守者何事。如"学而时习之"，不知时习者何事。非学有本领，未易读也。苟学有本领，则知之所及者及此也，仁之所守者守此也，时习者习此也，说者说此，乐者乐此，如高屋之上建瓴水矣。学苟知本，六经皆我注脚。（《全集》卷三十四页一）

又云：

格物者格此者也。伏羲仰象俯法，亦先于此尽力焉耳。不然，所谓格物，末而已矣。（《全集》卷三十五页六十）

"学而时习之"，须先知所习何事。欲知所习何事，即须"先立乎其大者"，必先"知本"。已"知本"则即于此致力，时习此，守此，乐此，一切工夫皆"如高屋之上建瓴水"矣。

既已先知此心，则只需一任其自然，此心自能应物不穷。象山云：

收拾精神，自作主宰，万物皆备于我，有何欠阙？当恻隐时，自然恻隐；当羞恶时，自然羞恶；当宽裕温柔时，自然宽裕温柔；当发强刚毅时，自然发强刚毅。（《全集》卷三十五页三十二）

又云：

《诗》称文王"不识不知，顺帝之则"。康衢之歌尧，亦不过如此。《论语》之称舜禹曰："巍巍乎有天下而不与焉。"人能知与焉之过，无识知之病，则此心炯然，此理坦然，物各付物，"会其有极，归其有极"矣。"所过者化，所存者神，上下与天地同流，岂曰小补之哉。"（《与赵监第二书》，

《全集》卷一页十二）

此为释上所引《与赵监第二书》所说"蔽于意见而失其本心"者。此与明道《定性书》之意相同。《定性书》以为苟不"自私而用智"，则吾人之心，即"廓然而大公，物来而顺应"。象山此所谓"与焉之过"，即自私也。所谓"识知之病"，即用智也。所谓"此心炯然，此理坦然，物各付物"，如见可喜之物，自然喜之，如见可怒之物，自然怒之，即"廓然而大公，物来而顺应"也。

释氏之病，正在其不能"大公"。象山云：

> 某尝以义利二字判儒释。又曰公私，其实即义利也。儒者以人生天地之间，灵于万物，贵于万物，与天地并而为三极。天有天道，地有地道，人有人道。人而不尽人道，不足与天地并。人有五官，官有其事。于是有是非得失，于是有教有学。其教之所从立者如此，故曰义曰公。释氏以人生天地间，有生死，有轮回，有烦恼，以为甚苦，而求所以免之。……故其言曰：生死事大。……其教之所从立如此，故曰利曰私。惟义惟公故经世，惟利惟私故出世。儒者虽至于无声无臭，无方无体，皆主于经世。释氏虽尽未来际普度之，皆主于出世。（《与王顺伯书》，《全集》卷二页一至二）

此以经世出世分别儒释。经世乃顺吾心之自然，而出世则自私用智之结果也。

象山以为其自己所说之修养方法，亦与朱子不同。象山语录云：

因说定夫旧习未易消，若一处消了，百处尽可消。予
谓晦庵逐事为他消不得。先生曰：不可将此相比，他是添。
（《全集》卷三十五页二十四）

象山云：

圣人之言自明白，且如"弟子入则孝，出则弟"，是分
明说与你入便孝，出便弟，何须得传注。学者疲精神于此，
是以担子越重。到某这里，只是与他减担，只此便是格物。
（《全集》卷三十五页十三）

《老子》言，"为学日益，为道日损"。象山似亦以此点分别朱学
与其自己之学。故鹅湖之会，象山与朱子争辩。象山赋诗云："易简
工夫终久大，支离事业竟浮沉。"（《全集》卷三十四页四十四）支离，
象山谓朱子之学；易简，象山谓其自己之学也。

朱陆异同

一般人之论朱陆异同者，多谓朱子偏重道问学，象山偏重尊德性。此等说法，在当时即已有之。然朱子之学之最终目的，亦在于明吾心之全体大用。此为一般道学家共同之目的。故谓象山不十分注重道问学可，谓朱子不注重尊德性不可。且此点亦只就二人之为学或修养之方法上言之。究竟朱陆之不同，是否即仅在其所讲为学或修养方法之不同，此一极可注意之问题也。

上章谓朱子之学，尚非普通所谓之唯心论，而实近于现在所谓之新实在主义。吾人若注意此点，即可见朱陆之不同，实非只其为学或修养方法之不同，二人之哲学，根本上实有差异之处。此差异于二程之哲学中即已有之。伊川一派之学说，至朱子而得到完全的发展。明道一派之学说，则至象山、慈湖而得到相当的发展。若以一二语以表示此二派差异之所在，则可谓朱子一派之学为理学，而象山一派之学则心学也。王阳明序《象山全集》曰："圣人之学，心学也。"此心学之一名，实可表示出象山一派之所以与朱子不同也。

朱子言性即理，象山言心即理。(《与李宰第二书》,《全集》卷十二) 此一言虽只一字之不同，而实代表二人哲学之重要的差异。盖朱子以心乃理与气合而生之具体物，与抽象之理，完全不在同一世界之内。心中之理，即所谓性，心中虽有理而心非理。故依朱子之系统，实只能言性即理，不能言心即理也。象山言心即理，并反对朱子所说心、性之区别。如语录云：

> 伯敏云：……性才心情，如何分别？先生云：如吾友此言，又是枝叶。虽然，此非吾友之过，盖举世之蔽。今之学者，读书只是解字，更不求血脉。且如情性心才，都只是一般物事，言偶不同耳。……若必欲说时，则在天者为性，在人者为心。此盖随吾友而言，其实不必如此。(《全集》卷三十五页十八)

依吾人所观察，则朱子所说性与心之区别，实非"只是解字"。盖依朱子之观点，实在上本有与此相当之区别也。象山虽亦以为可说"在天为性，在人为心"，而又以为系"随吾友而言，其实不必如此"；"都只是一般物事，言偶不同耳"。盖依象山之观点，实在上本无与朱子所说心、性区别有相当之区别，故说心、性只是"一般物事"也。朱陆所见之实在不同。盖朱子所见之实在，有二世界，一不在时空，一在时空。而象山所见之实在，则只有一世界，即在时空者。只有一世界，而此世界即与心为一体，所谓"宇宙便是吾心，吾心便是宇宙"（《年谱》，《全集》卷三十六页五）。故心学之名，可以专指象山一派之道学。

然此尚有一问题，即象山所谓之心，是否即朱子所谓之心。若此问题不能解决，则象山之谓心即理，不必即异于朱子之谓性即理。然细考之，则象山所谓之心，正朱子所谓之心。象山云：

> 人非木石，安得无心？心于五官最尊大。洪范曰："思曰睿，睿作圣。"孟子曰："心之官则思，思则得之，不思则不得也。"……四端者，即此心也，天之所以与我者，即此心也。人皆有是心，心皆具是理，心即理也。（《与李宰第二书》，《全集》卷十一页九至十）

朱子以为"天下无无性之物"（《语类》卷四页一），盖一物之成，皆禀其理。其所禀之理，即其性也。故木石亦有性，不过木石无知觉耳。故虽不可谓木石无性，而可谓木石无心。象山此以为木石所无之心，正朱子所谓之心也。又依象山所说，心乃能思虑者，朱子亦谓"人之灵处是心不是性"。朱子谓："仁是性，恻隐是情，须从心上发出来，心统性情者也。"（《语类》卷五页十一）盖以恻隐之情乃"爱之理"（朱子以仁为爱之理）之具体的表现，乃形而下者，"须从心上发出来"。象山云："四端者，即此心也。"故其所谓心，正朱子所谓心也。慈湖谓"人心自明，人心自灵"（《绝四记》）。其所谓心，正朱子所谓心，更为明显。由此而言，象山一派所谓之心，正朱子所谓之心，而其心即理之言，实与朱子不同也。

此点乃朱陆哲学根本不同之处，更可从别方面证明之。象山虽亦以为可说"在天为性，在人为心"，而又以心、性"都只是一般事物"。盖象山所说在天之性与在人之心乃在一世界中。故所谓天理人欲之分，象山即不欲立之。象山云：

> 天理人欲之言，亦自不是至论。若天是理，人是欲，则是天人不同矣。……《书》云："人心惟危，道心惟微。"解者多指人心为人欲，道心为天理。此说非是。心一也，人安有二心？（《全集》卷三十四页一）

此以天人不同之说为非是。然依朱子之系统，实可以天人为不同也。

周濂溪《太极图说》有"无极而太极"之言。朱子以为此言乃形容太极之为无形而有理。象山及其兄梭山以为《易·系辞》只言太极，不应于太极之上，复加无极。以为"《太极图说》与《通书》不类，疑非周子所为。不然则或是其学未成时所作。不然则或是传他人之文，后人不辨也。"（《与朱元晦书》，《全集》卷二页九）与朱子往复辩论，成为当时一大争辩。若依上所说观之，则象山哲学中，只有一在时空之世界，则对于所谓"无形而有理"者，自根本不能承认，亦非特有意与朱子作无谓的争辩也。

又有一点应需解释者，如象山云：

> 自形而上者言之谓之道，自形而下者言之谓之器。天地
> 亦是器，其生覆形载必有理。（《全集》卷三十五页五十七）

若只就此条观之，则象山之哲学，又与朱子无根本的差异。然象山与朱子辩《太极图说》书中云：

> 《易》之《大传》曰："形而上者谓之道。"又曰："一阴
> 一阳之谓道。"阴阳已是形而上者，况太极乎？（《全集》卷
> 二页十一）

以阴阳为形而上者，则其所谓形而上者，与朱子所谓形而上者，意义不同。程明道伊川兄弟，亦尝引《易·系辞》此文而解释之。明道云："阴阳亦形而下者也，而曰道者，……元来只此是道，要在人默而识之也。"（《二程遗书》卷十一页二）伊川云："一阴一阳之谓道。道非阴阳也，所以一阴一阳者，道也。"（《二程遗书》卷三页八）此二说之异，正即朱陆之不同也。盖若以阴阳为形而上者，则所谓形而上者，亦在时空有具体的活动，与所谓形而下者，固同在一世界中也。

象山哲学中，虽只有一世界，而仍言所谓形上形下。至慈湖则直废此分别。慈湖云：

又曰："形而上者谓之道，形而下者谓之器。"裂道与器，谓器在道之外耶？自作《系辞》者，其蔽犹若是，尚何望后世之学者乎？（《慈湖遗书》卷九页四十五）

盖所谓形上、形下，必依朱子所解释，方可有显著的意义。依朱子之系统，器实与道不在一世界中。此陆派所不能承认。如此则诚宜直指《系辞》所说形上、形下为非"孔子之言"（《慈湖遗书》卷七页六）也。

朱陆哲学此根本的不同，朱子亦略言之。朱子以为佛氏之言性，"正告子生之谓性之说"。盖依朱子之系统，心是形而下者，有具体的个体时，方始有之。故朱子以为以心为性，"正告子生之谓性之说"。象山死，朱子"率门人往寺中哭之。既罢良久曰：'可惜死了告子。'"（《语类》卷一百二十四页十二）朱子以佛为告子，亦以象山为告子，盖朱子以为二者皆以心为性也。

朱派后学，亦以象山为告子。如陈北溪（名淳，字安卿，朱子弟子）云：

佛氏把作用认是性，……不过只认得气，而不说著那理耳。……今世有一种杜撰等人，爱高谈性命。大抵全用浮屠作用是性之意，而文以圣人之言。……其实不过告子生之谓性之说。（《北溪字义》卷上，乾隆癸卯刊《北溪全集》本，页十二）

若就此点指出陆之近禅，陆诚为较朱近禅也。

依上述观之，则朱陆之哲学，实有根本的不同。其能成为道学中之二对峙的派别，实非无故。不过所谓"心学"，象山、慈湖实只开其端，其大成则有待于王阳明。故与朱子对抗之人物，非陆象山、杨慈湖，而为二百五十年后之王阳明。

王阳明

王阳明，名守仁，字伯安，浙江余姚人。生于明宪宗成化八年（1472 年）。年十八时，"过广信谒娄一斋谅，语格物之学，先生甚喜，以为圣人必可学而至也。后遍读考亭遗书，思诸儒谓众物有表里精粗，一草一木，皆具至理。因见竹取而格之，沈思不得，遂被疾。"二十七岁时，"乃悔前日用功虽勤，而无所得者，欲速故也。因循序以求之，然物理吾心，终判为二。沈郁既久，旧疾复作。闻道士谈养生之说而悦焉。"三十七岁时，赴谪至贵州龙场驿。"忽中夜大悟格物致知之旨，不觉呼跃而起，从者皆惊。始知圣人之道，吾性自足，向之求理于事物者误也。"四十三岁时，"始专以致良知训学者"。明世宗嘉靖七年（1528 年）先生卒，年五十七。（《年谱》,《阳明集要》卷首，《四部丛刊》本，页一至十二）

《大学问》

阳明讲学之主要意思，见于其所作《大学问》一篇。阳明弟子钱德洪曰："《大学问》者，师门之教典也。学者初及门，必先以此意授。……门人有请录成书者，曰：'此须诸君口口相传，若笔之于书，使人作一文字看过，无益矣。'嘉靖丁亥八月，师起征思田，将发，门人复请，师许之。"（《王文成公全书》卷二十六，浙江书局刊本，页十《大学问》下附注）嘉靖丁亥，即阳明殁之前一年，故此《大学问》所说，实可谓系阳明之最后的见解也。

王阳明《大学问》云：

"《大学》者，昔儒以为大人之学矣。敢问大人之学，何以在于明明德乎？"阳明子曰："大人者，以天地万物为一体者也。其视天下犹一家，中国犹一人焉。若夫间形骸而分尔我者，小人矣。大人之能以天地万物为一体也，非意之也，其心之仁本若是其与天地万物而为一也。岂惟大人，虽小人之心，亦莫不然。彼顾自小之耳。是故见孺子之入井，而必有怵惕恻隐之心焉。是其仁与孺子而为一体也。孺子犹同类者也，见鸟兽之哀鸣觳觫而必有不忍之心焉，是其仁之与鸟兽而为一体也。鸟兽犹有知觉者也，见草木之摧折，而必有悯恤之心焉，是其仁之与草木而为一体也。草木犹有生意者也，见瓦石之毁坏，而必有顾惜之心焉，是其仁之与瓦石而为一体也。是其一体之仁也，虽小人之心，亦必有之。是乃根于天命之性，而自然灵昭不昧者也。是故谓之明德。……是故苟无私欲之蔽，则虽小人之心，而其一体之仁，犹大人也。一有私欲之蔽，则虽大人之心，而其分隔隘陋，犹小人矣。故夫为大人之学者，亦惟去其私欲之蔽，以自明其明德，复其天地万物一体之本然而已耳；非能于本体之外，而有所增益之也。"曰："然则何以在亲民乎？"曰："明明德者，立其天地万物一体之体也；亲民者，达其天地万物一体之用也。故明明德必在于亲民，而亲民乃所以明其明德也。……君臣也，夫妇也，朋友也，以至于山川神鬼鸟兽草木也，莫不实有以亲之，以达吾一体之仁，然后吾之明德始无不明，而真能以天地万物为一体矣。……是之谓尽性。"曰："然则又乌在其为止于至善乎？"曰："至善者，明德亲民之极则也。天命之性，粹然至善，其灵昭不昧者，此其至善之发见，是乃明德之本体，而即所谓良知者也。至善之发见，是而是焉，非而非焉，轻重厚薄，随感随应，变动不居，而亦莫不有天然之中；是乃民彝物则之极，而不容少有拟议增损于其间也。少有拟议增损于其间，则是私意小智，而非至善之谓矣。……盖昔之人固有欲明其明德者矣，然惟不知止于至善，而骛其私心于过高；是以失之虚罔空寂，而无有乎家国天下之施，则二氏之流是矣。固有欲亲其民者矣，然惟不知止于至善，而溺其私心于卑琐；是以失之权谋智术，而无有乎仁爱恻怛之诚，则五伯功利之徒是矣。是皆不知止于至善之过也。"（《全书》卷二十六页二至四）

此亦程明道《识仁篇》之意，但阳明言之较为明晰确切。象山云："宇宙不曾限隔人，人自限隔宇宙。"不限隔宇宙者，此所谓大人也；限隔宇宙者，此所谓小人也。然即小人之心，亦有"一体之仁"之本心。孟子所谓恻隐之心，是非之心等四端，即此本心之发现，亦即所谓良知也。即此而扩充之，实行之，即是"致良知"也。阳明云：

> 人心是天渊，心之本体无所不该。原是一个天，只为私欲障碍，则天之本体失了。……如今念念致良知，将此障碍窒塞一齐去尽，则本体已复，便是天渊了。(《传习录》下，《全书》卷三页十)

"明德之本体，即所谓良知"，故明明德亲民，皆是致良知，亦即是致知。"然欲致其良知，亦岂影响恍惚而悬空无实（此指二氏）之谓乎？是必实有其事矣。故致知必在于格物。物者，事也。"(《大学问》，《全书》卷二十六页八)"心之所发便是意，……意之所在便是物。如意在于事亲，即事亲便是一物。……意在于仁民爱物，即仁民爱物便是一物。意在于视听言动，即视听言动便是一物。"(《传习录》上，《全书》卷一页九至十)"格者，正也，正其不正以归于正谓也。正其不正者，去恶之谓也；归于正者，为善之谓也。"(《大学问》，《全书》卷二十六页九)

良知乃"天命之性，吾心之本体，自然灵昭明觉者也。凡意念之发，吾心之良知，无有不自知者。其善欤，惟吾心之良知自知之；其不善欤，亦惟吾心之良知自知之。（同上，页八）"吾人诚能"于良知所知之善恶者，无不诚好而诚恶之，则不自欺其良知，而意可诚也已。（同上，页九）"不自欺其良知，即实行格物，致知，诚意，正心，亦即实行明明德也。格之既久，一切"私欲障碍"皆除，而明德乃复其天地万物一体之本然矣。此王阳明所谓"尧舜之正传"，"孔氏之心印"（同上，页九）也。

知行合一

良知是知，致良知是行。吾人必致良知于行事，而后良知之知，方为完成。此阳明知行合一之说之主要意思也。《传习录》云：

> 爱曰："如今人尽有知得父当孝，兄当弟者，却不能孝，不能弟。便是知与行分明是两件。"先生曰："此已被私欲隔断，不是知行的本体了。未有知而不行者；知而不行，只是未知。圣贤人知行，正是要复那本体，不是着你只恁的便罢。……某尝说：知是行的主意，行是知的工夫。知是行之始，行是知之成。若会得时，只说一个知，已自有行在。只说一个行，已自有知在。"（《全书》卷一页四）

吾人之心之本体，在其不为私欲所蔽之时，知行只是一事。如人"乍见孺子将入于井，必有怵惕恻隐之心"，顺此心之自然发展，则必奔走往救之。此奔走往救之行，只是恻隐之心之自然发展，非是一事。此所谓"知是行之始，行是知之成"也。此时若有转念，或因畏难而不往，或因恶其父母而不往，则有知而无行。然此非知行本体如此也。

又如人知父当孝，顺此知之自然发展，则必实行孝之事。其有不能行孝之事者，则必其心为私欲所蔽者也。其心为私欲所蔽，则有良知而不能致之，其良知亦即不能完成，故云"行是知之成"也。依心理学说，知行本是一事。如人见可畏之物即奔避，此"知行本体"也。其不奔避者，必有他种心理或生理状况以阻之，非"知行本体"矣。阳明知行合一之说，在心理学上，实有根据。不过其所谓知，意多指良知，而良知之有无，则心理学不能定也。

朱王异同

阳明《朱子晚年定论序》云：

> 守仁早岁业举，溺志词章之习。既乃稍知从事正学，而苦于众说之纷挠疲迷，茫无可入。因求诸老释，欣然有会于心，以为圣人之学在此矣。然于孔子之教间相出入，而措之日用，往往缺漏无归。依违往返，且信且疑。其后谪官龙场，居夷处困。动心忍性之余，恍若有悟。体念探求，再更寒暑。证诸五经四子，沛然若决江河而放诸海也。……独于

朱子之说，有相抵牾，恒疚于心。（《全书》卷三页五十七至五十八）

此阳明自述其学所经之阶级。其最后所持之说，自以为"于朱子之说，有相抵牾"。依上所引《大学问》，可见阳明之学，彻上彻下，"致良知"三字，实即可包括之。所以阳明自四十三岁以后，即专以致良知训学者。以言简易直截，诚简易直截矣。其所说格物致知之义，实与朱子不同。在二家学说，各就其整个观之，则二家之不同，仍是上所述理学与心学之不同也。

阳明亦间言理气，如云：

精一之精以理言，精神之精以气言。理者气之条理，气者理之运用。无条理则不能运用，无运用则亦无以见其所谓条理者矣。（《答陆原静书》，《传习录》中，《全书》卷二页三十三至三十四）

若专就此言观之，则阳明之见解，与朱子并无大异。但阳明自言其自己之学与朱子之学不同之处云：

朱子所谓格物云者，在即物而穷其理也。即物穷理，是就事事物物上求其所谓定理者也。是以吾心而求理于事事物物之中，析心于理而为二矣。……若鄙人所谓致知格物者，致吾心之良知于事事物物也。吾心之良知，即所谓天理也。致吾心良知之天理于事事物物，则事事物物皆得其理矣。致吾心之良知者，致知也。事事物物皆得其理者，格物也。是合心与理而为一者也。(《答顾东桥书》,《传习录》中,《全书》卷二页八至九)

朱子以为人人具一太极，物物具一太极。太极即众理之全体，故吾人之心，亦"具众理而应万事"。故即物穷理，亦即穷吾心中之理，穷吾性中之理耳。故谓朱子析心与理为二，实未尽确当。惟依朱子之系统，则理若不与气合，则即无心，心虽无而理自常存。虽事实上无无气之理，然逻辑上实可有无心之理也。若就此点谓朱子析心与理为二，固亦未尝不可。依阳明之系统，则必"致吾心良知之天理于事事物物，则事事物物皆得其理"。依此则无心即无理矣。故阳明云：

心即理也。天下又有心外之事，心外之理乎？(《传习录》上,《全书》卷一页三)

《传习录》又云：

又问心即理之说，"程子云'在物为理'，如何谓心即理？"先生曰："在物为理，在字上当添一心字。此心在物则为理。"(《传习录》下,《全书》卷三页四十八)

阳明又云：

> 心之体，性也。性即理也。故有孝亲之心，即有孝之
> 理；无孝亲之心，即无孝之理矣。有忠君之心，即有忠之
> 理；无忠君之心，即无忠之理矣。理岂外于吾心耶？晦庵
> 谓人之所以谓学者，心与理而已。心虽主乎一身，而实管乎
> 天下之理。理虽散在万事，而实不外乎人之一心。是其一分
> 一合之间，而未免已启学者心理为二之弊。(《答顾东桥书》，
> 《传习录》中，《全书》卷二页五)

依朱子之系统，只能言性即理不能言心即理。依朱子之系统，只
能言有孝之理，故有孝亲之心；有忠之理，故有忠君之心。不能言有
孝亲之心，故有孝之理；无孝亲之心，即无孝之理。依朱子之系统，
理之离心而独存，虽无此事实，而却有此可能。依阳明之系统，则在
事实上与逻辑上，无心即无理。此点实理学与心学之根本不同也。阳
明哲学中，无形上世界与形下世界之分，故其语录及著作中，未见此
等名词。

阳明又云：

> 人的良知，就是草木瓦石的良知。若草木瓦石无人的良
> 知，不可以为草木瓦石矣。岂惟草木瓦石为然，天地无人的
> 良知，亦不可为天地矣。盖天地万物与人原是一体，其发窍

之最精处，是人心一点灵明。(《传习录》下，《全书》卷三页二十七)

语录又云：

先生游南镇，一友指岩中花树问曰："天下无心外之物，如此花树，在深山中，自开自落，于我心亦何相关？"先生云："你未看此花时，此花与汝心同归于寂。你来看此花时，则此花颜色，一时明白起来。便知此花，不在你的心外。"(同上)

又云：

先生曰："你看这个天地中间，什么是天地的心？"对曰："尝闻人是天地的心。"曰："人又什么叫作心？"对曰："只是一个灵明。""可知充天塞地，中间只有这个灵明。人只为形体自间隔了。我的灵明，便是天地鬼神的主宰。……天地鬼神万物，离却我的灵明，便没有天地鬼神万物了。我的灵明，离却天地鬼神万物，亦没有我的灵明。如此便是一气流通的，如何与他间隔得？"又问："天地鬼神万物，千古见在，何没了我的灵明，便俱无了？"曰："今看死的人，他这些精灵游散了，他的天地万物，尚在何处？"(《传习录》下，《全书》卷三页五十二)

上文谓朱子言性即理，阳明言心即理。此为理学与心学不同之处。然尚有一点可疑之处，即安知阳明所谓之心，非即朱子所谓之性。如果如此，则本节以上辩论，皆不能成立矣。但观此处所引三条，则知阳明所谓心，"只是一个灵明"。正即朱子所谓心也。朱子谓知觉灵明，是心不是性。故阳明所谓心，不能是朱子所谓性也。朱子以为吾人之心，具有太极之全体，故心亦具众理。然心但具众理而已，至于具体的事物，则不具于吾人心中也。阳明则以为天地万物皆在吾人心中。此种唯心论，朱子实不持之。

对于"二氏"之批评

阳明之学，与朱子不同，即就其对于释道二氏之批评上，亦可见之。盖朱子言性，注重于其包举万理，故言儒家以性为实，佛家以性为空。阳明言心，注重于其灵昭不昧。吾人有此灵昭不昧之本心，发为良知，吾人但须顺之而行，不可稍有"拟议增损于其间"。苟其有之，则即是明道所谓"自私用智"矣。释道二氏之弊，即在于"自私用智"。王阳明《传习录》云：

> 先生尝言佛氏不著相，其实著了相；吾儒著相，其实不著相。请问。曰："佛怕父子累，却逃了父子；怕君臣累，却逃了君臣；怕夫妇累，却逃了夫妇。都是为个君臣父子夫妇

著了相，便须逃避。如吾儒有个父子，还他以仁；有个君臣，还他以义；有个夫妇，还他以别。何曾著父子君臣夫妇的相？"（《传习录》下，《全书》卷三页十四）

又云：

仙家说到虚，圣人岂能虚上加得一毫实？佛家说到无，圣人岂能无上加得一毫有？但仙家说虚，从养生上来；佛家说无，从出离生死苦海上来。却于本体上加却这些子意思在，便不是他虚无的本色了，便于本体有障碍。圣人只是还他良知的本色，更不著些子意思在。良知之虚，便是天之太虚；良知之无，便是太虚之无形。日月风雷，山川民物，凡有貌象形色，皆在太虚无形中发用流行，未尝作得天的障碍。圣人只是顺其良知之发用；天地万物，俱在我良知的发用流行中。何尝又有一物超于良知之外，能作得障碍？（同上，页二十五）

佛氏有意于"不著相"，有意于求"无"。有意于不著相，此有意即是著相；有意于求"无"，此有意即非"无"。惟顺良知之自然而"为"，对于一切俱无所容心于其间，而不有意计较安排，则有为正如无为。以此求"无"，真"无"当下即是矣。

爱之差等

仁者以天地万物为一体，而事实上人之生存，有时不能不牺牲他物，以维持之。故叔本华说，人生之自身即是一大矛盾。同情心既为吾人所同有，而事实上吾人之生活，必牺牲他物，方能维持。即佛家者流，慈悲不食肉，然亦不能不粒食也。以万物为一体者，何能出此？阳明对此问题，曾有解释。《传习录》云：

> 问："大人与物同体，如何《大学》又说个厚薄？"先生曰："惟是道理自有厚薄。比如身是一体，把手足捍头目，岂是偏要薄手足？其道理合如此。禽兽与草木同是爱的，把草木去养禽兽又忍得。人与禽兽同是爱的，宰禽兽以养亲与供祭祀，燕宾客，心又忍得。至亲与路人同是爱的，如箪食豆羹，得则生不得则死，不能两全，宁救至亲不救路人，心又忍得。这是道理合该如此。及至吾身与至亲，更不得分别彼此厚薄，盖以仁民爱物皆从此出，此处可忍，更无所不忍矣。《大学》所谓厚薄，是良知上自然的条理，不可逾越，此便谓之义。顺这个条理便谓之礼。知此条理便谓之智。始终是这条理便谓之信。"（《传习录》下，《全书》卷三页二十七至二十八）

此即谓吾人良知，在相当范围内，亦以自私为对耳。待物何者宜厚，何者宜薄，吾人之良知自知之。此所谓"至善之发现，……轻重厚薄，随感随应，变动不居，而亦莫不自有天然之中"（《大学问》，《全书》卷二十六页四）。良知知此天然之中，吾人即依之而行，即"致良知"而止于至善矣。

阳明以此为儒家所说之仁所以与墨家所说兼爱不同处。《传习录》云：

> 问："程子云'仁者以天地万物为一体'，何墨氏兼爱反不得谓之仁？"先生曰："此亦甚难言，须是诸君自体认出来始得。仁是造化生生不息之理，虽弥漫周遍，无处不是；然其流行发生，亦只有个渐，所以生生不息。……譬之木，其始抽芽，便是木之生意发端处。……父子兄弟之爱，便是人心生意发端处，如木之抽芽。自此而仁民，而爱物，便是发干，生枝生叶。墨氏兼爱无差等，将自家父子兄弟与途人一般看，便自没了发端处。不抽芽便知他无根，便不是生生不息，安得谓之仁？"（《传习录》上，《全书》卷一页三十八至三十九）

盖儒家所谓之仁，乃所谓恻隐之心之自然发展，非如墨家兼爱，乃以功利主义为其根据。在所谓恻隐之心之自然发展中，其所及自有先后厚薄之不同。此即所谓"良知上自然的条理"也。阳明此段语录，注重仁乃所谓恻隐之心之自然的发展。

恶之起源

"天下无心外之物"，心"只是一个灵明"。则所谓恶之起源，在阳明哲学中，颇成为问题。《传习录》云：

> 问："先生尝谓善恶只是一物；善恶两端，如冰炭相反，如何谓只一物？"先生曰："至善者心之本体，本体上才过当些子，便是恶了，不是有个一善，却又有个一恶来相对也。故善恶只是一物。"直因闻先生之说，则知程子所谓"善固性也，恶亦不可不谓之性。"又曰："善恶皆天理，谓之恶者非本恶，但于本性上过与不及之间耳。"其说皆无可疑。（《传习录》下，《全书》卷三页十一）

依此则所谓恶者，乃吾人情欲之发之过当者。若不过当，即情欲本身亦不是恶。《传习录》云：

> 问："知譬日，欲譬云，云虽能蔽日，亦是天之气合有的，欲亦莫非人心合有否？"先生曰："喜怒哀惧爱恶欲，谓之七情，七者俱是人心合有的，但要认得良知明白。比如日光，亦不可指著方所，一隙通明，皆是日光所在。虽云雾四塞，太虚中色象可辨，亦是日光不灭处。不可以云能蔽日，教天不要生云。七情顺其自然之流行，皆是良知之用，不可分别善恶，但不可有所著。七情有著，俱谓之欲，俱为良知

之蔽。然才有著时，良知亦自会觉。觉即蔽去，复其体矣。"（《传习录》下，《全书》卷三页三十二）

所谓"不可有所著"者，《传习录》又一条云：

> 问有所忿懥一条。先生曰："忿懥几件，人心怎能无得？只是不可有耳。凡人忿懥，著了一分意思，便怒得过当，非廓然大公之体了。故有所忿懥，便不得其正也。如今于凡忿懥等件，只是个物来顺应，不要著一分意思，便心体廓然大公，得其本体之正了。且如出外见人相斗，其不是的，我心亦怒，然虽怒却此心廓然不曾动些子气。如今怒人，亦得如此，方才是正。"（《传习录》下，同上，页十四）

所以七情不能有所著者，"盖著了一分意思，便怒得过当，非廓然大公之体"矣。《坛经》谓："前念著境即烦恼，后念著境即菩提。"有所忿懥，即念著境也。"圣人之喜，以物之当喜；圣人之怒，以物之当怒。"（程明道《定性书》）非"有"喜怒，即非有意于为喜怒也。圣人之心如明镜，"廓然而大公，物来而顺应"，当喜者喜之，当怒者怒之，而本体虚明，对于所喜所怒之物，毫无黏滞执着，所以亦不为其所累也。

以上所说，乃道德的恶。至于物质的恶，则纯起于吾人之好恶，一切外物俱本来无善恶之分也。王阳明《传习录》云：

> 侃去花间草，因曰："天地间何善难培，恶难去？"先

生曰："……此等看善恶，皆从躯壳上起念，便会错。……天
地生意，花草一般，何曾有善恶之分？子欲观花，则以花为
善，以草为恶；如欲用草时，复以草为善矣。此等善恶，皆
由汝心好恶所生，故知是错。"曰："然则无善无恶乎？"曰：
"无善无恶者理之静，有善有恶者气之动。不动于气，即无
善无恶，是谓至善。"曰："佛氏亦无善无恶，何以异？"曰：
"佛氏著在无善无恶上，便一切都不管，不可以治天下。圣
人无善无恶，只是无有作好，无有作恶，不动于气；然遵王
之道，会其有极，便自一循天理，便有个裁成辅相。"曰：
"草既非恶，即草不宜去矣。"曰："如此却是佛老意见；草若
有碍，何妨汝去？"曰："如此又是作好作恶。"曰："不作好
恶，非是全无好恶，却是无知觉的人。谓之不作者，只是好
恶一循于理，不去又著一分意思；如此却是不曾好恶一般。"
曰："去草如何是一循于理，不著意思？"曰："草有妨碍，
理亦宜去，去之而已；偶未即去，亦不累心。若著了一分意
思，即心体便有贻累，便有许多动气处。"（《传习录》上，
《全书》卷一页四十三至四十四）

外物之善恶，乃起于吾人之好恶。以外物为有善恶者，乃自吾
人个体之观点言之，所谓"皆从躯壳上起念"也。吾人虽应知外物之
本无善恶，然亦不必废吾心之好恶，但应好恶而无所著耳。无所著则
"心体无贻累"矣。好恶亦系"人心合有"之情，故吾人对之，亦用
"情顺万事而无情"之方法。

动静合一

所谓"一循于理"者，即一循良知之自然也。王阳明云：

> 圣人致知之功，至诚无息。其良知之体，皦如明镜，略无纤翳。妍媸之来，随物见形，而明镜曾无留染，所谓情顺万事而无情者也。"无所住而生其心"，佛氏曾有是言，未为非也。明镜之应物，妍者妍，媸者媸，一照而皆真，即是生其心处；妍者妍，媸者媸，一过而不留，即是无所住处。（《答陆原静书》，《传习录》中，《全书》卷二页四十六）

"无所住"即"无所著"。"草有妨碍，理亦宜去，去之而已"，"即是生其心处"；"偶未即去，亦不累心""即是无所住处"。若能如此，则虽终日"有为"，而心常如"无为"，所谓动静合一者也。王阳明云：

> 心无动静者也。其静也者，以言其体也；其动也者，以言其用也。故君子之学，无间于动静。其静也常觉，而未尝无也，故常应。其动也常定，而未尝有也，故常寂。常应常寂，动静皆有事焉，是之谓集义。集义故能无祇悔，所谓动亦定，静亦定者也。心一而已，静其体也，而复求静根焉，是挠其体也。动其用也，而惧其易动焉，是废其用也。故求静之心即动也，恶动之心非静也，是之谓动亦动，静亦动，

将迎起伏，相寻于无穷矣。故循理之谓静，从欲之谓动。欲也者，非必声色货利外诱也；有心之私，皆欲也。故循理焉，虽酬酢万变皆静也，濂溪所谓主静无欲之谓也，是谓集义者也。从欲焉，虽心斋坐忘亦动也，告子之强制正助之谓也，是外义者也。（《答伦彦式书》，《全书》卷五页五至六）

动静合一，乃是真静，绝对的静。动亦定，静亦定，乃是真定，绝对的定。此与程明道《定性书》所说正同。

如此，则"天理常存，而其昭明灵觉之本体，无所亏蔽，无所牵扰，无所恐惧忧患，无所好乐忿懥，无所意必固我，无所歉馁愧怍。和融莹彻，充塞流行。动容周旋而中礼，从心所欲而不逾，斯乃所谓真洒落（《明儒学案》引作乐）矣。"（《答舒国用书》，《全书》卷五页十六）

阳明心学所引起之反动

阳明起而心学大盛。阳明又作《朱子晚年定论》，以为朱陆实早异晚同。朱子晚年，自悔其"旧说之非"而自同于象山。此说出，引起朱派后学之辩论，以为朱陆之学，实不相同。罗整庵（名钦顺）作《困知记》云：

程子言性即理也，象山言心即理也。至当归一，精义无

二。此是则彼非，彼是则此非，安可不明辨之。(《困知记》卷二，《正谊堂全书》本，页六)

所谓心与性之区别，整庵云：

> 夫心者，人之神明；性者，人之生理。理之所在谓之心，心之所有谓之性，不可混而为一也。(同上卷一页一)

心与性不同，故"心即理"之言，与"性即理"之言，亦不同也。整庵批评阳明云：

> 《传习录》有云："吾心之良知即所谓天理也。"……又有问："仁者以天地万物为一体。"答曰："人能存得这一点生意，便是与天地万物为一体。"又问："所谓生者，即活动之意否？即所谓虚灵知觉否？"曰："然。"又曰："性即人之生意。"此皆以知觉为性之明验也。(同上卷三页一)

"以知觉为性"，即以心为理也。整庵云："佛氏之所谓性，觉而已矣。"(同上卷三页一)"以知觉为性"，整庵以为即佛氏之说。

又有陈清澜(名建，广东东莞人)著《学蔀通辨》，以为朱陆早同晚异，以驳程篁墩《道一编》及阳明《朱子晚年定论》所持朱陆早异晚同之说。清澜亦以为陆派以知觉为性为近于禅，云：

精神灵觉，自老庄禅陆皆以为至妙之理，而朱子《语类》乃谓神只是形而下者。《文集·释氏论》云："其所指为识心见性者，实在精神魂魄之聚，而吾儒所谓形而下者耳。"何也？曰：以其属于气也。精神灵觉，皆气之妙用也。气则犹有形迹也。故陆学曰镜中观花，曰鉴中万象。形迹显矣，影象著矣，其为形而下也宜矣。(《学蔀通辨》卷十，《正谊堂全书》本，页七至八)

若就此点，指出陆王之近禅，陆王诚较朱派为近禅也。清代陆稼书亦就此点指出朱王之不同(《学术辨》中，《三鱼堂集》卷二)。盖朱派后学对于理学家之谓性即理之异于心学家之谓心即理，已极明了。惟对于理学家之哲学之需要二世界，而心学家之哲学则只需要一世界之一点，则未明言。

节选自冯友兰《中国哲学史》

第六章

清学

新时代之中国哲学史，尚在创造之中。

而写的中国哲学史，

亦只可暂以经学时代之结束终焉。

黄宗羲

黄宗羲是一个史学家和哲学家。他的著作很多，约有四十种，其中重要的有《明儒学案》《宋元学案》和《明夷待访录》。

《明儒学案》是中国第一部有系统的成为整部书的哲学史著作。在此以前，例如《庄子·天下》也是一篇哲学史性质的著作，但只是一篇论文，不是一部书。朱熹所作的《伊洛渊源录》以及明末清初孙奇逢所作的《理学宗传》也是有哲学史性质的书，但是他们所记录的主要的是道学家们的行动，而不是他们的思想。

黄宗羲的《明儒学案》，叙录明朝的哲学家，为每人都立一个学案，共六十二个学案。每个学案中，选录这个哲学家本人的著作，并在一定程度上加以分析和估价。这样，《明儒学案》就初步具有了哲学史的雏形。黄宗羲对于哲学家的著作的选录、分析和估价，当然是以他的哲学观点为标准的。在这里黄宗羲也表现了他自己的哲学思想。

《明儒学案》在清朝初年有两个刻本。一个是贾若水和他的儿子贾醇庵所刻的，称为贾刻本。另一个是南方郑性的刻本，称为郑刻本。这两个本子稍有不同。贾刻本以薛瑄《何东学案》为第一个学案，郑刻本以吴与弼《康斋学案》为第一个学案。这个不同包含着地方偏见的矛盾。薛瑄是北方人，吴与弼是南方人。黄宗羲的原稿究竟以哪个学案为首，现在已无可考了。

黄宗羲完成了《明儒学案》以后，又编辑《宋元学案》，还没有完成，他就死了。他的儿子黄百家继续编辑，也没有完成。后来全祖望继续这个工作，才完成大体的规模，定全书为一百卷，并作出每一卷的叙录。最后又经过王梓材和冯云濠的补充，才成为定本。冯云濠刻成木版，还没有正式印刷，就遇到了鸦片战争。英国的侵略军侵入浙江，把冯云濠的住宅烧了，《宋元学案》木版也烧了。冯云濠和王梓材又在北京再次编辑，由何绍基再刻木版。这副木版印刷不多，不久又被烧了。

现在通行的木版《宋元学案》是龙汝霖用何绍基的刻木翻刻的。石印本和铅印本，都以何绍基的刻本为根据。内容是将宋、元两代哲学思想，按不同派别加以系统的整理。每个学案先列一表，列举师友、弟子，以明学术渊源。其次叙述哲学家的生平、著作、思想，末附逸事及后人评论。这是研究宋、元哲学思想的重要资料。

《明夷待访录》是黄宗羲的政治思想的代表作。其中表现了他对于封建专制主义的批判，和对于社会改革的理想。《周易》明夷卦的卦辞说:"明夷,利艰贞。"明夷的卦象是䷣,像日在地中。《象辞》说:"利艰贞,晦其明也。内难而能正其志,箕子以之。"箕子是殷朝的贵族,被周朝俘虏的。黄宗羲是明朝的遗民,自比于箕子,所以称他的这部著作为《明夷待访录》。现有中华书局新印本。

王梓材和冯云濠在编辑《宋元学案》的过程中,又收集了很多的材料编成《宋元学案补遗》一百卷。此书以前未有刻本。近来始有木刻本,收在《四明丛书》内。

原标题为"黄宗羲的著作"

王夫之

　　王夫之是中国哲学家中著书最多的一个，在反抗清朝的政治活动失败以后，他逃到湘西山里面，在极艰难的条件下从事著作，写书一百多种，现在著录的有八十八种。

　　王夫之的著作经后人汇总为《船山遗书》。其中属于哲学史史料范围之内的，有《周易外传》七卷，《尚书引义》六卷，《诗广传》五卷，《续四书大全说》十卷，《老子衍》一卷，《庄子解》三十三卷，《庄子通》一卷，《张子正蒙注》九卷，《思问录》内外各一卷，《俟解》一卷，《噩梦》一卷，《黄书》一卷。其中尤其重要的是《周易外传》《尚书引义》《诗广传》《续四书大全说》和《张子正蒙注》。此外还有《春秋世论》五卷，《读通鉴论》三十卷，《宋论》十五卷，在其中表现了王夫之的历史观。

王夫之关于《周易》的著作，共有五种，除《周易外传》外，还有《周易稗疏》四卷，《周易考异》一卷，《周易大象解》一卷，《周易内传》六卷。

《周易稗疏》是王夫之在读《周易》的时候所作的札记，其中有些零碎的考订和注解。《周易考异》是他对于《周易》所作的文字方面的考订。《周易内传》是关于《周易》本文所作的注解。《周易大象解》是他所作的对于《易经》中象辞的注解。《周易外传》是王夫之以《周易》为基础发挥他自己的哲学思想的作品。由这些著作可以看出，王夫之对于《周易》所下的研究工夫是很大的。

王夫之对于别的"经"的研究也下同样的工夫。在《书经》方面，《书经稗疏》是他研究《书经》时候所作的札记。还有《尚书考异》，这部书未见，大概是考订文字的。在这些研究的基础上，他撰《尚书引义》，根据《书经》中某些字句，发挥他自己的哲学思想。

在《诗经》方面，他也撰有《诗经稗疏》《诗经考异》。在这些研究的基础上，他撰作《诗广传》，根据《诗经》中的某些字句，发挥他自己的哲学思想。

王夫之对于"四书"也是如此。他撰有《四书稗疏》《四书考异》。在这些研究的基础上，他撰《续四书大全说》，发挥他自己的哲学思想。

王夫之的唯物主义哲学思想，主要的是从他的丰富的生活斗争中得来。但是在封建社会中，一个哲学家的思想总是要依傍"经典"的。王夫之在依傍"经典"的时候，确是对"经典"从各方面做了认真的研究。在这研究的基础上发挥他自己的哲学思想。这是他的研究学问实事求是的精神表现。

王夫之的著作，经他的儿子王敔刻印十几种，这是《船山遗书》的初刻本。1842年，王夫之的七世孙王世全刻了十八种，称为湘潭王氏守遗经书屋刻本，也称为旧刻本。后来，曾国藩和曾国荃补刻《船山遗书》，共收六十三种，这称为曾刻本。1930年，上海太平洋书店用铅字排印的《船山遗书》，比曾刻本又多七种。现在通行的《船山遗书》是曾刻本和排印本。

记述王夫之事迹的，有刘毓崧《王船山先生年谱》，王之春《王船山公年谱》，罗正均《船山师友记》，张西堂《王船山学谱》内的《师友记》，都可以参考。

原标题为"王夫之的著作"

颜元、李塨

颜元和他的学生李塨的学说，后来统称为颜李学派。他们的著作，收在《畿辅丛书》内，汇集起来称为《颜李丛书》。其中包括有他们的主要著作和文集，以及他们的学生给他们作的年谱。

颜元的主要哲学著作是《四存编》，所谓"四存"是"存治""存学""存人""存性"。

在《存治编》里，颜元讲述他的社会理想。在《存学编》里，颜元提出了他对于道学家的批判。他指出，宋明以来的道学，跟孔子原来的思想有根本的不同。道学家们自命为继承孔子，实际上是宣传佛老。在《存人编》里，颜元展开了反对佛教和道教的斗争。他用通俗的白话文写成《唤迷途》，企图把和尚、道士以及迷信佛道的人从宗教迷信中唤醒过来。在《存性编》里，颜元批判了朱熹的关于性的学说，实际上是从唯物主义的观点批判朱熹的客观唯心主义。

李塨的主要著作有《拟太平策》和《平书订》。在这两个著作里，他以《周礼》为依据，提出了他的社会理想。《平书》是李塨的朋友王源所作的。李塨以这部书为基础，加上他自己的见解，所以称为《平书订》。李塨还作有《大学辨业》。在这个著作里，李塨不同意朱熹对于《大学》的修改，认为《大学》的原文本来没有错误。

原标题为"颜元、李塨的著作"

戴震

　　戴震是一个大学者，他的著作很多，大部分是关于经学和文字学、音韵学的。他的哲学著作有《原善》《孟子字义疏证》和《绪言》。《原善》是戴震计划作的《七经小记》之一。他说："余始为《原善》之书三章，惧学者蔽以异趣也，复援据经言，疏通证明之，而以三章者分为建首，次成上中下卷，比类合义，灿然端委毕著矣。天人之道，经之大训萃焉。"所谓"天人之道""经之大训"，就是他所认为是儒家的经典中的主要哲学思想。

　　《孟子字义疏证》也分为三卷。在这部著作里，戴震提出了孟子哲学中的九个概念加以分析。实际上他是借这九个概念发挥他自己的唯物主义的哲学思想。

　　《绪言》的内容和《孟子字义疏证》基本相同，有些地方有文字上的差异。它似乎是《孟子字义疏证》的初稿，可以和《孟子字义疏证》参看，以见戴震思想发展的过程。

当时的一个陆王派的道学家彭绍升，看见了《原善》和《孟子字义疏证》，给戴震一封信，从道学家的观点提出反驳。戴震回了一封信，予以回击，这封信也附在《孟子字义疏证》内。

原标题为"戴震的著作"

龚自珍

龚自珍死于鸦片战争前一年，如果机械地按年代划分，他不能放在近代思想家之列。但是历史的断代，不能这样机械，龚自珍的思想一方面反映旧时代的没落，另一方面也反映新时代的产生。

龚自珍没有整部的著作。他的短篇论文、书札和诗词等，一部分经他自己编为《定庵文集》，后来又有《续集》《补编》《别集》等。原来有许多不同的刻本。现经中华书局统一整理，编为《龚自珍全集》，这是目前比较完备的一个本子。这个本子打破了原有的《定庵文集》《续集》《补编》《别集》等界限，把龚自珍的著作汇集编为十一辑：一辑为政治学术论文，二辑为碑传和纪事，三辑为书序和题录，四辑为金石题跋，五辑为表、启、笺，六辑为佛学论著，七辑为韵文，八辑为语录，九辑为编年诗，十辑为己亥杂诗，十一辑为词。

在《全集》第一辑中，有《乙丙之际著议》和《塾议》。嘉庆二十年（1815 年）是乙亥年，二十一年（1816 年）是丙子年，所谓乙丙之际，就是指这两年之间。这个时候龚自珍才二十四五岁。称为"塾议"表示这些作品还不是成熟的作品，称为"著议"就自认为是已经成熟的作品了。

可是也有同一篇作品，在这个本子上称为"著议"的，在别的本子上却称为"塾议"。这些作品中，也有另用题目的。例如，《乙丙之际塾议三》又题《治狱》，《乙丙之际著议第七》又题《劝豫》。这一系列作品都按次序用数目字排列，可是，这些数目字并不都相衔接，中间必然有删掉或遗失。

在第一辑中，还有《壬癸之际胎观》。这一系列的论文，共九篇。道光二年（1822 年）壬午，三年（1823 年）癸未，《壬癸之际胎观》就是这两年中的作品。龚自珍自刻的《定庵文集》把这几篇题为《壬癸之际心书》。大概"胎观"是后来改的名字，也就是"心书"的意思。

在这些论文中，龚自珍提出了他对于当时社会政治的批判，也阐述了他的哲学思想。例如在《胎观第五》中，龚自珍说："万物一而立，再而反，三而为初。天用顺教，圣人用逆教，逆犹往也，顺犹来也。生民，顺也；报本始，逆也。冬夏，顺也。冬不益之冰，为之裘；夏不益之火，为之葛，逆也。乱，顺也；治乱，逆也。"这就是说，自然界遵循它自己的规律发展变化，这是顺；人利用自然界的规律，战胜自然，这是逆。

第一辑中，有《明良论》四篇。封建社会的统治阶级常说"君明臣良"。《明良论》借用这个话揭露当时君臣的丑恶关系，也就是揭露当时政治腐败的情况。

第一辑中，还有《农宗》《农宗答问》和《平均篇》。在这些著作里，龚自珍指出当时封建社会的危机。他认识到危机的根源是农民问题和土地问题。他认为"平均"是解决这个问题的根本办法。

《农宗篇》提出了解决土地问题的具体措施。这些设想的措施实际上是用另一种办法维护地主阶级的利益。这一点，龚自珍自己也感觉到了。他在《平均篇》后面题记说："越七年，乃作《农宗篇》，与此篇大指不同，并存之，不追改，使备一，聊自考也。"

在第一辑的《尊隐篇》中，龚自珍预言，不久就有"山中之民"起来扫荡都市中的一切腐朽的东西。

道光十八年（1838年），林则徐以钦差大臣的名义，往广东禁烟。龚自珍作了一篇《送钦差大臣侯官林公序》。在这篇序里，龚自珍鼓励林则徐积极反抗英国的侵略。照林则徐的回信看起来，龚自珍还希望参加林则徐的幕府，一同南下。这一篇序文，表示了龚自珍对于外国侵略的反抗态度。

原标题为"龚自珍的著作"

魏源

魏源的著作很多。在历史、地理方面，有《海国图志》《圣武记》等。在古籍注解方面，有《书古微》《诗古微》《孝经集传》《曾子章句》《董子春秋发微》《孙子集注》《老子本义》等。

他的短篇著作，编为《古微堂集》。《古微堂集》分为内集三卷，外集七卷。内集包括《默觚》上中下三篇，上篇包括他所认为是一些基本的哲学原则，中篇《论学》共十三篇，下篇《论治》共十六篇。魏源的唯物主义的哲学思想，和进步的历史观基本上都表现在《默觚》之中。

《古微堂外集》卷一包括了上面所作的几种经典解释的序文。卷二包括《孔子年表》和《孟子年表》。另外还有《孔孟赞》《周程二子赞》《程朱二子（程颐和朱熹）赞》《朱子（朱熹）赞》《陆子（陆九渊）赞》《朱陆异同赞》《杨子慈湖（陆九渊的学生杨简）赞》《王文成公（王守仁）赞》《明儒高刘二子（高攀龙、刘宗周）赞》。魏源的这些作品都有哲学史论文的性质。这些作品，构成了魏源对于中国哲学史的一套看法。

《古微堂外集》卷三包括《皇朝经史文编叙》《圣武记叙》《海国图志叙》《老子本义叙》《孙子集注叙》。在这些作品中有魏源的一些哲学思想。在《皇朝经史文编叙》中，魏源实际上讨论了思想方法论的问题。

魏源的著作，在当时影响最大的是《海国图志》，原刻五十卷，后来增补为六十卷，到道光二十七年（1847 年）增补为一百卷。这是当时比较完备的介绍西方资本主义国家的情况的著作。《海国图志》的前几卷为《筹海篇》，在其中魏源提出了"师夷以制夷"的基本论点。

原标题为"魏源的著作"

康有为

从鸦片战争中国失败以后，西方资本主义国家向中国的侵略越来越猖狂。光绪二十年（1894年）第一次中日战争失败以后，中国已经到了被瓜分的边沿。变法向西方学习，更成为当时人民一致的要求。各方面的潮流汇集起来，到光绪二十四年（1898年），成为康有为所领导的改良主义的变法运动，即"戊戌变法"。

康有为关于变法的主张见于他七次上光绪皇帝书。光绪十四年（1888年），他在北京国子监当监生的时候，即向光绪皇帝上书。这是第一次上书。国子监管监事者没有替他代递。他就回广东，在广州、桂林聚集学生讲学。

光绪二十年（1894年）中日甲午战争，第二年签订和约。康有为适在北京应会试，联合了各省在北京应会试的举人上书反对，这是第二次上书，也就是有名的"公车上书"。主和的人怕和约遭到反对，提前"盖宝"，造成既成事实。因此，这次上书实际上没有起作用，这是旧历四月初的事。

到旧历五月初六，康有为把第二书稿子中讲变法的部分提出，个人单独上书，这是第三次上书。这次所上的书，光绪皇帝看到了，发交各省督抚会议。

在旧历闰五月初八，康有为第四次上书，这次所上的书，又被扣压了。在这一年中，康有为办《万国公报》，又办强学会，设分会于上海。后来北京、上海的强学会都被禁止，康有为又回到广州。

光绪二十三年（1897 年）德国帝国主义者占领胶州。康有为又到北京上书，这是第五次上书。这次所上的书，直到次年，才到光绪皇帝面前。这就是"戊戌变法"要开始的时候了。光绪皇帝叫他定一个"统筹全局"的计划，他于 1898 年旧历正月初八日又上了《筹统全局疏》，这是第六次上书。五月初一，他又作了第七次上书。

在这些上书中，康有为所提关于变法的具体主张，并没有超越他的同时代人。康有为的贡献在于他能把各方面进步人士的要求和主张综合起来，成为一个体系，做到像光绪皇帝所要求的"统筹全局"。他还有一套以当时的今文经学为基础的理论体系，作为他的变法体系的理论根据。这对开始向资本主义转化的封建社会有很大说服力。

康有为影响较大的著作有：

《新学伪经考》。康有为认为《左传》是刘歆所伪作的，其目的在于帮助王莽篡汉。王莽的国号是"新"，所以康有为称刘歆的古文经学为"新学"。1891 年刊印。1894 年、1898 年、1900 年三次毁版。

《孔子改制考》。康有为认为先秦诸子都以"创教改制"为目的，孔子也是如此。孔子所创的教，就是儒教。儒教的经典，都是孔子"托古改制"的作品。特别是《春秋》一经，包括孔子"改制"的要点，是孔子哲学思想的集中表现。梁启超叙述万木草堂时期的情况说："先生著《新学伪经考》方成，吾侪分任校雠。其著《孔子改制考》及《春秋董氏学》则发凡起例，诏吾侪分纂焉。"（见《南海先生七十寿言》，载《饮冰室文集》第十五册）1897 年刊印。1898 年、1900 年两次毁版。

康有为又撰《春秋笔削大义微言考》和《春秋董氏学》。他认为孔子作《春秋》，"微言大义"在于《春秋公羊传》。董仲舒的《春秋繁露》是《公羊传》的发展。康有为的《春秋董氏学》把董仲舒的《春秋繁露》，按照他自己所说的《春秋》大义，重新编排，加上他自己的解释。

《春秋董氏学》初刊于 1896 年，1898 年毁版。《春秋笔削大义微言考》撰于戊戌政变前。原稿存清议报馆。报馆失火焚毁，后又补作，成于 1901 年。

康有为撰有《礼运注》。自序说，撰于 1884 年，但《自编年谱》二十七岁条下，未提撰《礼运注》。书中讲到进化论，可能受到严复译《天演论》的影响（严译《天演论》成于 1896 年）。《中庸注》和《孟子微》撰于 1901 年。《论语注》撰于 1902 年。在这些著作中，康有为发挥"春秋三世"的学说，其中有很多的牵强附会。

《中庸》说："王天下有三重焉，其寡过矣乎。"本来的意思是说，王天下有三件重要的事情，即下文所说的"议礼""制度"和"考文"。康有为读"重"为"重复"之"重","三重"就是三世。他认为："三世之中又各有三世，故三世而三重之为九世，九世而三重之为八十一世，辗转三重，可至无量数，以待世运之变而为进化之法。此孔子制作所以大也。盖世运既变，则旧法皆弊而生过矣。故必进化而后寡过也。"(《中庸注》) 今文家的经学向来都是牵强附会的，到康有为的时候，又有些新来的西方资产阶级的东西，可以供他牵强附会的材料更多了。照他的讲法，孔子的制作包括了人类历史所可能有的一切发展。

康有为作《大同书》描写他所谓大同世界的具体情况。这就是他所说的"太平世之太平世"的情况。《大同书》不是一个时期写成的。

《大同书》甲乙二部发表时康有为题词说："吾年二十七，当光绪甲申 (1884 年) 法兵震羊城……感国难，哀民生，著《大同书》。"(《不忍杂志》)《自编年谱》二十七岁条下，未提著《大同书》，但所述当时的思想即《大同书》的思想。二十八岁条下说："从事算学，以几何著《人类公理》。"二十九岁条下说："又作《公理》书，依几何为之者。"三十岁条下说：是岁编"《人类公理》，游思诸天之故"。《人类公理》似即《大同书》的前身："依几何为之"，或如斯宾诺莎依几何为伦理学。"游思诸天之故"或即《诸天讲》的内容。

梁启超于其所撰的《南海康先生传》中略举《大同书》的主要思想之后，说："以上各条，略举大概，至其条理之分目，及其每条所根据之理论，非数十万言不能尽也。先生现未有成书。……所述者，则皆先生之言，而毫不敢以近日所涉猎西籍附会缘饰之以失其真也。"(《饮冰室文集》第三册) 这篇传是梁启超于 1901 年写的。

后来梁启超又说："先生演《礼运》大同之义……立为教说……二十年前略授口说于门弟子。辛丑、壬寅间避地印度，乃著为成书。启超屡乞付印，先生以为方今为国竞之世，未许也。"（康有为《大同书成题词》梁启超案语，见《南海先生诗集》）康有为在《大同书》中提到，"吾弟幼博（主事，名有溥，字广仁），戊戌之难，戮于柴市"（《大同书》甲部《人情之苦》）。可见《大同书》是完成于1901年（辛丑）、1902年（壬寅）之间。康有为在以后还随时都有所补充。梁启超在传中所说各条是康有为早年原来的思想，即《人类公理》的思想。

《大同书》甲乙二部曾于1913年刊载于康有为自己主办的《不忍杂志》。他后来在1919年印成单行本。这二部是经过康有为亲自定稿的。其余丙、丁、戊、己、庚、辛、壬、癸八部，于康有为死后八年，即1935年，才由他的学生钱定安汇同甲乙二部交中华书局出版。钱定安在序文中说"校订其全书"，可见甲乙二部以外的各部并没有经康有为亲自定稿，而是经钱定安校订的。现在中华书局重印本，又根据原稿和另一抄本，做了一些校订的工作。

康有为撰有《诸天讲》，在这部书里，康有为提出了一个哲学科学和幻想相混合的自然观。在他七十岁时所写的自序中说，此书作于二十八岁的时候。但直到他死后，这部书才发表。他的学生唐修说，这部书在付印时，康有为还做了许多修改。《诸天讲》和《大同书》大概是在康有为早年都已有些稿子，但最后成书包括有康有为晚年的思想。

康有为还撰有《长兴学记》和《桂学答问》，在这两部书里，康有为讲述了他的研究学问的方法。

张伯桢所撰的《南海康先生传》比较详尽。张伯桢又作有《万木草堂丛书目录》，叙列康有为的著作名目，共一百三十七种（见《沧海丛书》）。

康有为在戊戌政变前的著作和政变后的著作（包括政变后修改和补充的著作）的比较：

1. 关于三世说——政变前的著作如《礼运注》，认为当时中国处在小康（升平世）的君主时代，应向大同（太平世）的民主时代迈进。政变后的著作认为中国是处在据乱世，应向升平世（君主立宪）阶段迈进。

2. 关于大同学说——以《礼运注》和梁启超的《康有为传》所讲的大同学说的内容和《大同书》比较，有以下几点不同之处：

（1）《礼运注》认为当时中国是小康时代，而《大同书》认为当时中国是据乱世，欧美已进于升平世或近于太平世。

（2）《大同书》大量地引证了欧美资本主义国家的各种制度、风俗、习惯，而梁启超在《康有为传》中说，康的大同学说的形成"未读西书，而冥心孤经，独辟新境"。

（3）《大同书》对西方资本主义的私有制提出了批评，主张废除生产资料私人所有制。《礼运注》中的大同学说，没有否定财产私有制，梁在《康有为传》中说，康主张土地归公，但大工业可以听民间自设。

原标题为"康有为的著作"

严复

严复在清朝末年主要的贡献是介绍西方资产阶级的哲学思想、逻辑方法和社会学。光绪二十年（1894 年）中日甲午战争以后，中国处于十分危急的情况。严复受了这种刺激，于 1895 年在天津《直报》上发表《论世变之亟》《原强》《救亡决论》《辟韩》等一系列的论文，宣传"尊民叛君，尊今叛古"的理论，成为维新运动的重要理论家之一。

这时候，他又翻译了赫胥黎的《进化与伦理》一书，名之为《天演论》。他把进化论介绍到中国来，要用"物竞天择，适者生存"的理论，论证救国的主张，指出必须向西方学习，发愤图强，才能自救；否则，就有亡国灭种的危险。严复的这几篇著作，在当时很有影响，对于戊戌变法起了推动的作用。

戊戌变法失败以后，严复的主要工作是翻译。他翻译的书有：亚丹·斯密的《原富》（1898 年—1900 年译）。约翰·穆勒的《自由论》，后改名《群己权界论》（1899 年译）；《穆勒名学》（1900 年—1902 年译）。孟德斯鸠的《法意》（1900 年—1905 年译）。斯宾塞尔的《群学肆言》（1898 年—1902 年译）。耶芳斯的《名学浅说》（1908 年译）。

严复的翻译跟一般的翻译不同。他经常在原作中插入一些案语，对于原作者的思想加以分析或批判。有时并把这些思想，跟中国过去的某些思想，以及当时的时事联系起来，并表示他自己的看法。《天演论》一书，严复于每章所附加的案语，有时比原文还长。他也不是翻译原文，而是根据赫胥黎的意思作成论文。这本书也可以说是他的创作。

原标题为"严复的著作"

谭嗣同

谭嗣同的主要著作是《仁学》，这是一部哲学著作，接触哲学的各方面的重要问题。他的思想，在有些方面，可以说是超过了他的时代。这部书是他于光绪二十二年（1896 年）写的，当时并没有公开发表。一直到戊戌变法运动失败以后，才在日本东京发表。

梁启超所写的《仁学序》中说："况有《仁学》一书，以公于天下。"下署："烈士流血后九十日，同学梁启超叙。"这个日子就是《仁学》公开发表的日子。

《仁学》开始有界说二十七条，其中一条说："凡为仁学者，于佛书当通《华严》及心宗、相宗之书，于西书当通《新约》及算学、格致、社会学之书，于中国当通《易》《春秋公羊传》《论语》《礼记》《孟子》《庄子》《墨子》《史记》，及陶渊明、周茂叔、张横渠、陆子静、王阳明、王船山、黄梨洲之书。"这是谭嗣同在写《仁学》的时候所根据的思想资料。

《仁学》在东京出版的时候，就不只有一个版本。现在三联书店出版的《谭嗣同全集》包括《仁学》和谭嗣同的其他著作，这是目前比较全的谭嗣同集。

这部《全集》分为四卷。卷一是论文，包括《仁学》，卷二是技术性质的散文，卷三是书信，卷四是诗及其他韵文。

《全集》中的著作以《仁学》《三十自纪》《上欧阳中鹄》第二（即《兴算学议》）及二十二两札、《报贝元徵》（即《思纬壹壹台短书》）和《报唐佛尘》等长书为最重要。

原标题为"谭嗣同的著作"

节选自冯友兰《中国哲学史史料学》

国学典籍

朱自清

在中等以上的教育里，经典训练应该是一个必要的项目。

经典训练的价值不在实用，而在文化。

有一位外国教授说过，阅读经典的用处，

就在教人见识经典一番。这是很明达的议论。

再说做一个有相当教育的国民，

至少对于本国的经典，也有接触的义务。

朱自清 （1898—1948） 西南联大中文系主任、教授

原名自华，后改名自清，字佩弦，曾担任清华大学中国文学系教授、西南联大中国文学系主任和教授，中国现代散文家、诗人、学者。一生著作颇丰，有《荷塘月色》《背影》等散文名篇。

《诗经》

　　诗的源头是歌谣。上古时候，没有文字，只有唱的歌谣，没有写的诗。一个人高兴的时候或悲哀的时候，常愿意将自己的心情诉说出来，给别人或自己听。日常的言语不够劲儿，便用歌唱，一唱三叹地叫别人回肠荡气。唱叹再不够的话，便手也舞起来了，脚也蹈起来了，反正要将劲儿使到了家。碰到节日，大家聚在一起酬神作乐，唱歌的机会更多。或一唱众和，或彼此竞胜。传说葛天氏的乐八章，三个人唱，拿着牛尾，踏着脚，似乎就是描写这种光景的。

　　歌谣越唱越多，虽没有书，却存在人的记忆里。有了现成的歌儿，就可借他人酒杯，浇自己块垒。随时拣一支合式的唱唱，也足可消愁解闷。若没有完全合式的，尽可删一些、改一些，到称意为止。流行的歌谣中往往不同的词句并行不悖，就是为此。可也有经过众人修饰，成为定本的。歌谣真可说是"一人的机锋，多人的智慧"了。

歌谣可分为徒歌和乐歌。徒歌是随口唱，乐歌是随着乐器唱。徒歌也有节奏，手舞足蹈便是帮助节奏的，可是乐歌的节奏更规律化些。乐器在中国似乎早就有了，《礼记》里说的土鼓、土槌儿、芦管儿，也许是我们乐器的老祖宗。到了《诗经》时代，有了琴瑟钟鼓，已是洋洋大观了。

歌谣的节奏，最主要的靠重叠或叫复沓，本来歌谣以表情为主，只要翻来覆去将情表到了家就成，用不着费话。重叠可以说原是歌谣的生命，节奏也便建立在这上头。字数的均齐，韵脚的调协，似乎是后来发展出来的。有了这些，重叠才在诗歌里失去主要的地位。

有了文字以后，才有人将那些歌谣记录下来，便是最初写的诗了。但记录的人似乎并不是因为欣赏的缘故，更不是因为研究的缘故。他们大概是些乐工，乐工的职务是奏乐和唱歌，唱歌得有词，一面是口头传授，一面也就有了唱本。歌谣便是这么写下来的。

我们知道春秋时的乐工就和后世阔人家的戏班子一样，老板叫作太师。那时各国都养着一班乐工，各国使臣来往，宴会时都得奏乐唱歌。太师们不但得搜集本国乐歌，还得搜集别国乐歌；不但搜集乐词，还得搜集乐谱。那时的社会有贵族与平民两级。太师们是伺候贵族的，所搜集的歌儿自然得合贵族们的口味，平民的作品是不会入选的。他们搜得的歌谣，有些是乐歌，有些是徒歌。徒歌得合乐才好用。合乐的时候，往往得增加重叠的字句或章节，便不能保存歌词的原来样子。

除了这种搜集的歌谣以外，太师们所保存的还有贵族们为了特种事情，如祭祖、宴客、房屋落成、出兵、打猎等等作的诗。这些可以说是典礼的诗。又有讽谏、颂美等等的献诗，献诗是臣下作了献给君上，准备让乐工唱给君上听的，可以说是政治的诗。太师们保存下这些唱本，带着乐谱，唱词共有三百多篇，当时通称作"诗三百"。到了战国时代，贵族渐渐衰落，平民渐渐抬头，新乐代替了古乐，职业的乐工纷纷走散，乐谱就此亡佚。但是还有三百来篇唱词流传下来，便是后来的《诗经》了。

"诗言志"是一句古话，"诗"这个字就是"言""志"两个字合成的。但古代所谓"言志"和现在所谓"抒情"并不一样，那"志"总是关联着政治或教化的。春秋时通行赋诗。在外交的宴会里，各国使臣往往得点一篇诗或几篇诗叫乐工唱。这很像现在的请客点戏，不同处是所点的诗句必加上政治的意味。这可以表示这国对那国或这人对那人的愿望、感谢、责难等等，都从诗篇里断章取义。断章取义是不管上下文的意义，只将一章中一两句拉出来，就当前的环境，做政治的暗示。

如《左传·襄公二十七年》，郑伯宴晋使赵孟于垂陇，赵孟请大家赋诗，他想看看大家的"志"。子太叔赋的是《野有蔓草》。原诗首章云："野有蔓草，零露漙兮。有美一人，清扬婉兮。邂逅相遇，适我愿兮。"子太叔只取末两句，借以表示郑国欢迎赵孟的意思，上文他就不管。全诗原是男女私情之作，他更不管了。可是这样办正是"诗言志"，在那回宴会里，赵孟就和子太叔说了"诗以言志"这句话。

到了孔子时代，赋诗的事已经不行了，孔子却采取了断章取义的办法，用诗来讨论做学问做人的道理。"如切如磋，如琢如磨"，本来说的是治玉，将玉比人。他却用来教训学生做学问的工夫。"巧笑倩兮，美目盼兮，素以为绚兮"，本来说的是美人，所谓天生丽质。他却拉出末句来比方作画，说先有白底子，才会有画，是一步步进展的。作画还是比方，他说的是文化，人先是朴野的，后来才进展了文化——文化必须修养而得，并不是与生俱来的。

他如此解诗，所以说"思无邪"一句话可以包括"诗三百"的道理，又说诗可以鼓舞人，联合人，增加阅历，发泄牢骚，事父事君的道理都在里面。孔子以后，"诗三百"成为儒家的六经之一，《庄子》和《荀子》里都说到"诗言志"，那个"志"便指教化而言。

但春秋时列国的赋诗只是用诗，并非解诗，那时诗的主要作用还在乐歌，因乐歌而加以借用，不过是一种方便罢了。至于诗篇本来的意义，那时原很明白，用不着讨论。到了孔子时代，诗已经不常歌唱了，诗篇本来的意义，经过了多年的借用，也渐渐含糊了。他就按着借用的办法，根据他教授学生的需要，断章取义地来解释那些诗篇。

后来解释《诗经》的儒生都跟着他的脚步走。最有权威的毛氏《诗传》和郑玄《诗笺》差不多全都是断章取义，甚至断句取义——断句取义是在一句、两句里拉出一个两个字来发挥，比起断章取义，真是变本加厉了。

毛氏有两个人：一个毛亨，汉时鲁国人，人称为大毛公；一个毛苌，赵国人，人称为小毛公。是大毛公创始《诗经》的注解，传给小毛公，在小毛公手里完成的。郑玄是东汉人，他是专给毛《传》作《笺》的，有时也采取别家的解说，不过别家的解说在原则上也和毛氏一鼻孔出气，他们都是以史证诗。

他们接受了孔子"无邪"的见解，又摘取了孟子的"知人论世"的见解，以为用孔子的诗的哲学，别裁古代的史说，拿来证明那些诗篇是什么时代作的，为什么事作的，便是孟子所谓"以意逆志"。其实孟子所谓"以意逆志"倒是说要看全篇大意，不可拘泥在字句上，与他们不同。他们这样猜出来的作诗人的志，自然不会与作诗人的相合。但那种志倒是关联着政治教化而与"诗言志"一语相合的。这样的以史证诗的思想，最先具体地表现在《诗序》里。

《诗序》有《大序》《小序》。《大序》好像总论，托名子夏，说不定是谁作的。《小序》每篇一条，大约是大、小毛公作的。以史证诗，似乎是《小序》的专门任务，传里虽也偶然提及，却总以训诂为主，不过所选取的字义，意在助成序说，无形中有个一定方向罢了。可是《小序》也还是泛说的多，确指的少。

到了郑玄，才更详密地发展了这个条理。他按着《诗经》中的国别和篇次，系统地符合史料，编成了《诗谱》，差不多给每篇诗确定了时代。《笺》中也更多地发挥了作为各篇诗的背景的历史。以史证诗，在他手里算是集大成了。

《大序》说明诗的教化作用，这种作用似乎建立在风、雅、颂、赋、比、兴，所谓"六义"上。《大序》只解释了风、雅、颂。说风是风化（感化）、讽刺的意思，雅是正的意思，颂是形容盛德的意思。这都是按着教化作用解释的。

照近人的研究，这三个字大概都从音乐得名。风是各地方的乐调，《国风》便是各国土乐的意思。雅就是"乌"字，似乎描写这种乐的呜呜之音。雅也就是"夏"字，古代乐章叫作"夏"的很多，也许原是地名或族名。

雅又分《大雅》《小雅》，大约也是乐调不同的缘故。颂就是"容"字。容就是"样子"，这种乐连歌带舞，舞就有种种样子了。风、雅、颂之外，其实还该有个"南"。南是南音或南调，《诗经》中《周南》《召南》的诗，原是相当于现在河南、湖北一带地方的歌谣。《国风》旧有十五，分出二南，还剩十三。而其中邶、鄘两国的诗，现经考定，都是卫诗，那么只有十一《国风》了。颂有《周颂》《鲁颂》《商颂》，《商颂》经考定实是《宋颂》。至于搜集的歌谣，大概是在二南、《国风》和《小雅》里。

赋、比、兴的意义，说数最多。大约这三个名字原都含有政治和教化的意味。赋本是唱诗给人听，但在《大序》里，也许是"直铺陈今之政教善恶"的意思。比、兴都是《大序》所谓"主文而谲谏"，不直陈而用譬喻叫"主文"，委婉讽刺叫"谲谏"。说的人无罪，听的人却可警诫自己。

《诗经》里许多譬喻就在比兴的看法下，断章断句地硬派作政教的意义了。比、兴都是政教的譬喻，但在诗篇发端的叫作兴。《毛传》只在有兴的地方标出，不标赋、比，想来赋义是易见的，比、兴虽都是曲折成义，但兴在发端，往往关系全诗，比较更重要些，所以便特别标出了。《毛传》标出的兴诗，共一百十六篇，《国风》中最多，《小雅》第二。按现在说，这两部分搜集的歌谣多，所以譬喻的句子也便多了。

《楚辞》

　　屈原是我国历史里永被纪念着的一个人。旧历五月五日端午节，相传便是他的忌日。他是投水死的，竞渡据说原来是表示救他的，粽子原来是祭他的。现在定五月五日为诗人节，也是为了纪念的缘故。他是个忠臣，而且是个缠绵悱恻的忠臣；他是个节士，而且是个浮游尘外、清白不污的节士。"举世皆浊而我独清，众人皆醉而我独醒"，他的身世是一出悲剧。可是他永生在我们的敬意尤其是我们的同情里。"原"是他的号，"平"是他的名字。他是楚国的贵族，怀王时候，作"左徒"的官。左徒好像现在的秘书。他很有学问，熟悉历史和政治，口才又好。一方面参赞国事，一方面给怀王见客，办外交，头头是道，怀王很信任他。

　　当时楚国有亲秦、亲齐两派，屈原是亲齐派。秦国看见屈原得势，便派张仪买通了楚国的贵臣上官大夫、靳尚等，在怀王面前说他的坏话。怀王果然被他们所惑，将屈原放逐到汉北去。张仪便劝怀王和齐国绝交，说秦国答应割地六百里。楚和齐绝了交，张仪却说答应的是六里。怀王大怒，便举兵伐秦，不料大败而归。这时候想起屈原来了，将他召回，教他出使齐国。亲齐派暂时抬头。

但是亲秦派不久又得势。怀王终于让秦国骗了去，拘留着，就死在那里。这件事是楚人最痛心的，屈原更不用说了。可是怀王的儿子顷襄王，却还是听亲秦派的话，将他二次放逐到江南去，他流浪了九年，秦国的侵略一天紧似一天，他不忍亲见亡国的惨象，又想以一死来感悟顷襄王，便自沉在汨罗江里。

《楚辞》中《离骚》和《九章》的各篇，都是他放逐时候所作。《离骚》尤其是千古流传的杰作。这一篇大概是二次被放时作的。他感念怀王的信任，却恨他糊涂，让一群小人蒙蔽着，播弄着。而顷襄王又不能觉悟，以致国土日削，国势日危。他自己呢，"信而见疑，忠而被谤"，简直走投无路，满腔委屈，千端万绪的，没人可以诉说，终于只能告诉自己的一支笔，《离骚》便是这样写成的。"离骚"是"别愁"或"遭忧"的意思。他是个富于感情的人，那一腔遏抑不住的悲愤，随着他的笔奔进出来，"东一句，西一句，天上一句，地下一句"，只是一片一段的，没有篇章可言。这和人在疲倦或苦痛的时候，叫"妈呀！""天哪！"一样，心里乱极，闷极了，叫叫透一口气，自然是顾不到什么组织的。

篇中陈说唐、虞、三代的治，桀、纣、羿、浇的乱，善恶因果，历历分明，用来讽刺当世，感悟君王。他又用了许多神话里的譬喻和动植物的譬喻，委曲地表达出他对于怀王的忠爱，对于贤人君子的向往，对于群小的深恶痛疾。

他将怀王比作美人，他是"求之不得""辗转反侧"，情辞凄切，缠绵不已。他又将贤臣比作香草，"美人香草"从此便成为政治的譬喻，影响后来解诗、作诗的人很大。汉淮南王刘安作《离骚传》说："《国风》好色而不淫，《小雅》怨诽而不乱，若《离骚》者，可谓兼之矣。""好色而不淫"似乎就指美人香草用作政治的譬喻而言，"怨诽而不乱"是怨而不怒的意思。虽然我们相信《国风》的男女之辞并非政治的譬喻，但断章取义，淮南王的话却是《离骚》的确切评语。

《九章》的各篇原是分立的，大约汉人才合在一起，给了"九章"的名字。这里面有些是屈原初次被放时作的，有些是二次被放时作的。差不多都是"上以讽谏，下以自慰"，引史事，用譬喻，也和《离骚》一样。《离骚》里记着屈原的世系和生辰，这几篇里也记着他放逐的时期和地域，这些都可以算是他的自叙。

他还作了《九歌》《天问》《远游》《招魂》等，却不能算自叙，也"不皆是怨君"，后世都说成怨君，他埋没了他的别一面的出世观了。他其实也是一"子"，也是一家之学。这可以说是神仙家，出于巫。《离骚》里说到周游上下四方，驾车的动物，驱使的役夫，都是神话里的。《远游》更全是说的周游上下四方的乐处。这种游仙的境界，便是神仙家的理想。

《远游》开篇说"悲时俗之迫厄兮，愿轻举而远游"，篇中又说"临不死之旧乡"。人间世太狭窄了，也太短促了，人是太不自由自在了。神仙家要无穷大的空间，所以要周行无碍；要无穷久的时间，所以要长生不老。他们要打破现实的、有限的世界，用幻想创出一个无限的世界来。在这无限的世界里，所有的都是神话里的人物，有些是美丽的，也有些是丑怪的。

《九歌》里的神大都可爱，《招魂》里一半是上下四方的怪物，说得顶怕人的，可是一方面也奇诡可喜。因为注意空间的扩大，所以对于天地、山川、日月、星辰，都有兴味。《天问》里许多关于天文地理的疑问，便是这样来的。一面惊奇天地之广大，一面也惊奇人事之诡异——善恶因果，往往有不相应的。《天问》里许多关于历史的疑问，便从这里着眼。这却又是他的入世观了。

要达到游仙的境界，须要"虚静以恬愉""无为而自得"，还须导引养生的修炼工夫，这在《远游》里都说了。屈原受庄学的影响极大。这些都是庄学，周行无碍，长生不老，以及神话里的人物，也都是庄学。但庄学只到"我"与自然打成一片而止，并不想创造一个无限的世界，神仙家似乎比庄学更进了一步。

神仙家也受阴阳家的影响，阴阳家原也讲天地广大，讲禽兽异物的。阴阳家是齐学。齐国滨海，多有怪诞的思想。屈原常常出使到那里，所以也沾了齐气。还有齐人好"隐"。"隐"是"遁词以隐意，谲譬以指事"，是用一种滑稽的态度来讽谏。淳于髡可为代表。楚人也好"隐"。屈原是楚人，而他的思想又受齐国的影响，他爱用种种政治的譬喻，大约也不免沾点齐气。但是他不取滑稽的态度，他是用一副悲剧面孔说话的。

《诗大序》所谓"谲谏"，所谓"言之者无罪，闻之者足以戒"，倒是合适的说明。至于像《招魂》里的铺张排比，也许是纵横家的风气。

《离骚》各篇多用"兮"字足句，句读以参差不齐为主。"兮"字足句，三百篇中已经不少，句读参差，也许是"南音"的发展。"南"本是南乐的名称，三百篇中的二南，本该与风、雅、颂分立为四。二南是楚诗，乐调虽已不能知道，但和风、雅、颂必有异处。从二南到《离骚》，现在只能看出句读由短而长、由齐而畸的一个趋势，这中间变迁轨迹，我们还能找到一些，总之，绝不是突如其来的。这句读的发展，大概多少有音乐的影响。

从《汉书·王褒传》可以知道楚辞的诵读是有特别的调子的，这正是音乐的影响。屈原诸作奠定了这种体制，模拟的日见其多。就中最出色的是宋玉，他作了《九辩》。宋玉传说是屈原的弟子，《九辩》的题材和体制都模拟《离骚》和《九章》，算是代屈原说话，不过没有屈原那样激切罢了。宋玉自己可也加上一些新思想，他是第一个描写"悲秋"的人。还有个景差，据说是《大招》的作者，《大招》是模拟《招魂》的。

到了汉代，模拟《离骚》的更多，东方朔、王褒、刘向、王逸都走着宋玉的路。大概武帝时候最盛，以后就渐渐地差了。汉人称这种体制为"辞"，又称为"楚辞"。刘向将这些东西编辑起来，成为《楚辞》一书。东汉王逸给作注，并加进自己的拟作，叫作《楚辞章句》。北宋洪兴祖又作《楚辞补注》。《章句》和《补注》合为《楚辞》标准的注本。

但汉人又称《离骚》等为"赋"。《史记·屈原列传》说他"作《怀沙》之赋"，《怀沙》是《九章》之一，本无"赋"名。《传》尾又说:"宋玉、唐勒、景差之徒,皆好辞而以赋见称。"《汉书·艺文志·诗赋略》列"屈原赋二十五篇",就是《离骚》等。大概"辞"是后来的名字,专指屈、宋一类作品,赋虽从辞出,却是先起的名字,在未采用"辞"的名字以前,本包括"辞"而言。所以浑言称"赋",称"辞赋",分言称"辞"和"赋"。后世引述屈、宋诸家,只通称"楚辞",没有单称"辞"的。但却有称"骚""骚体""骚赋"的,这自然是"离骚"的影响。

荀子的《赋篇》最早称"赋"。篇中分咏"礼""知""云""蚕""箴(针)"五件事物,像是谜语,其中颇有讽世的话,可以说是"隐"的支流余裔。荀子久居齐国的稷下,又在楚国做过县令,死在那里。他的好"隐",也是自然的。

《赋篇》总题分咏,自然和后来的赋不同,但是安排客主,问答成篇,却开了后来赋家的风气。荀赋和屈辞原来似乎各是各的,这两体的合一,也许是在贾谊手里。贾谊是荀卿的再传弟子,他的境遇却近于屈原,又久居屈原的故乡,很可能的,他模拟屈原的体制,却袭用了荀卿的"赋"的名字。这种赋日渐发展,屈原诸作也便被称为"赋"。

"辞"的名字许是后来因为拟作多了,才分化出来,作为此体的专称的。"辞"本是"辩解的言语"的意思,用来称屈、宋诸家所作,倒也并无不合之处。

《汉书·艺文志·诗赋略》分赋为四类。"杂赋"十二家是总集,可以不论。屈原以下二十家,是言情之作。陆贾以下二十一家,已佚,大概近于纵横家言。就中"陆贾赋三篇",在贾谊之先,但作品既不可见，是他自题为赋，还是后人追题，不能知道，只好存疑了。荀卿以下二十五家，大概是叙物明理之作。

这三类里，贾谊以后各家，多少免不了屈原的影响，但已渐有散文化的趋势。第一类中的司马相如便是创始的人。——托为屈原作的《卜居》《渔父》，通篇散文化，只有几处用韵，似乎是《庄子》和荀赋的混合体制，又当别论。——散文化更容易铺张些。"赋"本是"铺"的意思，铺张倒是本来面目。可是铺张的作用原在讽谏，这时候却为铺张而铺张，所谓"劝百而讽一"。当时汉武帝好辞赋，作者极众，争相竞胜，所以致此。扬雄说，"诗人之赋丽以则，辞人之赋丽以淫"。"诗人之赋"便是前者，"辞人之赋"便是后者。甚至有诙谐嫚戏，毫无主旨的。难怪辞赋家会被人鄙视为倡优了。

东汉以来，班固作《两都赋》，"极众人之所眩曜，折以今之法度"。张衡仿他作《二京赋》，晋左思又仿作《三都赋》。这种赋铺叙历史地理，近于后世的类书，是陆贾、荀卿两派的混合，是散文的更进一步。这和屈、贾言情之作，却迥不相同了。

此后赋体渐渐缩短，字句却整炼起来。那时期一般诗文都趋向排偶化，赋先是领着走，后来是跟着走，作赋专重写景述情，务求精巧，不再用来讽谏。这种赋发展到齐、梁、唐初为极盛，称为"俳体"的赋。"俳"是游戏的意思，对讽谏而言，其实这种作品倒也并非滑稽嫚戏之作。

唐代古文运动起来，宋代加以发挥光大，诗文不再重排偶而趋向散文化，赋体也变了。像欧阳修的《秋声赋》，苏轼的前、后《赤壁赋》，虽然有韵而全篇散行，排偶极少，比《卜居》《渔父》更其散文的。这称为"文体"的赋。

唐、宋两代，以诗赋取士，规定程式。那种赋定为八韵，调平仄，讲对仗，制题新巧，限韵险难。这只是一种技艺罢了。这称为"律赋"。对"律赋"而言，"俳体"和"文体"的赋都是"古赋"，这"古赋"的名字和"古文"的名字差不多，真正的"古"如屈、宋的辞，汉人的赋，倒是不包括在内的。赋似乎是我国特有的体制，虽然有韵，而就它全部的发展看，却与文近些，不算是诗。

原标题为"辞赋"

《周易》

在人家门头上，在小孩的帽饰上，我们常见到八卦那种东西。八卦是圣物，放在门头上，放在帽饰里，是可以辟邪的。辟邪还只是它的小神通，它的大神通在能够因往知来，预言吉凶。算命的、看相的、卜课的，都用得着它。他们普通只用五行生克的道理就够了，但要详细推算，就得用阴阳和八卦的道理。

八卦及阴阳五行和我们非常熟悉，这些道理直到现在还是我们大部分人的信仰，我们大部分人的日常生活不知不觉之中教这些道理支配着。行人不至，谋事未成，财运欠通，婚姻待决，子息不旺，乃至种种疾病疑难，许多人都会去求签问卜，算命看相，可见影响之大。讲五行的经典，现在有《尚书·洪范》，讲八卦的便是《周易》。

八卦相传是伏羲氏画的。另一个传说却说不是他自出心裁画的。

那时候有匹龙马从黄河里出来，背着一幅图，上面便是八卦，伏羲只照着描下来罢了。但这因为伏羲是圣人，那时代是盛世，天才派了龙马赐给他这件圣物。所谓"河图"，便是这个。那讲五行的《洪范》，据说也是大禹治水时在洛水中从一只神龟背上得着的，也出于天赐。所谓"洛书"，便是那个。

但这些神怪的故事，显然是八卦和五行的宣传家造出来抬高这两种学说的地位的。伏羲氏恐怕压根儿就没有这个人，他只是秦、汉间儒家假托的圣王。至于八卦，大概是有了筮法以后才有的。商民族是用龟的腹甲或牛的胛骨卜吉凶，他们先在甲骨上钻一下，再用火灼。甲骨经火，有裂痕，便是兆象，卜官细看兆象，断定吉凶。然后便将卜的人、卜的日子、卜的问句等用刀刻在甲骨上，这便是卜辞。卜辞里并没有阴阳的观念，也没有八卦的痕迹。

卜法用牛骨最多，用龟甲是很少的。商代农业刚起头，游猎和畜牧还是主要的生活方式，那时牛骨头不缺少。到了周代，渐渐脱离游牧时代，进到农业社会了，牛骨头便没有那么容易了。这时候却有了筮法，作为卜法的辅助，筮法只用些蓍草，那是不难得的。

蓍草是一种长寿草，古人觉得这草和老年人一样，阅历多了，知道的也就多了，所以用它来占吉凶。筮的时候用它的秆子，方法已不能详知，大概是数的。取一把蓍草，数一下看是什么数目，看是奇数还是偶数，也许这便可以断定吉凶。古代人看见数目整齐而又有变化，认为是神秘的东西。数目的连续、循环以及奇偶，都引起人们的惊奇。那时候相信数目是有魔力的，所以巫术里用得着它。

我们一般人直到现在，还嫌恶奇数，喜欢偶数，该是那些巫术的遗迹。那时候又相信数目是有道理的，所以哲学里用得着它。我们现在还说，凡事都有定数，这就是前定的意思，这是很古的信仰了。人生有数，世界也有数，数是算好了的一笔账。用现在的话说，便是机械的。数又是宇宙的架子，如说太极生两仪，两仪生四象就是一生二、二生四的意思。筮法可以说是一种巫术，是靠了数目来判断吉凶的。

八卦的基础便是一、二、三的数目。整画"▬"是一，断画"▬▬"是二，三画叠而成卦是☰。这样配出八个卦，便是☰☱☲☳☶☵☴☷，乾、兑、离、震、艮、坎、巽、坤，是这些卦的名字。那整画、断画的排列，也许是在排列着蓍草时触悟出来的。八卦到底太简单了，后来便将这些卦重起来，两卦重作一个，按照算学里错列与组合的必然，成了六十四卦，就是《周易》里的卦数。蓍草的应用，也许起于民间；但八卦的创制，六十四卦的推演，巫与卜官大约是重要的角色。

古代巫与卜官同时也就是史官，一切的记载，一切的档案，都掌管在他们的手里。他们是当时知识的权威，参加创卦和重卦的工作是可能的。筮法比卜法简便得多，但起初人们并不十分信任它。直到《春秋》时候，还有"筮短龟长"的话。那些时代，大概小事才用筮，大事还得用卜的。

筮法袭用卜法的地方不少。卜法里的兆象，据说有一百二十体，每一体都有十条断定吉凶的"颂"辞。这些是现成的辞。但兆象是自然地灼出来的，有时不能凑合到那一百二十体里去，便得另造新辞。筮法里的六十四卦，就相当于一百二十体的兆象。那断定吉凶的辞，原叫作繇辞，"繇"是抽出来的意思。《周易》里一卦有六画，每画叫作一爻——六爻的次序，是由下向上数的。繇辞有属于卦的总体的，有属于各爻的，所以后来分称为卦辞和爻辞。这种卦、爻辞也是卜筮官的占筮纪录，但和甲骨卜辞的性质不一样。

从卦、爻辞里的历史故事和风俗制度看，我们知道这些是西周初叶的纪录，纪录里好些是不连贯的，大概是几次筮辞并列在一起的缘故。那时卜筮官将这些卦、爻辞按着卦、爻的顺序编辑起来的，便成了《周易》这部书。"易"是"简易"的意思，是说筮法比卜法简易的意思。

本来呢，卦数既然是一定的，每卦每爻的辞又是一定的，检查起来，引申推论起来，自然就"简易"了。不过这只在当时的卜筮官如此。他们熟习当时的背景，卦、爻辞虽"简"，他们却觉得"易"。到了后世就不然了，筮法久已失传，有些卦、爻辞简直就看不懂了。《周易》原只是当时一部切用的筮书。

《周易》现在已经变成了儒家经典的第一部，但早期的儒家还没有注意这部书。孔子是不讲怪、力、乱、神的。《论语》里虽有"五十以学《易》，可以无大过矣"，但另一个本子作"五十以学，亦可以无大过矣"，所以这句话是很可疑的。孔子只教学生读《诗》《书》和《春秋》，确没有教读《周易》。《孟子》称引《诗》《书》，也没说到《周易》。

《周易》变成儒家的经典，是在战国末期。那时候阴阳家的学说盛行，儒家大约受了他们的影响，才研究起这部书来。那时候道家的学说也盛行，也从另一面影响了儒家。儒家就在这两家学说的影响之下，给《周易》的卦、爻辞作了种种新解释。这些新解释并非在忠实的、确切的解释卦、爻辞，其实倒是借着卦、爻辞发挥他们的哲学。这种新解释存下来的，便是所谓的《易传》。

《易传》中间较有系统的是彖辞和象辞。彖辞断定一卦的含义，"彖"就是"断"的意思。象辞推演卦和爻的象，这个"象"字相当于现在所谓"观念"。这个字后来成为解释《周易》的专门名词。但彖辞断定的含义，象辞推演的观念，其实不是真正的从卦、爻里探究出来的，那些只是作传的人附会在卦、爻上面的。这里面包含着多量的儒家伦理思想和政治哲学，象辞的话更有许多和《论语》相近的。但说到"天"的时候，只当作自然的道，却是道家的色彩了。这两种传似乎是编纂起来的，并非一人所作。

此外有《文言》和《系辞》。《文言》解释乾坤两卦，《系辞》发挥宇宙观、人生观，偶然也有分别解释卦、爻的话。这些似乎都是抱残守缺，汇集众说而成。到了汉代，又新发现了《说卦》《序卦》《杂卦》三种传。《说卦》推演卦象，说明某卦的观念象征着自然界和人世间的某些事物，譬如乾卦象征着天，又象征着父之类。《序卦》说明六十四卦排列先后的道理。《杂卦》比较各卦意义的同异之处。这三种传据说是河内一个女子在什么地方找着的，后来称为《逸易》，其实也许就是汉代人作的。

八卦原只是数目的巫术，这时候却变成数目的哲学了。那整画"━"是奇数，代表天；那断画"━━"是偶数，代表地。奇数是阳数，偶数是阴数，阴阳的观念是从男女来的。有天地，不能没有万物，正和有男女就有子息一样，所以三画才能成一卦。卦是表示阴阳变化的，《周易》的"易"，也便是变化的意思。

为什么要八个卦呢？这原是算学里错列与组合的必然，但这时候却想着是万象的分类。乾是天，是父等；坤是地，是母等；震是雷，是长子等；巽是风，是长女等；坎是水，是心病等；离是火，是中女等；艮是山，是太监等；兑是泽，是少女等。这样，八卦便象征着也支配着整个的大自然，整个的人间世了。

八卦重为六十四卦，卦是复合的，卦象也是复合的，作用便更复杂、更具体了。据说伏羲、神农、黄帝、尧、舜一班圣人看了六十四卦的象，悟出了种种道理，这才制造了器物，建立了制度、耒耜以及文字等等东西；"日中为市"等等制度，都是他们从六十四卦推演出来的。

这个观象制器的故事，见于《系辞》。《系辞》是最重要的一部《易传》。这传里借着八卦和卦、爻辞发挥着的融合儒、道的哲学，和观象制器的故事，都大大地增加了《周易》的价值，抬高了它的地位。《周易》的地位抬高了，关于它的传说也就多了。《系辞》里只说伏羲作八卦，后来的传说却将重卦的，作卦、爻辞的，作《易传》的人，都补出来了。但这些传说都比较晚，所以有些参差，不尽能像"伏羲画卦说"那样成为定论。

重卦的人，有说是伏羲的，有说是神农的，有说是文王的。卦、爻辞有说全是文王作的，有说爻辞是周公作的，有说全是孔子作的。《易传》却都说是孔子作的。这些都是圣人。《周易》的经传都出于圣人之手，所以和儒家所谓道统，关系特别深切，这成了他们一部传道的书。所以到了汉代，便已跳到六经之首了。

但另一面阴阳八卦与五行结合起来，三位一体的演变出后来医卜、星相种种迷信，种种花样，支配着一般民众，势力也非常雄厚。这里面儒家的影响却很少了，大部分还是《周易》原来的卜筮传统的力量。儒家的《周易》是哲学化了的，民众的《周易》倒是巫术的本来面目。

《尚书》

  《尚书》是中国最古的记言的历史。所谓记言，其实也是记事，不过是一种特别的方式罢了。记事是比较间接的，记言是比较直接的。记言大部分照说的话写下来，虽然也须略加剪裁，但是尽可以不必多费心思。记事需要化自称为他称，剪裁也难，费的心思自然要多得多。

  中国的记言文是在记事文之先发展的。商代甲骨卜辞大部分是些问句，记事的话不多见。两周金文也还多以记言为主。直到战国时代，记事文才有了长足的进展。古代言文大概是合一的，说出的、写下的都可以叫作"辞"。卜辞我们称为"辞"，《尚书》的大部分其实也是"辞"。我们相信这些辞都是当时的"雅言"，就是当时的官话或普通话。但传到后世，这种官话或普通话却变成了佶屈聱牙的古语了。

《尚书》包括虞、夏、商、周四代，大部分是号令，就是向大众宣布的话，小部分是君臣相告的话。也有记事的，可是照近人的说数，那记事的几篇，大都是战国末年人的制作，应该分别地看。那些号令多称为"誓"或"诰"，后人便用"誓""诰"的名字来代表这一类。平时的号令叫"诰"，有关军事的叫"誓"。君告臣的话多称为"命"，臣告君的话却似乎并无定名，偶然有称为"谟"的。这些辞有的是当代史官所记，有的是后代史官追记，当代史官也许根据新闻，后代史官便只能根据传闻了。这些辞原来似乎只是说的话，并非写出的文告，史官纪录，意在存作档案，备后来查考之用。这种古代的档案，想来很多，留下来的却很少。

汉代传有《书序》，来历不详，也许是周、秦间人所作。有人说，孔子删《书》为百篇，每篇有序，说明作意。这却缺乏可信的证据。孔子教学生的典籍里有《书》，倒是真的。那时代的《书》是个什么样子，已经无从知道。

"书"原是纪录的意思，大约那所谓"书"只是指当时留存着的一些古代的档案而言，那些档案恐怕还是一件件的，并未结集成书。成书也许是在汉人手里。那时候这些档案留存着的更少了，也更古了，更稀罕了，汉人便将它们编辑起来，改称《尚书》。"尚"，上也。《尚书》据说就是"上古帝王的书"。"书"上加一"尚"字，无疑的是表示着尊信的意味。至于《书》称为"经"，始于《荀子》，不过也是到汉代才普遍罢了。

儒家所传的五经中，《尚书》残缺最多，因而问题也最多。秦始皇烧天下诗书及诸侯史记，并禁止民间私藏一切书。到汉惠帝时，才开了书禁，文帝接着更鼓励人民献书，书才渐渐见得着了。

那时传《尚书》的只有一个济南伏生。伏生本是秦博士。始皇下诏烧诗书的时候，他将《书》藏在墙壁里。后来兵乱，他流亡在外，汉定天下，才回家，检查所藏的《书》，已失去数十篇，剩下的只二十九篇了。他就守着这一些，私自教授于齐、鲁之间。文帝知道了他的名字，想召他入朝。那时他已九十多岁，不能远行到京师去，文帝便派掌故官晁错来从他学。

伏生私人的教授，加上朝廷的提倡，使《尚书》流传开来。伏生所藏的本子是用"古文"写的，还是用秦篆写的，不得而知，他的学生却只用当时的隶书抄录流布。这就是东汉以来所谓《今尚书》或《今文尚书》。

汉武帝提倡儒学，立五经博士。宣帝时每经又都分家数立官，共立了十四博士，每一博士各有弟子若干人。每家有所谓"师法"或"家法"，从学者必须严守。这时候经学已成利禄的途径，治经学的自然就多起来了。《尚书》也立下欧阳（和伯）、大小夏侯（夏侯胜、夏侯建）三博士，却都是伏生一派分出来的。

当时去伏生已久，传经的儒者为使人尊信的缘故，竟有硬说《尚书》完整无缺的。他们说，二十九篇是取法天象的，一座北斗星加上二十八宿，不正是二十九吗！这二十九篇，东汉经学大师马融、郑玄都给作过注，可是那些注现在差不多亡失干净了。

汉景帝时，鲁恭王为了扩展自己的宫殿，去拆毁孔子的旧宅，在墙壁里得着"古文"经传数十篇，其中有《书》。这些经传都是用

"古文"写的。所谓"古文"，其实只是晚周民间别体字。那时恭王肃然起敬，不敢再拆房子，并且将这些书都交还孔家的主人——孔子的后人叫孔安国的。安国加以整理，发现其中的《书》比通行本多出十六篇，这称为《古文尚书》。

武帝时，安国将这部书献上去。因为语言和字体的两重困难，一时竟无人能通读那些"逸书"，所以便一直压在皇家图书馆里。

成帝时，刘向、刘歆父子先后领校皇家藏书。刘向开始用《古文尚书》校勘今文本子，校出今文脱简及异文各若干。

哀帝时，刘歆想将《左氏春秋》《毛诗》《逸礼》及《古文尚书》立博士，这些都是所谓"古文"经典。当时的五经博士不以为然，刘歆写了长信和他们争辩。这便是后来所谓今古文之争。

今古文之争是西汉经学一大史迹。所争的虽然只在几种经书，他们却以为关系孔子之道即古代圣帝明王之道甚大。"道"其实也是幌子，骨子里所争的还在禄位与声势。当时今古文派在这一点上是一致的。不过两派的学风确也有不同处。

大致今文派继承先秦诸子的风气，"思以其道易天下"，所以主张通经致用。他们解经，只重微言大义。而所谓微言大义，其实只是他们自己的历史哲学和政治哲学。古文派不重哲学而重历史，他们要负起保存和传布文献的责任。所留心的是在章句、训诂、典礼、名物之间。他们各得了孔子的一端，各有偏畸的地方。

到了东汉，书籍流传渐多，民间私学日盛。私学压倒了官学，古文经学压倒了今文经学。学者也以兼通为贵，不再专主一家。但是这时候"古文"经典中《逸礼》即《礼》古经已经亡佚，《尚书》之学也不昌盛。

东汉初，杜林曾在西州（今新疆境）得漆书《古文尚书》一卷，非常宝爱，流离兵乱中，老是随身带着。他是怕"《古文尚书》学"会绝传，所以这般珍惜。当时经师贾逵、马融、郑玄都给那一卷《古文尚书》作注，从此《古文尚书》才显于世。

原来"《古文尚书》学"直到贾逵才真正开始，从前是没有什么师说的。而杜林所得只一卷，决不如孔壁所出的多。学者竟爱重到那般地步。大约孔安国献的那部《古文尚书》一直埋没在皇家图书馆里，民间也始终没有盛行，经过西汉末年的兵乱，便无声无息地亡佚了罢。杜林的那一卷，虽经诸大师作注，却也没传到后世，这许又是三国兵乱的缘故。

《古文尚书》的运气真够坏的，不但没有能够露头角，还一而再地遭到了些冒名顶替的事儿。这在西汉就有。

汉成帝时，因孔安国所献的《古文尚书》无人通晓，下诏征求能够通晓的人。东莱有个张霸，不知孔壁的书还在，便根据《书序》，将伏生二十九篇分为数十，作为中段，又采《左氏传》及《书序》所说，补作首尾，共成《古文尚书百二篇》。每篇都很简短，文意又浅陋。他将这伪书献上去。成帝教用皇家图书馆藏着的孔壁《尚书》对看，满不是的。成帝便将张霸下在狱里，却还存着他的书，并且听它流传世间。后来张霸的再传弟子樊并谋反，朝廷才将那书毁废，这第一部伪《古文尚书》就从此失传了。

到了三国末年，魏国出了个王肃，是个博学而有野心的人。他伪作了《孔子家语》《孔丛子》，又伪作了一部孔安国的《古文尚书》，还带着孔安国的传。他是个聪明人，伪造这部《古文尚书》孔传，是很费了心思的。他采辑群籍中所引"逸书"，以及历代嘉言，改头换面，巧为连缀，成功造了这部书。

他是参照汉儒的成法，先将伏生二十九篇分割为三十三篇，另增多二十五篇，共五十八篇，以合于东汉儒者如桓谭、班固所记的《古文尚书》篇数。所增各篇，用力阐明儒家的"德治主义"，满纸都是仁义道德的格言。这是汉武帝罢黜百家，专崇儒学以来的正统思想，所谓大经、大法，足以取信于人。只看宋以来儒者所口诵心惟的"十六字心传"，正在他伪作的《大禹谟》里，便见出这部伪书影响之大。

其实《尚书》里的主要思想，该是"鬼治主义"，像《盘庚》等篇所表现的。"原来西周以前，君主即教主，可以为所欲为，不受什么政治道德的约束。逢到臣民不听话的时候，只要抬出上帝和先祖来，自然一切解决。"这叫作"鬼治主义"。

"西周以后，因疆域的开拓，交通的便利，富力的增加，文化大开。自孔子以至荀卿、韩非，他们的政治学说都是建筑在人性上面。尤其是儒家，把人性扩张得极大。他们觉得政治的良好只在诚信的感应，只要君主的道德好，臣民自然风从，用不到威力和鬼神的压迫。"这叫作"德治主义"。

看古代的档案，包含着"鬼治主义"思想的，自然比包含着"德治主义"思想的可信得多。但是王肃的时代早已是"德治主义"的时代，他的伪书所以专从这里下手。他果然成功了。只是词旨坦明，毫无佶屈聱牙之处，却不免露出了马脚。

晋武帝时候，孔安国的《古文尚书》曾立过博士，这《古文尚书》大概就是王肃伪造的。王肃是武帝的外祖父，当时即使有怀疑的人，也不敢说话。可是后来经过怀帝永嘉之乱，这部伪书也散失了，知道的人很少。东晋元帝时，豫章内史梅赜发现了它，便拿来献到朝廷上去。这时候伪《古文尚书》孔传便和马、郑注的《尚书》并行起来了。

大约北方的学者还是信马、郑的多，南方的学者才是信伪孔的多。等到隋统一了天下，南学压倒了北学，马、郑《尚书》，习者渐少。唐太宗时，因章句繁杂，诏令孔颖达等编撰《五经正义》，高宗永徽四年（653 年）颁行天下，考试必用此本。《正义》成了标准的官书，经学从此大统一。那《尚书正义》便用的伪《古文尚书》孔传。伪孔定于一尊，马、郑便更没人理睬了，日子一久，自然就残缺了，宋以来差不多就算亡了。伪《古文尚书》孔传如此这般冒名顶替了一千年，直到清初的时候。

这一千年中间，却也有怀疑伪《古文尚书》孔传的人。南宋的吴棫首先发难。他有《书裨传》十三卷，可惜不传了。朱子因孔安国的"古文"字句皆完整，又平顺易读，也觉得可疑。但是他们似乎都还没有去找出确切的证据。至少朱子还不免疑信参半，他还采取伪《大禹谟》里"人心""道心"的话解释四书，建立道统呢。

元代的吴澄才断然地将伏生今文从伪古文分出。他的《尚书纂言》只注解今文，将伪古文除外。明代梅鷟著《尚书考异》，更力排伪孔，并找出了相当的证据。但是严密钩稽决疑定谳的人，还得等待清代的学者。这里该提出三个可尊敬的名字。

第一是清初的阎若璩，著《古文尚书疏证》；第二是惠栋，著《古文尚书考》。两书辨析详明，证据确凿，教伪孔体无完肤，真相毕露。但将作伪的罪名加在梅赜头上，还不免未达一间。第三是清中叶的丁晏，著《尚书余论》，才将真正的罪人王肃指出。千年公案，从此可以定论。这以后等着动手的，便是搜辑汉人的伏生《尚书》说和马、郑注。这方面努力的不少，成绩也斐然可观。不过所能做到的，也只是抱残守缺的工作罢了。

　　伏生《尚书》从千年迷雾中重露出真面目，清代诸大师的劳绩是不朽的。但二十九篇固是真本，其中也还该分别地看。照近人的意见，《周书》大都是当时史官所记，只有一二篇像是战国时人托古之作。《商书》究竟是当时史官所记，还是周史官追记，尚在然疑之间。《虞夏书》大约是战国末年人托古之作，只《甘誓》那一篇许是后代史官追记的。这么着，《今文尚书》里便也有了真伪之分了。

三 《礼》

许多人家的中堂里，供奉着"天地君亲师"的大牌位。天地代表
生命的本源。亲是祖先的意思，祖先是家族的本源。君师是政教的本
源。人情不能忘本，所以供奉着这些。荀子只称这些为礼的三本，大
概是到了后世才宗教化了的。荀子是儒家大师。儒家所称道的礼，包
括政治制度、宗教仪式、社会风俗习惯等等，却都加以合理的说明。
从那"三本说"，可以知道儒家有拿礼来包罗万象的野心，他们认礼
为治乱的根本，这种思想可以叫作礼治主义。

怎样叫作礼治呢？儒家说初有人的时候，各人有各人的欲望，各
人都要满足自己的欲望，没有界限，没有分际，大家就争起来了。你
争我争，社会就乱起来了。那时的君师们看了这种情形，就渐渐给定
出礼来，让大家按着贵贱的等级，长幼的次序，各人得着自己该得的

一份儿吃的、喝的、穿的、住的，各人也做着自己该做的一份儿工作。各等人有各等人的界限和分际，若是只顾自己，不管别人，任性贪多务得，偷懒图快活，这种人就得受严厉的制裁，有时候保不住性命。这种礼，教人节制，教人和平，建立起社会的秩序，可以说是政治制度。

天生万物，是个很古的信仰。这个天管生杀，管赏罚。在地上，天的代表便是天子，天子祭天，和子孙祭祖先一样。地生万物是个事实。人都靠着地里长的活着，地里长的不够了，便闹饥荒，地的力量自然也引起了信仰。天子诸侯祭社稷、祭山川，都是这个来由。最普遍的还是祖先的信仰。直到我们的时代，这个信仰还是很有力的。

按儒家说，这些信仰都是"报本返始"的意思。报本返始是庆幸生命的延续，追念本源，感恩怀德，勉力去报答的意思。但是这里面怕不单是怀德，还有畏威的成分。感谢和恐惧产生了种种祭典。儒家却只从感恩一面加以说明，看作礼的一部分。但这种礼教人恭敬，恭敬便是畏威的遗迹了。儒家的丧礼，最主要的如三年之丧，也建立在感恩的意味上，却因恩谊的亲疏，又宣出等等差别来。这种礼，大部分可以说是宗教仪式。

居丧一面是宗教仪式，一面是普通人事。普通人事包括一切日常生活而言。日常生活都需要秩序和规矩。居丧以外，如婚姻、宴会等大事，也各有一套程序，不能随便马虎过去。这样是表示郑重，也便是表示敬意和诚心。

至于对人，事君，事父母，待兄弟、姊妹，待子女，以及夫妇、朋友之间，也都自有一番道理。按着尊卑的分际，各守各的道理，君仁臣忠，父慈子孝，兄友弟恭，夫妇朋友互相敬爱，才算能做人。人人能做人，天下便治了。就是一个人饮食言动，也都该有个规矩，别叫旁人难过，更别侵犯着旁人，反正诸事都记得着自己的份儿。这些个规矩也是礼的一部分，有些固然含着宗教意味，但大部分可以说是风俗习惯。这些风俗习惯有一些也可以说是生活的艺术。

王道不外乎人情，礼是王道的一部分。按儒家说的是通乎人情的，既通乎人情，自然该诚而不伪了。但儒家所称道的礼，并不全是实际施行的。有许多只是他们的理想，这种就不一定能通乎人情了。就按那些实际施行的说，每一个制度、仪式或规矩，固然都有它的需要和意义。但是社会情形变了，人的生活跟着变，人的喜、怒、爱、恶，虽然还是喜、怒、爱、恶，可是对象变了。那些礼的惰性却很大，并不跟着变。这就留下了许许多多遗形物，没有了需要，没有了意义，不近人情的伪礼，只会束缚人。

《老子》里攻击礼，说"有了礼，忠信就差了"。后世有些人攻击礼，说"礼不是为我们定的"。近来大家攻击礼教，说"礼教是吃人的"。这都是指着那些个伪礼说的。

从来礼乐并称，但乐实在是礼的一部分。乐附属于礼，用来补助仪文的不足。乐包括歌和舞，是"人情之所必不免"的。不但是"人情之所必不免"，而且乐声的绵延和融和也象征着天地万物的"流而不息，合同而化"。这便是乐本。乐教人平心静气，互相和爱；教人联合起来，成为一整个儿。人人能够平心静气，互相和爱，自然没有贪欲、捣乱、欺诈等事，天下就治了。

乐有改善人心、移风易俗的功用，所以与政治是相通的。按儒家说，礼、乐、刑、政，到头来只是一个道理，这四件都顺理成章了，便是王道。这四件是互为因果的。礼坏乐崩，政治一定不成，所以审乐可以知政。"治世之音安以乐，其政和；乱世之音怨以怒，其政乖；亡国之音哀以思，其民困。"吴公子季札到鲁国观乐，乐工奏哪一国的乐，他就知道是哪一国的，他是从乐歌里所表现的政治气象而知道的。

歌词就是诗，诗与礼乐也是分不开的。孔子教学生要"兴于诗，立于礼，成于乐"，那时要养成一个人才，必须学习这些。这些诗、礼、乐，在那时代都是贵族社会所专有，与平民是无干的。到了战国，新声兴起，古乐衰废，听者只求悦耳，就无所谓这一套乐意。汉以来胡乐大行，那就更说不到了。

古代似乎没有关于乐的经典，只有《礼记》里的《乐记》，是抄录儒家的《公孙尼子》等书而成，原本已经是战国时代的东西了。关于礼，汉代学者所传习的有三种经和无数的"记"。那三种经是《仪礼》《礼古经》《周礼》。《礼古经》已亡佚，《仪礼》和《周礼》相传都是周公作的。但据近来的研究，这两部书实在是战国时代的产物。《仪礼》大约是当时实施的礼制，但多半只是士的礼。那些礼是很烦琐的，踵事增华的多，表示诚意的少，已经不全是通乎人情的了。《仪礼》可以说是宗教仪式和风俗习惯的混合物，《周礼》却是一套理想的政治制度。那些制度的背景可以看出是战国时代，但组成了整齐的系统，便是著书人的理想了。

"记"是儒家杂述礼制、礼制变迁的历史，或礼论之作。所述的礼制有实施的，也有理想的。又叫作《礼记》，这《礼记》是一个广泛的名称。这些"记"里包含着《礼古经》的一部分。汉代所见的"记"很多，但流传到现在的只有三十八篇《大戴记》和四十九篇《小戴记》。后世所称《礼记》，多半专指《小戴记》说。

大戴是戴德，小戴是戴圣，戴德的侄儿。相传他们是这两部书的编辑人。但二戴都是西汉的《仪礼》专家。汉代有五经博士，凡是一家一派的经学影响大的，都可以立博士。大戴仪礼学后来立了博士，小戴本人就是博士。汉代经师的家法最严，一家的学说里绝不能掺杂别家。但现存的两部"记"里都各掺杂着非二戴的学说，所以有人说这两部书是别人假托二戴的名字纂辑的，至少是二戴原书多半亡佚，由别人拉杂凑成的，——可是成书也还在汉代。这两部书里，《小戴记》容易些，后世诵习的人比较多些，所以差不多专占了《礼记》的名字。

节选自朱自清《经典常谈》

六艺之教

"诗教"这个词始见于《礼记·经解》篇：

孔子曰："入其国，其教可知也。其为人也温柔敦厚，《诗》教也。疏通知远，《书》教也。广博易良，《乐》教也。洁静精微，《易》教也。恭俭庄敬，《礼》教也。属辞比事，《春秋》教也。故《诗》之失愚，《书》之失诬，《乐》之失奢，《易》之失贼，《礼》之失烦，《春秋》之失乱。"

"其为人也温柔敦厚而不愚，则深于《诗》者也。疏通知远而不诬，则深于《书》者也。广博易良而不奢，则深于《乐》者也。洁静精微而不贼，则深于《易》者也。恭俭庄敬而不烦，则深于《礼》者也。属辞比事而不乱，则深于

《春秋》者也。"

《经典释文》引郑玄说:"《经解》者,以其记六艺政教得失。"这里论的是六艺之教,《诗》教虽然居首,可也只是六中居一。《礼记》大概是汉儒的述作,其中称引孔子,只是儒家的传说,未必真是孔子的话。而这两节尤其显然。《淮南子·泰族训》也论六艺之教,文极近似,不说出于孔子:

> 六艺异科而皆同道(《北堂书钞》九十五引作"六艺异用而皆通")。温惠柔良者,《诗》之风也。淳庞敦厚者,《书》之教也。清明条达者,《易》之义也。恭俭尊让者,《礼》之为也。宽裕简易者,《乐》之化也。刺几(讥)辩义(议)者,《春秋》之靡也。故《易》之失鬼,《乐》之失淫,《诗》之失愚,《书》之失拘,《礼》之失忮,《春秋》之失訾。六者圣人兼用而财(裁)制之。失本则乱,得本则治。其美在调,其失在权。

"六艺"本是礼、乐、射、御、书、数,见《周官·保氏》和《大司徒》,汉人才用来指经籍。所谓"六艺异科而皆同道",冯友兰先生在《原杂家》里称为"本末说的道术统一论",也就是汉儒所谓"六学"。六艺各有所以为教,各有得失,而其归则一。《泰族》篇的"风""义""为""化""靡"其实都是"教",《经解》一律称为"教",显得更明白些。——《经解》篇似乎写定在《淮南子》之后，所论六艺之教比《泰族》篇要确切些。《泰族》篇"《诗》风"和"《书》教"含混，《经解》篇便分得很清楚了。

汉儒六学，董仲舒说得很明白，《春秋繁露·玉杯》篇云：

> 君子知在位者之不能以恶服人也，是故简六艺以赡养之。《诗》《书》序其志，《礼》《乐》纯其养，《易》《春秋》明其知。六学皆大，而各有所长。《诗》道志，故长于质。《礼》制节，故长于文。《乐》咏德，故长于风。《书》著功，故长于事。《易》本天地，故长于数。《春秋》正是非，故长于治人。能兼得其所长，而不能遍举其详也。

他将六艺分为《诗》《书》、《礼》《乐》、《易》《春秋》三科，又说"六学皆大，而各有所长"，可见并不特别注重《诗》教，和《经解》篇、《泰族》篇是相同的。《汉书》八十八《儒林传叙》也道：

> 古之儒者博学乎六艺之文。六艺（原作"学"，从王念孙《读书杂志》校改）者，王教之典籍，先圣所以明天道、正人伦、致至治之成法也。……及至秦始皇……六学从此缺矣。……

这就是"异科而皆同道"了。六艺中早先只有"《诗》《书》《礼》《乐》"并称。《论语·述而》"《诗》《书》执礼，皆雅言也"，《泰伯》"兴于《诗》，立于《礼》，成于《乐》"。前者《诗》《书》和《礼》并称，后者《诗》和《礼》《乐》并称。《庄子·徐无鬼》篇："横说之则以《诗》《书》《礼》《乐》。"《荀子·儒效》篇："故《诗》《书》《礼》《乐》之（道）归是矣"（从王先谦《荀子集解》引刘台拱说加"道"字）。"《诗》《书》《礼》《乐》"已经是成语了。《诗》《书》《礼》《乐》加上《易》《春秋》，便是"六经"，也便是六艺。《庄子·天运》篇和《天下》篇都曾列举《诗》《书》《礼》《乐》《易》《春秋》，前者并明称"六经"；《荀子·儒效》篇的另一处却只举《诗》《书》《礼》《乐》《春秋》，没有《易》，可见那时"六经"还没有定论。段玉裁《说文解字叙注》里谈到这一层：

> 周人所习之文，以《礼》《乐》《诗》《书》为急。故《左传》曰："说《礼》《乐》而敦《诗》《书》。"《王制》曰："春秋教以《礼》《乐》，冬夏教以《诗》《书》。"而《周易》，其用在卜筮，其道取精微，不以教人。《春秋》则列国掌于史官，亦不以教人。故韩宣子适鲁，乃见《易》象与鲁《春秋》，此二者非人所常习明矣。

段氏指出《易》《春秋》不是周人所常习，确切可信。不过周人所习之文，似乎只有《诗》《书》，礼乐是行，不是文。《礼古经》等大概是战国时代的记载，所以孔子还只说"执礼"，乐本无经，更是不争之论。而《诗》在乐章，古籍中屡称"诗三百"，似乎都是人所常习。《书》不便讽诵，又无一定的篇数，散篇断简，未必都是人所常习。《诗》居六经之首，并不是偶然的。

董仲舒承用旧来六经的次序而分《诗》《书》、《礼》《乐》、《易》《春秋》为三科，合于传统的发展。西汉今文学序列六艺，大致都依照旧传的次第。这次第的根据是六学发展的历史。后来古文学兴，古文家根据六艺产生的时代重排它们的次序。

　　《易》的八卦，传是伏羲所画，而《书》有《尧典》，这两者该在《诗》的前头。所以到了《汉书·艺文志》，六艺的次序便变为《易》《书》《诗》《礼》《乐》《春秋》，《儒林传》叙列传经诸儒，也按着这次序。《诗经》改在第三位。一方面西汉阴阳五行说极盛。汉儒本重通经致用，这正是当世的大用，大家便都偏着那个方向走。于是乎《周易》和《尚书·洪范》成了显学。而那时整个的六学也多少都和阴阳五行说牵连着，一面更都在竭力发挥一般的政教作用。这些情形，看《汉书·儒林传》就可知道：

　　　　《易》　宣帝时，闻京房为《易》明，求其门人得（梁丘）贺。……贺入说，上善之；以贺为郎。……以筮有应，繇是近幸，为大中大夫、给事中，至少府。……京房……以明灾异得幸。……费直……治《易》为郎，至单父令。长于卦筮。高相……治《易》……专说阴阳灾异。

　　　　《书》　许商……善为算，著《五行论历》。李寻……善说灾异，为骑都尉。

　　　　《诗》　申公……见上，上问治乱之事。申公……对曰："为治者不在多言，顾力行何如耳。"……即以为大中大夫……议明堂事。……弟子为博士十余人……其治官民，皆有廉节，称其学官。王式……为昌邑五师。昭帝崩，昌邑王嗣立，以行淫乱废。昌邑群臣皆下狱诛。唯中尉王吉、郎中令龚遂以数谏减死论。式系狱当死。治事使者责问曰："师何以亡谏书？"式对曰："臣以《诗》三百五篇朝夕授王，至于忠臣孝子之篇，未尝不为王反复诵之也；至于危亡失道之君，未尝不流涕为王深陈之也。臣以三百五篇谏，是以亡谏书。"使者以闻，亦得减死论。

《礼》 鲁徐生善为颂（容）。孝文时，徐生以颂为礼官大夫。传……孙延、襄。……襄亦以颂为大夫，至广陵内史。延及徐氏弟子公户满意、桓生、单次皆为礼官大夫。而瑕丘萧奋以《礼》至淮阳太守。

《春秋》 眭孟……为符节令，坐说灾异诛。

这里《易》《书》《春秋》三家都说"阴阳灾异"。而见于别处的，《齐诗》说"五际"，《礼》家说"明堂阴阳"，也一道同风。这也是所谓"异科而皆同道"，不过是另一方面罢了。

"阴阳灾异"是所谓天人之学，是阴阳家言，不是儒家言。汉儒推尊孔子，究竟不能不维持儒家面目，不能奉阴阳家为正传。所以一般立说，还只着眼在人事的政教上。

前节所引《儒林传》，《易》主卜筮，《诗》当谏书，《礼》习容仪，正是一般的政教作用。而《书》"长于事"。《尚书大传》记子夏对孔子论《书》道："《书》之论事也，昭昭若日月之代明，离离若参辰之错行。上有尧、舜之道，下有三王之义。"这几句话可以说明所谓《书》教。

《春秋》"长于治人"。《春秋繁露·精华》篇："《春秋》之听狱也，必本其事而原其志。志邪者不待成，首恶者罪特重，本直者其论轻。……听讼折狱，可无审邪！"《汉书》三十《艺文志》有"《公羊董仲舒治狱》十六篇"。《后汉书》七十八《应劭传》记着应劭的话："董仲舒老病致仕，朝廷每有政议，数遣廷尉张汤亲至陋巷问其得失。于是作《春秋决狱》二百三十二事，动以经对。"这就是《春秋》之教。这些是所谓六学，"异科而皆同道"所指的以这些为主。

就这六学而论，应用最广的还得推《诗》。《诗》《书》传习比《礼》《易》《春秋》早得多，上文已见。阮元辑《诗书古训》六卷，罗列先秦、两汉著述中引用《诗》《书》的章节，《续经解》本分为十卷，《诗》占七卷，《书》只有三卷。可见引《诗》的独多。这有三个原故：

《汉书·艺文志》云："凡三百五篇，遭秦而全者，以其讽诵，不独在竹帛故也。"《诗》因讽诵而全，因讽诵而传，更因讽诵而广传。

《周易》也并无亡佚，《汉书·儒林传》云："及秦禁学，《易》为卜筮之书，独不禁，故传授者不绝。"可是《易》在汉代虽然成了显学，流传之广到底不如《诗》。这就因为《诗》一向是讽诵在人口上的。清劳孝舆《春秋诗话》卷三论引《诗》道：

〔春秋时〕自朝会聘享以至事物细微，皆引《诗》以证其得失焉。大而公卿大夫，以至舆台贱卒(？)，所有论说，皆引《诗》以畅厥旨焉。……可以诵读而称引者，当时只有

《诗》《书》。然《传》之所引，《易》乃仅见，《书》则十之二三。若夫《诗》，则横口之所出，触目之所见，沛然决江河而出之者，皆其肺腑中物，梦寐间所呻吟也。岂非《诗》之为教所以浸淫人之心志而厌饫之者，至深远而无涯哉？

这里所说的虽然不尽切合当日情形，但《诗》那样的讽诵在人口上，确是事实。——除了无亡佚和讽诵两层，诗语简约，可以触类引申，断章取义，便于引证，也帮助它的流传。董仲舒说"《诗》无达诂，《易》无达占，《春秋》无达辞"，是就解经论，不就引文论。——王应麟以为"《诗》无达诂"就是《孟子》的"不以文害辞，不以辞害志"，是不错的。——就引文论，像《诗》那样富于弹性，可以说是独一无二的。

节选自朱自清《诗言志辨》

四书

　　"四书五经"到现在还是我们口头上一句熟语。"五经"是《易》《书》《诗》《礼》《春秋》。"四书"按照普通的顺序是《大学》《中庸》《论语》《孟子》，前二者又简称《学》《庸》，后二者又简称《论》《孟》，有了简称，可见这些书是用得很熟的。

　　本来呢，从前私塾里，学生入学，是从"四书"读起的。这是那些时代的小学教科书，而且是统一的标准的小学教科书，因为没有不用的。那时先生不讲解，只让学生背诵，不但得背正文，而且得背朱熹的小注。只要囫囵吞枣地念，囫囵吞枣地背，不懂不要紧，将来用得着，自然会懂的。

　　怎么说将来用得着？那些时候行科举制度。科举是一种竞争的考试制度，考试的主要科目是八股文，题目都出在"四书"里，而且是朱注的"四书"里。科举分几级，考中的得着种种出身或资格，凭着这种资格可以建功立业，也可以升官发财。作好作歹，都得先弄个资格到手。科举几乎是当时读书人唯一的出路。每个学生都先读"四书"，而且读的是朱注，便是这个缘故。

将朱注"四书"定为科举用书，是从元仁宗皇庆二年（1313 年）起的。规定这四种书，自然因为这些书本身重要，有人人必读的价值。规定朱注，也因为朱注发明书义比旧注好些，切用些。

这四种书原来并不在一起，《学》《庸》都在《礼记》里，《论》《孟》是单行的。这些书原来只算是诸子书，朱子原来也只称为"四子"，但《礼记》《论》《孟》在汉代都立过博士，已经都升到经里去了。后来唐代的"九经"里虽然只有《礼记》，宋代的"十三经"却又将《论》《孟》收了进去。

《中庸》很早就被人单独注意，汉代已有关于《中庸》的著作，六朝时也有，可惜都不传了。关于《大学》的著作，却直到司马光的《大学通义》才开始，这部书也不传了。这些著作并不曾教《学》《庸》普及，教《学》《庸》和《论》《孟》同样普及的是朱子的注，"四书"也是他编在一起的，"四书"的名字也因他而有。

但最初用力提倡这几种书的是程颢、程颐兄弟。他们说：《大学》是孔门的遗书，是初学者入德的门径。只有从这部书里，还可以知道古人做学问的程序。从《论》《孟》里虽也可看出一些，但不如这部书的分明易晓。学者必须从这部书入手，才不会走错了路。"

这里没提到《中庸》，可是他们是很推尊《中庸》的。他们在另一处说："'不偏'叫作'中'，'不易'叫作'庸'。'中'是天下的正道，'庸'是天下的定理。《中庸》是孔门传授心法的书，是子思记下来传给孟子的。书中所述的人生哲理，意味深长。会读书的细加玩赏，自然能心领神悟终身受用不尽。"这四种书到了朱子手里才打成一片。他接受二程的见解，加以系统的说明，四种书便贯串起来了。

他说，古来有小学、大学。小学里教洒扫进退的规矩，和礼、乐、射、御、书、数，所谓"六艺"的。大学里教穷理、正心、修己、治人的道理。所教的都切于民生日用，都是实学。《大学》这部书便是古来大学里教学生的方法，规模大，节目详，而所谓"格物、致知、诚意、正心、修身、齐家、治国、平天下"，是循序渐进的。程子说是"初学者入德的门径"，就是为此。这部书里的道理，并不是为一时一事说的，是为天下后世说的。这是"垂世立教的大典"，所以程子举为初学者的第一部书。

《论》《孟》虽然也切实，却是"应机接物的微言"，问的不是一个人，记的也不是一个人。浅深先后，次序既不分明，抑扬可否，用意也不一样，初学者领会较难，所以程子放在第二步。至于《中庸》，是孔门的心法，初学者领会更难，程子所以另论。

但朱子的意思，有了《大学》的提纲挈领，便能领会《论》《孟》里精微的分别去处；融贯了《论》《孟》旨趣，也便能领会《中庸》里的心法。人有人心和道心，人心是私欲，道心是天理。人该修养道心，克制人心，这是心法。朱子的意思，不领会《中庸》里的心法，是不能从大处着眼，读天下的书，论天下的事的。他所以将《中庸》放在第三步，和《大学》《论》《孟》合为"四书"，作为初学者的基础教本。

后来规定"四书"为科举用书，原也根据这番意思。不过朱子教人读"四书"，为的成人，后来人读"四书"，却重在猎取功名，这是不合于他提倡的本心的。至于顺序变为《学》《庸》《论》《孟》，那是书贾因为《学》《庸》篇页不多，合为一本的缘故，通行既久，居然约定俗成了。

　　《礼记》里的《大学》，本是一篇东西，朱子给分成经一章，传十章，传是解释经的。因为要使传合经，他又颠倒了原文的次序，并补上一段。他注《中庸》时，虽没有这样大的改变，可是所分的章节，也与郑玄注的不同。所以这两部书的注，称为《大学章句》《中庸章句》。《论》《孟》的注，却是融合各家而成，所以称为《论语集注》《孟子集注》。《大学》的经一章，朱子想着是曾子追述孔子的话；传十章，他相信是曾子的意思，由弟子们记下的。

　　《中庸》的著者，朱子和程子一样，都接受《史记》的记载，认为是子思。但关于书名的解释，他修正了一些。他说，"中"除"不偏"外，还有"无过无不及的意思"；"庸"解作"不易"，不如解作"平常"的好。

　　照近人的研究，《大学》的思想和文字，很有和荀子相同的地方，大概是荀子学派的著作。《中庸》，首尾和中段思想不一贯，从前就有人疑心。照近来的看法，这部书的中段也许是子思原著的一部分，发扬孔子的学说，如"时中""忠恕""知仁勇""五伦"等。首尾呢，怕是另一关于《中庸》的著作，经后人混合起来的，这里发扬的是孟子的天人相通的哲理，所谓"至诚""尽性"，都是的。著者大约是一个孟子学派。

《论语》是孔子弟子们记的。这部书不但显示一个伟大人格——孔子，并且让读者学习许多做学问的节目：如"君子""仁""忠恕"，如"时习""阙疑""好古""隅反""择善""困学"等，都是可以终身应用的。

　　《孟子》据说是孟子本人和弟子公孙丑、万章等共同编定的。书中说"仁"兼说"义"，分辨"义""利"甚严，而辩"性善"，教人求"放心"，影响更大。又说到"养浩然之气"，那"至大至刚""配义与道"的"浩然之气"，这是修养的最高境界，所谓天人相通的哲理。书中攻击杨朱、墨翟两派，词锋咄咄逼人。这在儒家叫作攻异端，功劳是很大的。

　　孟子生在战国时代，他不免"好辩"，他自己也觉得的，他的话流露着"英气"，"有圭角"，和孔子的温润是不同的。所以儒家只称为"亚圣"，次于孔子一等。《孟子》有东汉的赵岐注。《论语》有孔安国、马融、郑玄诸家注，却都已残佚，只零星地见于魏何晏的《集解》里。汉儒注经，多以训诂名物为重，但《论》《孟》词意显明，所以只解释文句，推阐义理而止。

　　魏、晋以来，玄谈大盛，孔子已经道家化，解《论语》的也多参入玄谈，参入当时的道家哲学。这些后来却都不流行了。到了朱子，给《论》《孟》作注，虽说融会各家，其实也用他自己的哲学作架子。他注《学》《庸》，更显然如此。他的哲学切于世用，所以一般人接受了，将他解释的孔子当作真的孔子。

　　他那一套"四书"注实在用尽了平生的力量，改定至再至三，直到临死的时候，他还在改定《大学·诚意》章的注。注以外又作了

《四书或问》，发扬注义，并论述对于旧说的或取或舍的理由。他在"四书"上这样下功夫，一面固然为了诱导初学者，一面还有一个用意，便是排斥老、佛，建立道统。

他在《中庸章句序》里论到诸圣道统的传承，末尾自谦说，"于道统之传，不敢妄议"，其实他是隐隐在以传道统自期呢。《中庸》传授心法，正是道统的根本。将它加在《大学》《论》《孟》之后而成"四书"，朱子自己虽然说是给初学者打基础，但一大半恐怕还是为了建立道统，不过他自己不好说出罢了。他注"四书"在宋孝宗淳熙年间（1174年—1189年）。他死后，朝廷将他的"四书"注审定为官书，从此盛行起来。他果然成了传儒家道统的大师了。

《说文解字》

　　中国文字相传是黄帝的史官叫仓颉的造的。这仓颉据说有四只眼睛，他看见了地上的兽蹄、鸟爪印着的痕迹，灵感涌上心头，便造起文字来。文字的作用太伟大了，太奇妙了，造字真是一件神圣的工作。但是文字可以增进人的能力，也可以增进人的巧诈。仓颉泄露了天机，却将人教坏了。所以他造字的时候，"天雨粟，鬼夜哭"。人有了文字，会变机灵了，会争着去做那容易赚钱的商人，辛辛苦苦去种地的便少了。天怕人不够吃的，所以降下米来让他们存着救急。鬼也怕这些机灵人用文字来制他们，所以夜里号哭，文字原是有巫术的作用的。

　　但仓颉造字的传说，战国末期才有，那时人并不都相信，如《易·系辞》里就只文字是"后世圣人"造出来的。这"后世圣人"不止一人，是许多人。我们知道，文字不断地在演变着，说是一人独创，是不可能的。《系辞》的话自然合理得多。

"仓颉造字说"也不是凭空起来的。秦以前是文字发生与演化的时代，字体因世、因国而不同，官书虽是系统相承，民间书却极为庞杂。到了战国末期，政治方面，学术方面，都感到统一的需要了，鼓吹的也有人了，文字统一的需要，自然也在一般意识之中。这时候抬出一个造字的圣人，实在是统一文字的预备工夫，好教人知道"一个"圣人造的字当然是该一致的。《荀子·解蔽篇》说："好书者众矣，而仓颉独传者，一也。""一"是"专一"的意思，这只说仓颉是个整理文字的专家，并不曾说他是造字的人，可见得那时"仓颉造字说"还没有凝成定型。

但是，仓颉究竟是什么人呢？照近人的解释，"仓颉"的字音近于"商契"，造字的也许指的是商契。商契是商民族的祖宗。"契"有"刀刻"的义，古代用刀笔刻字，文字有"书契"的名称。可能因为这点联系，商契便传为造字的圣人。事实上商契也许和造字全然无涉，但是这个传说却暗示着文字起于夏、商之间。这个暗示也许是值得相信的。至于仓颉是黄帝的史官，始见于《说文序》。"仓颉造字说"大概凝定于汉初，那时还没有定出他是哪一代的人，《说文序》所称，显然是后来加添的枝叶了。

识字是教育的初步。《周礼·保氏》说贵族子弟八岁入小学，先生教给他们识字。秦以前字体非常庞杂，贵族子弟所学的，大约只是官书罢了。秦始皇统一了天下，他也统一了文字，小篆成了国书，别体渐归淘汰，识字便简易多了。这时候贵族阶级已经没有了，所以渐渐注重一般的识字教育。

到了汉代，考试史、尚书史（书记秘书）等官，都只凭识字的程度，识字教育更注重了。识字需要字书。相传最古的字书是《史籀篇》，是周宣王的太史籀作的。这部书已经佚去，但许慎《说文解字》里收了好些"籀文"，又称为"大篆"，字体和小篆差不多，和始皇以前三百年的碑碣器物上的秦篆简直一样。所以现在相信这只是始皇以前秦国的字书。"史籀"是"书记必读"的意思，只是书名，不是人名。

始皇为了统一文字，教李斯作了《仓颉篇》七章，赵高作了《爰历篇》六章，胡母敬作了《博学篇》七章。所选的字，大部分还是《史籀篇》里的，但字体以当时通用的小篆为准，便与"籀文"略有不同。这些是当时官定的标准字书。有了标准字书，文字统一就容易进行了。

汉初，教书先生将这三篇合为一书，单称《仓颉篇》。秦代那三种字书都不传了，汉代这个《仓颉篇》，现在残存着一部分。西汉时期还有些人做了些字书，所选的字大致和这个《仓颉篇》差不多。就中只有史游的《急就篇》还存留着。《仓颉》残篇四字一句，两句一韵。《急就篇》不分章而分部，前半三字一句，后半七字一句，两句一韵，所收的都是名姓、器物、官名等日常用字，没有说解。这些书和后世"日用杂字"相似，按事类收字——所谓分章或分部，都据事类而言。这些一面供教授学童用，一面供民众检阅用，所收约三千三百字，是通俗的字书。

东汉和帝时，有个许慎，作了一部《说文解字》。这是一部划时代的字书。经典和别的字书里的字，他都搜罗在他的书里，所以有九千字。而且小篆之外，兼收籀文"古文"。

"古文"是鲁恭王所得孔子宅"壁中书"及张仓所献《春秋左氏传》的字体，大概是晚周民间的别体字。许氏又分析偏旁，定出部首，将九千字分属五百四十部首。书中每字都有说解，用晚周人作的《尔雅》，扬雄的《方言》，以及经典的注文的体例。这部书意在帮助人通读古书，并非只供通俗之用，和秦代及西汉的字书是大不相同的。它保存了小篆和一些晚周文字，让后人可以溯源沿流。

现在我们要认识商、周文字，探寻汉以来字体演变的轨迹，都得凭这部书。而且不但研究字形得靠它，研究字音、字义也得靠它。研究文字的形、音、义的，以前叫"小学"，现在叫"文字学"。从前学问限于经典，所以说研究学问必须从小学入手，现在学问的范围是广了，但要研究古典、古史、古文化，也还得从文字学入手。《说文解字》是文字学的古典，又是一切古典的工具或门径。

《说文序》提起出土的古器物，说是书里也搜罗了古器物铭的文字，便是"古文"的一部分，但是汉代出土的古器物很少，而拓墨的法子到南北朝才有，当时也不会有拓本，那些铭文，许慎能见到的怕是更少。所以他的书里还只有秦篆和一些晚周民间书，再古的可以说是没有。

到了宋代，古器物出土的多了，拓本也流行了，那时有了好些金石、图录考释的书。"金"是铜器，铜器的铭文称为金文。铜器里钟鼎最是重器，所以也称为钟鼎文。这些铭文都是记事的。而宋以来发现的铜器大都是周代所作，所以金文多是两周的文字。

清代古器物出土的更多，而光绪二十五年（1899 年）河南安阳发现了商代的甲骨，尤其是划时代的。甲是龟的腹甲，骨是牛胛骨。商人钻灼甲骨，以卜吉凶，卜完了就在上面刻字纪录。这称为甲骨文，又称为卜辞，是盘庚（约公元前 1300 年）以后的商代文字。这大概是最古的文字了。甲骨文，金文，以及《说文》里所谓"古文"，还有籀文，现在统统算作古文字，这些大部分是文字统一以前的官书。

　　甲骨文是"契"的，金文是"铸"的。铸是先在模子上刻字，再倒铜。古代书写文字的方法，除"契"和"铸"外，还有"书"和"印"，因用的材料而异。"书"用笔，竹木简以及帛和纸上用"书"。"印"是在模子上刻字，印在陶器或封泥上。古代用竹木简最多，战国才有帛，纸是汉代才有的。笔出现于商代，却只用竹木削成。竹木简、帛、纸，都容易坏，汉以前的，已经荡然无存了。

　　造字和用字有六个条例，称为"六书"。"六书"这个总名初见于《周礼》，但六书的各个的名字到汉人的书里才见。一是"象形"，象物形的大概，如"日""月"等字。二是"指事"，用抽象的符号，指示那无形的事类，如"二"（上）"二"（下）两个字，短画和长画都是抽象的符号，各代表着一个物类。"二"指示甲物在乙物之上，"二"指示甲物在乙物之下。这"上"和"下"两种关系便是无形的事类。又如"刃"字，在"刀"形上加一点，指示刃之所在，也是的。

　　三是"会意"。会合两个或两个以上的字为一个字，这一个字的意义是那几个字的意义积成的，如"止""戈"为"武"，"人""言"为"信"等。四是"形声"，也是两个字合成一个字，但一个字是形，一个字是声。形是意符，声是音标。如"江""河"两字，"氵"（水）

是形，"工""可"是声。但声也有兼义的。如"浅""钱""贱"三字，"水""金""贝"是形，同以"戋"为声，但水小为"浅"，金小为"钱"，贝小为"贱"，三字共有的这个"小"的意义，正是从"戋"字来的。

象形、指事、会意、形声，都是造字的条例，形声最便，用处最大，所以我们的形声字最多。

五是"转注"，就是互训。两个字或两个以上的字，意义全部相同或一部相同，可以互相解释的，便是转注字，也可以叫作同义字。如"考""老"等字，又如"初""哉""首""基"等字。前者同形同部，后者不同形不同部，却都可以"转注"。同义字的孳生，大概是各地方言不同和古今语言演变的缘故。

六是"假借"。语言里有许多有音无形的字，借了别的同音的字，当作那个意义用。如代名词，"予""汝""彼"等，形况字"犹豫""孟浪""关关""突如"等，虚助字"於""以""与""而""则""然""也""乎""哉"等，都是假借字。又如"令"，本义是"发号"，借为县令的"令"。"长"本义是"久远"，借为县长的"长"。"县令""县长"是"令""长"的引申义。

假借本因有音无字，但以后本来有字的也借用别的字。所以我们现在所用的字，本义的少，引申义的多，一字数义，便是这样来的。这可见假借的用处也很广大。但一字借成数义，颇不容易分别。晋以来通行了四声，这才将同一字分读几个音，让意义分得开些。如"久远"的"长"平声，"县长"的"长"读上声之类。这样，一个字便变成几个字了。转注、假借都是用字的条例。

象形字本于图画。初民常以画记名，以画记事，这便是象形的源头。但文字本于语言，语言发于声音，以某声命物，某声便是那物的名字，这是"名"，"名"该只指声音而言。画出那物形的大概，是象形字。"文字"与"字"都是通称。

分析地说，象形的字该叫作"文"，"文"是"错画"的意思。"文"本于"名"，如先有"日"名，才会有"日"这个"文"，"名"就是"文"的声音。但物类无穷，不能一一造"文"，便只得用假借字。假借字以声为主，也可以叫作"名"。一字借为数字，后世用四声分别，古代却用偏旁分别，这便是形声字。如"㠯"本象箕形，是"文"，它的名是"丩一"。而日期的"期"，旗帜的"旗"，麒麟的"麒"等，在语言中与"㠯"同声，却无专字，便都借用"㠯"字。后来才加"月"为"期"，加"㫃"为"旗"，加"鹿"为"麒"，一个字变成了几个字。

严格地说，形声字才该叫作"字"，"字"是"孳乳而渐多"的意思。象形有抽象作用，如一画可以代表任何一物，"二"（上）、"二"（下）、"一""二""三"其实都可以说是象形。象形又有指示作用，如"刀"字上加一点，表明刃在那里。这样，旧时所谓指事字其实都可以归入象形字。

象形还有会合作用，会合两个或两个以上的分子，表示一个意义。那么，旧时所谓会意字其实也可以归入象形字。但会合成功的不是"文"，也该是"字"。象形字、假借字、形声字，是文字发展的逻辑的程序，但甲骨文里三种字都已经有了。这里所说的程序，是近人新说，和"六书说"颇有出入。六书说原有些不完备、不清楚的地方，新说加以补充修正，似乎更可信些。

秦以后只是书体演变的时代。演变的主因是应用，演变的方向是简易。始皇用小篆统一了文字，不久便又有了"隶书"。当时公事忙，文书多，书记虽遵用小篆，有些下行文书，却不免写得草率些。日子长了，这样写的人多了，便自然而然成了一体，称为"隶书"，因为是给徒隶等下级办公人看的。这种字体究竟和小篆差不多。到了汉末，才渐渐变了，椭圆的变为扁方的，敛笔变为挑笔。这是所谓汉隶，是隶书的标准。晋、唐之间，又称为"八分书"。

汉初还有草书，从隶书变化，更为简便。这从清末以来在新疆和敦煌发现的汉、晋间的木简里最能见出。这种草书，各字分开，还带着挑笔，称为"章草"。魏、晋之际，又嫌挑笔费事，改为敛笔，字字连书，以一行或一节为单位。这称为"今草"。

隶书方整，去了挑笔，又变为"正书"。这起于魏代。晋、唐之间，却称为"隶书"，而称汉隶为"八分书"。晋代也称为"楷书"。宋代又改称为"真书"。正书本也是扁方的，到陈、隋的时候，渐渐变方了。到了唐代，又渐渐变长了。这是为了好看。正书简化，便成"行书"，起于晋代。大概正书不免于拘，草书不免于放，行书介乎两者之间，最为适用。但现在还通用着正书，而辅以行、草。一方面却提倡民间的"简笔字"，将正书、行书再行简化，这也还是求应用便利的缘故。

《春秋》三传

　　"春秋"是古代记事史书的通称。古代朝廷大事，多在春、秋二季举行，所以记事的书用这个名字。各国有各国的春秋，但是后世不传了。传下的只有一部《鲁春秋》，《春秋》成了它的专名，便是《春秋经》了。传说这部《春秋》是孔子作的，至少是他编的。

　　鲁哀公十四年，鲁西有猎户打着一只从没有见过的独角怪兽，想着定是个不祥的东西，将它扔了。这个新闻传到孔子那里，他便去看。他一看，就说："这是麟啊，为谁来的呢！干什么来的呢！唉唉！我的道不行了！"说着流下泪来，赶忙将袖子去擦，泪点儿却已滴到衣襟上。原来麟是个仁兽，是个祥瑞的东西，圣帝、明王在位，天下太平，它才会来，不然是不会来的。可是那时代哪有圣帝、明王？天下正乱纷纷的，麟来的真不是时候，所以让猎户打死，它算是倒了运了。

孔子这时已经年老，也常常觉着生的不是时候，不能行道。他为周朝伤心，也为自己伤心。看了这只死麟，一面同情它，一面也引起自己的无限感慨。他觉得生平说了许多教，当世的人君总不信他，可见空话不能打动人。他发愿修一部《春秋》，要让人从具体的事例里，得到善恶的教训，他相信这样得来的教训，比抽象的议论深切著明得多。他觉得修成了这部《春秋》，虽然不能行道，也算不白活一辈子。这便动起手来，九个月书就成功了。

书起于鲁隐公，终于获麟，因获麟有感而作，所以叙到获麟绝笔，是纪念的意思。但是《左传》里所载的《春秋经》，获麟后还有，而且在记了"孔子卒"的哀公十六年后还有，据说那却是他的弟子们续修的了。

这个故事虽然够感伤的，但我们从种种方面知道，它却不是真的。《春秋》只是鲁国史官的旧文，孔子不曾掺进手去。《春秋》可是一部信史，里面所记的鲁国日食，有三十次和西方科学家所推算的相合，这绝不是偶然的。不过书中残缺、零乱和后人增改的地方，都很不少。

书起于隐公元年，到哀公十四年止，共二百四十二年（公元前722年—公元前481年），后世称这二百四十二年为春秋时代。书中纪事按年月日，这叫作编年。编年在史学上是个大发明，这教历史系统化，并增加了它的确实性。《春秋》是我国现存的第一部编年史。书中虽用鲁国纪元，所记的却是各国的事，所以也是我们第一部通史。所记的齐桓公、晋文公的霸迹最多，后来说"尊王攘夷"是《春秋》

大义，便是从这里着眼。

古代史官记事，有两种目的：一是征实，二是劝惩。像晋国董狐不怕权势，记"赵盾弑其君"，齐国太史记"崔杼弑其君"，虽杀身不悔，都为的是征实和惩恶，作后世的鉴戒。但是史文简略，劝惩的意思有时不容易看出来，因此便需要解说的人。《国语》记楚国申叔时论教太子的科目，有"春秋"一项，说"春秋"有奖善、惩恶的作用，可以诫劝太子的心。

孔子是第一个开门授徒，拿经典教给平民的人，《鲁春秋》也该是他的一种科目。关于劝惩的所在，他大约有许多口义传给弟子们。他死后，弟子们散在四方，就所能记忆的又教授开去。《左传》《公羊传》《穀梁传》，所谓《春秋》三传里，所引孔子解释和评论的话，大概就是捡的这一些。

三传特别注重《春秋》的劝惩作用，征实与否，倒在其次。按三传的看法，《春秋》大义可以从两方面说：明辨是非，分别善恶，提倡德义，从成败里见教训，这是一。夸扬霸业，推尊周室，亲爱中国，排斥夷狄，实现民族大一统的理想，这是二。前者是人君的明鉴，后者是拨乱反正的程序。这都是王道。

而敬天事鬼，也包括在王道里。《春秋》里记灾，表示天罚；记鬼，表示恩仇，也还是劝惩的意思。古代记事的书常夹杂着好多的迷信和理想，《春秋》也不免如此。三传的看法，大体上是对的。但在解释经文的时候，却往往一个字一个字地咬嚼，这一咬嚼，便不愿上下文穿凿附会起来了。《公羊》《穀梁》，尤其如此。

这样咬嚼出来的意义就是所谓"书法"，所谓"褒贬"，也就是所谓"微言"，后世最看重这个。他们说孔子修《春秋》，"笔则笔，削则削"，"笔"是书，"削"是不书，都有大道理在内。又说一字之褒，比教你做王公还荣耀；一字之贬，比将你做罪人杀了还耻辱。本来孟子说过，"孔子成《春秋》而乱臣贼子惧"，那似乎只指概括的劝惩作用而言。等到褒贬说发展，孟子这句话倒像更坐实了。而孔子和《春秋》的权威也就更大了。

后世史家推尊孔子，也推尊《春秋》，承认这种书法是天经地义，但实际上他们并不照三传所咬嚼出来的那么穿凿附会地办。这正和后世人尽管推尊《毛诗传笺》里比兴的解释，实际上却不那样穿凿附会地作诗一样。三传，特别是《公羊传》和《穀梁传》，和《毛诗传笺》，在穿凿解经这件事上是一致的。

三传之中，公羊、穀梁两家全以解经为主，左氏却以叙事为主。公、穀以解经为主，所以咬嚼得更厉害些。战国末期，专门解释《春秋》的有许多家，公、穀较晚出而仅存。这两家固然有许多彼此相异之处，但渊源似乎是相同的。他们所引别家的解说也有些是一样的。这两种《春秋经传》经过秦火，多有残缺的地方。到汉景帝、武帝时候，才有经师重加整理，传授给人。公羊、穀梁只是家派的名称，仅存姓氏，名字已不可知。至于他们解经的宗旨，已见上文。《春秋》本是儒家传授的经典，解说的人，自然也离不开儒家，在这一点上，三传是大同小异的。

《左传》这部书，汉代传为鲁国左丘明所作。这个左丘明，有的说是"鲁君子"，有的说是孔子的朋友，后世又有说是鲁国的史官的。这部书历来讨论得最多。汉时有五经博士，凡解说五经自成一家之学的，都可立为博士。立了博士，便是官学，那派经师便可做官受禄。当时《春秋》立了公、穀两家，后来虽一度立了博士，可是不久还是废了。倒是民间传习的渐多，终于大行！原来是公、穀不免空谈，《左传》却是一部仅存的古代编年通史（残缺又少），用处自然大得多。

《左传》以外，还有一部分国记载的《国语》，汉代也认为左丘明所作，称为《春秋外传》。后世学者怀疑这一说的很多。据近人的研究，《国语》重在"语"，记事颇简略，大约出于另一著者的手，而为《左传》著者的重要史料之一。这书的说教，也不外尚德、尊天、敬神、爱民，和《左传》是很相近的，只不知著者是谁。其实《左传》著者我们也不知道，说是左丘明，但矛盾太多，不能教人相信。《左传》成书的时代大概在战国，比公、穀二传早些。

《左传》这部书大体依《春秋》而作，参考群籍，详述史事，征引孔子和别的"君子"解经评史的言论，吟味书法，自成一家言。但迷信卜筮，所记祸福的预言，几乎无不应验，这却大大违背了征实的精神，而和儒家的宗旨也不合了。

晋范宁作《穀梁传序》说，"左氏艳而富，其失也巫"。"艳"是文章美，"富"是材料多，"巫"是多叙鬼神，预言祸福。这是句公平话。注《左传》的，汉人就不少了，但那些许多已散失。现存的只有晋杜预注，算是最古了。

杜预作《春秋序》，论到《左传》，说"其文缓，其旨远"，"缓"是委婉，"远"是含蓄。这不但是好史笔，也是好文笔。所以《左传》不但是史学的权威，也是文学的权威。

《左传》的文学本领，表现在辞令和描写战争上。春秋列国，盟会颇繁，使臣会说话不会说话，不但关系荣辱，并且关系利害，出入很大，所以极重辞令。《左传》所记当时君臣的话，从容委曲、意味深长。只是平心静气地说，紧要关头却不放松一步，真所谓恰到好处。这固然是当时风气如此，但不经《左传》著者的润饰工夫，也决不会那样在纸上活跃的。战争是个复杂的程序，叙得头头是道，已经不易，叙得有声有色，更难。这差不多全靠忙中有闲，透着优游不迫神才成。这却正是《左传》著者所擅长的。

《战国策》

春秋末年，列国大臣的势力渐渐膨胀起来。这些大臣都是世袭的，他们一代一代聚财养众，明争暗夺了君主的权力，建立起自己的特殊地位。等到机会成熟，便跳起来打倒君主自己干。那时候各国差不多都起了内乱。晋国让韩、魏、赵三家分了，姓姜的齐国也让姓田的大夫占了。这些，周天子只得承认了。这是封建制度崩坏的开始。

那时候周室也经过了内乱，土地大半让邻国抢去，剩下的又分为东、西周，东、西周各有君王，彼此还争争吵吵的。这两位君王早已失去春秋时代"共主"的地位，而和列国诸侯相等了。后来列国纷纷称王，周室更不算回事，他们至多能和宋、鲁等小国君主等量齐观罢了。

秦、楚两国也经过内乱，可是站住了。它们本是边远的国家，却渐渐伸张势力到中原来。内乱平后，大加整顿，努力图强，声威便更广了。还有极北的燕国，向来和中原国家少来往，这时候也有力量向南参加国际政治了。秦、楚、燕和新兴的韩、魏、赵、齐，是那时代的大国，称为"七雄"。那些小国呢，从前可以仰仗霸主的保护，作大国的附庸，现在可不成了，只好让人家吞的吞，并的并，算只留下宋、鲁等两三国，给七雄当缓冲地带。

封建制度既然在崩坏中，七雄便各成一单位，各自争存，各自争强，国际政局比春秋时代紧张多了。战争也比从前严重多了，列国都在自己边界上修起长城来。这时候军器进步了，从前的兵器都用铜打成，现在有用铁打成的了。战术也进步了，攻守的方法都比从前精明，从前只有兵车和步卒，现在却发展了骑兵了。这时候还有帮人家作战为职业的人。这时候的战争，杀伤是很多的。孟子说："争地以战，杀人盈野；争城以战，杀人盈城。"可见那凶惨的情形。后人因此称这时代为战国时代。

在长期混乱之后，贵族有的做了国君，有的渐渐衰灭。这个阶级算是随着封建制度崩坏了。那时候的国君，没有了世袭的大臣，便集权专制起来。辅助他们的是一些出身贵贱不等的士人。那时候君主和大臣都竭力招揽有技能的人，甚至学鸡鸣、学狗盗的也都收留着。这是所谓"好客""好士"的风气。

其中最高的是说客，是游说之士。当时国际关系紧张，战争随时可起。战争到底是劳民伤财的，况且难得有把握，重要的还是作外交的工夫。外交办得好，只凭口舌排难解纷，可以免去战祸。就是不得不战，也可以多找一些与国，一些帮手。担负这种外交的人，便是那些策士，那些游说之士。游说之士既然这般重要，所以立谈可取卿相，只要有计谋，会辩说就成，出身的贵贱倒是不在乎的。

七雄中的秦，从孝公用商鞅变法以后，日渐强盛。到后来成了与六国对峙的局势。这时候的游说之士，有的劝六国联合起来抗秦，有的劝六国联合起来亲秦。前一派叫"合纵"，是联合南北各国的意思；后一派叫"连横"，是联合东西各国的意思——只有秦是西方的国家。

合纵派的代表是苏秦，连横派的是张仪，他们可以代表所有的战国游说之士。后世提到游说的策士，总想到这两个人，提到纵横家，也总是想这两个人。他们都是鬼谷先生的弟子。

苏秦起初也是连横派。他游说秦惠王，秦惠王老不理他，穷得要死，只好回家。妻子、嫂嫂、父母，都瞧不起他。他恨极了，用心读书，用心揣摩。夜里倦了要睡，用锥子扎大腿，血流到脚上。这样整一年，他想着成了，便出来游说六国合纵。这回他果然成功了，佩了六国相印，又有势又有钱。打家里过的时候，父母郊迎三十里，妻子低头，嫂嫂爬在地上谢罪。他叹道："人生世上，势位富贵，真是少不得的！"

张仪和楚相喝酒，楚相丢了一块璧。手下人说张仪穷而无行，一定他偷的，绑起来打了几百下。张仪始终不认，只好放了他。回家，他妻子说："唉，要不是读书游说，哪会受这场气！"他不理，只说："看我舌头还在吧？"妻子笑道："舌头是在的。"他说："那就成！"后来果然做了秦国的相。苏秦死后，他也大大得意了一番。

苏秦使锥子扎腿的时候，自己发狠道："哪有游说人主不能得金玉锦绣，不能取卿相之尊的道理！"这正是战国策士的心思。他们凭他们的智谋和辩才，给人家划策，办外交，谁用他们就帮谁。他们是职业的，所图的是自己的功名富贵。帮你的时候帮你，不帮你的时候也许害你。翻覆，在他们看来是没有什么的。

本来呢，当时七雄分立，没有共主，没有盟主，各干各的，谁胜谁得势，国之间没有是非，爱帮谁就帮谁，反正都一样。苏秦说连横不成，就改说合纵，在策士看来，这正是当然。张仪说舌头在就行，说是说非，只要会说，这也正是职业的态度。他们自己没有理想，没有主张，只求揣摩主上的心理，拐弯抹角投其所好。这需要技巧，韩非子《说难篇》专论这个。说得好固然可以取"金玉锦绣"和"卿相之尊"，说得不好也会招杀身之祸，利害所关如此之大，苏秦费一整年研究揣摩不算多。当时各国所重的是威势，策士所说原不外战争和诈谋，但要因人、因地进言，广博的知识和微妙的机智都是不可少的。

记载那些说辞的书叫《战国策》，是汉代刘向编订的，书名也是他提议的，但在他以前，汉初著名的说客蒯通，大约已经加以整理和润饰，所以各篇如出一手。《汉书》本传里记着他"论战国时说士权变，亦自序其说，凡八十一篇，号曰《隽永》"，大约就是刘向所根据的底本了。蒯通那支笔是很有力量的。铺陈的伟丽，叱咤的雄豪，固然传达出来了，而那些曲折微妙的声口，也丝丝入扣，千载如生。读这部书，真是如闻其语，如见其人。

汉以来批评这部书的都用儒家的眼光。刘向的序里说战国时代"捐礼让而贵战争，弃仁义而用诈谲，苟以取强而已矣"，可以代表。但他又说这些是"高才秀士"的"奇策异智"，"亦可喜，皆可观"。

这便是文辞的作用了。宋代有个李文叔，也说这部书所记载的事"浅陋不足道"，但"人读之，则必乡其说之工，而忘其事之陋者，文辞之胜移之而已"。又道，说的还不算难，记的才真难得呢。这部书除文辞之胜外，所记的事，上接春秋时代，下至楚、汉兴起为止，共二百零二年（公元前403年—公元前202年），也是一部重要的古史。所谓战国时代，便指这里的二百零二年，而战国的名称也是刘向在这部书的序里定出的。

《史记》《汉书》

　　说起中国的史书，《史记》《汉书》，真是无人不知，无人不晓。这有两个原因。

　　一则这两部书是最早的有系统的历史，再早虽然还有《尚书》《鲁春秋》《国语》《春秋左氏传》《战国策》等，但《尚书》《国语》《战国策》，都是记言的史，不是记事的史。《春秋》和《左传》是记事的史了，可是《春秋》太简短，《左传》虽够铺排的，而跟着《春秋》编年的系统，所记的事还不免散碎。

　　《史记》创了"纪传体"，叙事自黄帝以来到著者当世，就是汉武帝的时候，首尾三千多年。《汉书》采用了《史记》的体制，却以汉事为断，从高祖到王莽，只二百三十年。后来的史书全用《汉书》的体制，断代成书。二十四史里，《史记》《汉书》以外的二十二史都如此。这称为"正史"。《史记》《汉书》，可以说都是"正史"的源头。

二则，这两部书都成了文学的古典。两书有许多相同处，虽然也有许多相异处。大概东汉、魏、晋到唐，喜欢《汉书》的多，唐以后喜欢《史记》的多，而明、清两代犹然。这是两书文体各有所胜的缘故。但历来班、马并称，《史》《汉》连举，它们叙事写人的技术，毕竟是大同的。

《史记》，汉司马迁著。司马迁字子长，左冯翊夏阳（今陕西韩城）人（景帝中元五年，公元前145年生，卒年不详）。他是太史令司马谈的儿子。小时候在本乡只帮人家耕耕田、放放牛玩儿。司马谈做了太史令，才将他带到京师（今西安）读书。他十岁的时候，便认识"古文"的书了。

二十岁以后，他到处游历，真是足迹遍天下。他东边到过现在的河北、山东及江、浙沿海，南边到过湖南、江西、云南、贵州，西边到过陕、甘、西康等处，北边到过长城等处。当时的"大汉帝国"，除了朝鲜、河西（今宁夏一带）、岭南几个新开郡外，他都走到了。他的出游，相传是父亲命他搜求史料去的，但也有些处是因公去的。

他搜得了多少写的史料，没有明文，不能知道。可是他却看到了好些古代的遗迹，听到了好些古代的逸闻，这些都是活史料，他用来印证并补充他所读的书。他作《史记》，叙述和描写往往特别亲切有味，便是为此。他的游历不但增扩了他的见闻，也增扩了他的胸襟。他能够综括三千多年的事，写成一部大书，而行文又极其抑扬变化之致，可见出他的胸襟是如何阔大。

他二十几岁的时候，应试得高第，做了郎中。武帝元封元年（公元前 110 年），大行封禅典礼，步骑十八万，旌旗千余里。司马谈是史官，本该从行，但是病得很重，留在洛阳不能去，司马迁却跟去了。回来见父亲，父亲已经快死了，拉着他的手呜咽道："我们先人从虞、夏以来，世代做史官，周末弃职他去，从此我家便衰微了。虽然我恢复了世传的职务，可是不成。你看这回封禅大典，我竟不能从行，真是命该如此！再说孔子因为眼见王道缺，礼乐衰，才整理文献，论《诗》《书》，作《春秋》，他的功绩是不朽的。孔子到现在又四百多年了，各国只管争战，史籍都散失了，这得搜求整理。汉朝一统天下，明主、贤君、忠臣、死义之士，也得记载表彰。我做了太史令，却没能尽职，无所论著，真是惶恐万分。你若能继承先业，再做太史令，成就我的未竟之志，扬名于后世，那就是大孝了。你想着我的话罢。"

司马迁听了父亲这番遗命，低头流泪答道："儿子虽然不肖，定当将你老人家所搜集的材料，小心整理起来，不敢有所遗失。"司马谈便在这年死了。司马迁这年三十六岁，父亲的遗命指示了他一条伟大的路。

父亲死的第三年，司马迁果然做了太史令。他有机会看到许多史籍和别的藏书，便开始作整理的工夫。那时史料都集中在太史令手里，特别是汉代各地方行政报告，他那里都有。他一面整理史料，一面却忙着改历的工作。直到太初元年（公元前 104 年），太初历完成，才动手著他的书。

天汉二年（公元前 99 年），李陵奉了贰师将军李广利的命，领了五千兵，出塞打匈奴。匈奴八万人围着他们，他们杀伤了匈奴一万多人，可是自己的人也死了一大半。箭用完了，又没有吃的，耗了八天，等贰师将军派救兵。救兵竟没有影子，匈奴却派人来招降。李陵想着回去也没有脸，就降了。武帝听了这个消息，又急又气。朝廷里纷纷说李陵的坏话。武帝问司马迁，李陵到底是个怎样的人。李陵也做过郎中，和司马迁同过事，司马迁是知道他的。

他说李陵这个人秉性忠义，常想牺牲自己，报效国家。这回以少敌众，兵尽路穷，但还杀伤那么些人，功劳其实也不算小。他绝不是怕死的，他的降大概是假意的，也许在等机会给汉朝出力呢。武帝听了他的话，想着贰师将军是自己派的元帅，司马迁却将功劳归在投降的李陵身上，真是大不敬，便教将他抓起来，下在狱里。

第二年，武帝杀了李陵全家，处司马迁宫刑。宫刑是个大辱，污及先人，见笑亲友，他灰心失望已极，只能发愤努力，在狱中专心致志写他的书，希图留个后世名。过了两年，武帝改元太始，大赦天下，他出了狱，不久却又做了宦者做的官，中令书，重被宠信。但他还继续写他的书。

直到征和二年（公元前91年），全书才得完成，共一百三十篇，五十二万六千五百字。他死后，这部书部分地流传。到宣帝时，他的外孙杨恽才将全书献上朝廷去，并传写公行于世。汉人称为《太史公书》《太史公》《太史公记》《太史记》，魏、晋间才简称为《史记》，《史记》便成了定名。这部书流传时颇有缺佚，经后人补续窜改了不少。只有元帝、成帝间褚少孙补的有主名，其余都不容易考了。

司马迁是窃比孔子的。孔子是在周末官守散失时代第一个保存文献的人，司马迁是秦灭以后第一个保存文献的人。他们保存的方法不同，但是用心是一样。

《史记自序》里记着司马迁和上大夫壶遂讨论作史的一番话，司马迁引述他的父亲称扬孔子整理六经的丰功伟业，而特别着重《春秋》的著作。他们父子都是相信孔子作《春秋》的。他又引董仲舒所述孔子的话："我有种种觉民救世的理想，凭空发议论，恐怕人不理会。不如借历史上现成的事实来表现，可以深切著明些。"这便是孔子作《春秋》的趣旨，他是要明王道，辨人事，分明是非、善恶、贤不肖，存亡继绝，补敝起废，作后世君臣龟鉴。《春秋》实在是礼义的大宗，司马迁相信礼治是胜于法治的。他相信《春秋》包罗万象，采善贬恶，并非以刺讥为主。像他父亲遗命所说的，汉兴以来，人主明圣盛德，和功臣、世家、贤大夫之业，是他父子职守所在，正该记载表彰。

他的书记汉事较详，固然是史料多，也是他意主尊汉的缘故。他排斥暴秦，要将汉远承三代。这正和今文家说的《春秋》尊鲁一样，他的书实在是窃比《春秋》的。他虽自称只是"厥协六经异传，整齐百家杂语"，述而不作，不敢与《春秋》比，那不过是谦词罢了。

他在《报任安书》里说他的书"欲以究天人之际，通古今之变，成一家之言"。《史记自序》里说："网（网）罗天下放失旧闻，王迹所兴，原始察终，见盛观衰，论考之行事。""王迹所兴"，始终盛衰，便是"古今之变"，也便是"天人之际"。"天人之际"只是天道对于人事的影响，这和所谓"始终盛衰"都是阴阳家言。

阴阳家倡"五德终始说"，以为金、木、水、火、土五行之德，互相克胜，终始运行，循环不息。当运者盛，王迹所兴，运去则衰。

西汉此说大行，与"今文经学"合而为一。司马迁是请教过董仲舒的，董就是今文派的大师，他也许受了董的影响。"五德终始说"原是一种历史哲学，实际的教训只是让人君顺时修德。

《史记》虽然窃比《春秋》，却并不用那咬文嚼字的书法，只据事实录，使善恶自见。书里也有议论，那不过是著者牢骚之辞，与大体是无关的。原来司马迁自遭李陵之祸，更加努力著书。他觉得自己已经身废名裂，要发抒意中的郁结，只有这一条通路。他在《报任安书》和《史记自序》里引文王以下到韩非诸贤圣，都是发愤才著书的。他自己也是个发愤著书的人。天道的无常，世变的无常，引起了他的感叹；他悲天悯人，发为牢骚抑扬之辞。这增加了他的书的情韵。后世论文的人推尊《史记》，一个原因便在这里。

班彪论前史得失，却说他："论议浅而不笃，其论术学，则崇黄、老而薄五经；序货殖，则轻仁义而羞贫穷；论游侠，则贱守节而贵俗功"，以为"大敝伤道"。班固也说他"是非颇谬于圣人"。其实推崇道家的是司马谈，司马迁时，儒学已成独尊之势，他也成了一个推崇的人了。至于《游侠》《货殖》两传，确有他的身世之感。那时候有钱可以赎罪，他遭了李陵之祸，刑重家贫，不能自赎，所以才有"羞贫穷"的话。他在穷窘之中，交游竟没有一个抱不平的来救他的，所以才有称扬游侠的话。这和《伯夷传》里天道无常的疑问，都只是偶一借题发挥，无关全书大旨。

东汉王允死看"发愤"著书一语，加上咬文嚼字的成见，便说《史记》是"佞臣"的"谤书"，那不但误解了《史记》，也太小看了司马迁了。

《史记》体例有五：十二本纪，记帝王政迹，是编年的；十表，以分年略记世代为主；八书，记典章制度的沿革；三十世家，记侯国世代存亡；七十列传，类记各方面人物。史家称为"纪传体"，因为"纪传"是最重要的部分。古史不是断片的杂记，便是顺案年月的纂录。

自出机杼，创立规模，以驾驭去取各种史料的，从《史记》起始。司马迁的确能够贯穿经传，整齐百家杂语，成一家言。他明白"整齐"的必要，并知道怎样去"整齐"，这实在是创作，是以述为作。他这样将自有文化以来三千年间君臣士庶的行事，"合一炉而冶之"，却反映着秦汉大一统的局势。

《春秋左氏传》虽也可算通史，但是规模完具的通史，还得推《史记》为第一部书。班固根据他父亲班彪的意见，说司马迁"善叙事理，辩而不华，质而不俚。其文直，其事核，不虚美，不隐恶，故谓之实录"。"直"是"简省"的意思，简省而能明确，便见本领。《史记》共一百三十篇，列传占了全书的过半数。司马迁的史观是以人物为中心的。他最长于描写，靠了他的笔，古代许多重要人物的面形，至今还活现在纸上。

《汉书》，汉班固著。班固，字孟坚，扶风安陵（今陕西咸阳）人（光武帝建武八年即公元32年生，和帝永元四年即公元92年卒）。他家和司马氏一样，也是个世家。《汉书》是子继父业，也和司马迁差不多。但班固的凭借，比司马迁好多了。

他曾祖班斿，博学有才气，成帝时，和刘向同校皇家藏书。成帝赐了全套藏书的副本，《史记》也在其中。当时书籍流传很少，得来不易。班家得了这批赐书，真像大图书馆似的。他家又有钱，能够招待客人。后来有好些学者，老远地跑到他家来看书，扬雄便是一个。

班斿的次孙班彪，既有书看，又得接触许多学者，于是尽心儒术，成了一个史学家。《史记》以后，续作很多，但不是偏私，就是鄙俗。班彪加以整理补充，著了六十五篇《后传》。他详论《史记》的得失，大体确当不移。他的书似乎只有本纪和列传，世家是并在列传里。这部书没有流传下来，但他的儿子班固的《汉书》是用它作底本的。

班固生在河西，那时班彪避乱在那里。班固有弟班超，妹班昭，后来都有功于《汉书》。他五岁时随父亲到那时的京师洛阳。九岁时能做文章，读诗赋。大概是十六岁罢，他入了洛阳的太学，博览群书。他治学不专守一家，只重大义，不沾沾在章句上，又善作辞赋。为人宽和容众，不以才能骄人。在大学里读了七年书，二十三岁上，父亲死了，他回到安陵去。

明帝永平元年（58年），他二十八岁，开始改撰父亲的书。他觉得《后传》不够详的，自己专心精究，想完成一部大书。过了三年，有人上书给明帝，告他私自改作旧史。当时天下新定，常有人假造预言，摇惑民心，私改旧史，更有机会造谣，罪名可以很大。

明帝当即诏令扶风郡逮捕班固，解到洛阳狱中，并调看他的稿子。他兄弟班超怕闹出大乱子，永平五年（62年），带了全家赶到洛阳。他上书给明帝，陈明原委，请求召见。明帝果然召见，他陈明班固不敢私改旧史，只是续父所作。那时扶风郡也已将班固稿子送呈。明帝却很赏识那稿子，便命班固做校书郎、兰台令史，跟别的几个人同修世祖（光武帝）本纪。班家这时候很穷。班超也做了一名书记，帮助哥哥养家。后来班固等又述诸臣的事迹，作列传载记二十八篇奏上，这些后来都成了刘珍等撰的《东观汉记》的一部分，与《汉书》是无关的。

明帝这时候才命班固续完前稿。永平七年（64年），班固三十三岁，在兰台重新写他的大著。兰台是皇家藏书之处，他取精用宏，比家中自然更好。次年，班超也做了兰台令史，虽然在官不久，就从军去了，但一定给班固帮助很多。章帝即位，好辞赋，更赏识班固了。他因此得常到宫中读书，往往连日带夜地读下去。大概在建初七年（82年），他的书才大致完成。那年他是五十一岁了。

和帝永元元年（89年），车骑将军窦宪出征匈奴，用他做中护军，参议军机大事。这一回匈奴大败，逃得不知去向。窦宪在出塞三千多里外的燕然山刻石纪功，教班固作铭。这是著名的大手笔。

次年他回到京师，就做窦宪的秘书。当时窦宪威势极盛，班固倒没有仗窦家的势欺压人，但他的儿子和奴仆却都无法无天的。这就得罪了许多地面上的官，他们都敢怒而不敢言。有一回他的奴子喝醉了，在街上骂了洛阳令种兢，种兢气恨极了，但也只能记在心里。

永元四年（92年），窦宪阴谋弑和帝，事败，自杀。他的党羽，或诛死，或免官。班固先只免了官，种兢却饶不过他，逮捕了他，下在狱里。他已经六十一岁，受不得那种苦，便在狱里死了。和帝得知，很觉可惜，特地下诏申斥种兢，命他将主办的官员抵罪。

班固死后，《汉书》的稿子很散乱。他的妹子班昭也是高才博学，嫁给曹世叔，世叔早死，她的节行并为人所重。当时称为曹大家。这时候她奉诏整理哥哥的书，并有高才郎官十人，从她研究这部书——经学大师扶风马融，就在这十人里。书中的八表和天文志那时还未完成，她和马融的哥哥马续参考皇家藏书，将这些篇写定，这也是奉诏办的。

《汉书》的名称从《尚书》来，是班固定的。他说唐虞三代当时都有记载，颂述功德，汉朝却到了第六代才有司马迁的《史记》。而《史记》是通史，将汉朝皇帝的本纪放在尽后头，并且将尧的后裔的汉和秦、项放在相等的地位，这实在不足以推尊本朝。况《史记》只到武帝而止，也没有成段落似的。他所以断代述史，起于高祖，终于平帝时王莽之诛，共十二世，二百三十年，作纪、表、志、传凡百篇，称为《汉书》。

班固著《汉书》，虽然根据父亲的评论，修正了《史记》的缺失，但断代的主张，却是他的创见。他这样一面保存了文献，一面贯彻了发扬本朝功德的趣旨。所以后来的正史都以他的书为范本，名称也多叫作"书"。他这个创见，影响是极大的，他的书所包举的，比《史记》更为广大，天地、鬼神、人事、政治、道德、艺术、文章，尽在其中。

书里没有"世家"一体，本于班彪《后传》。汉代封建制度，实际上已不存在，无所谓侯国，也就无所谓世家，这一体的并入列传，也是自然之势。至于改"书"为"志"，只是避免与《汉书》的"书"字相重，无关得失。但增加了《艺文志》，叙述古代学术源流，记载皇家藏书目录，所关却就大了。

《艺文志》的底本是刘歆的《七略》，刘向、刘歆父子都曾奉诏校读皇家藏书，他们开始分别源流，编订目录，使那些"中秘书"渐得流传于世，功劳是很大的。他们的原著都已不存，但《艺文志》还保留着刘歆《七略》的大部分。这是后来目录学家的宝典。原来秦火之后，直到成帝时，书籍才渐渐出现。成帝诏求遗书于天下，这些书便多聚在皇家，刘氏父子所以能有那样大的贡献，班固所以想到在《汉书》里增立《艺文志》，都是时代使然。司马迁便没有这样好的运气。

《史记》成于一人之手，《汉书》成于四人之手。表、志由曹大家和马续补成。纪、传从昭帝至平帝有班彪的《后传》做底本。而从高祖至武帝，更多用《史记》的文字。这样一看，班固自己作的似乎太少。因此有人说他的书是"剽窃"而成，算不得著作。但那时的著作权的观念还不甚分明，不以抄袭为嫌，而史书也不能凭虚别构。

班固删润旧文，正是所谓"述而不作"。他删润的地方，却颇有别裁，绝非率尔下笔。史书叙汉事，有阙略的，有隐晦的，经他润色，便变得详明，这是他的独到处。汉代"明主、贤君、忠臣、死义之士"，他实在表彰得更为到家。书中收载别人整篇的文章甚多，有人因此说他是"浮华"之士。这些文章大抵关系政治学术，多是经世有用之作。那时还没有文集，史书加以搜罗，不失保存文献之旨。至于收录辞赋，却是当时的风气和他个人的嗜好，不过从现在看来，这些也正是文学史料，不能抹杀的。

班、马优劣论起于王充《论衡》。他说班氏父子"文义浃备，纪事详赡"，观者以为胜于《史记》。王充论文，是主张"华实俱成"的。汉代是个辞赋的时代，所谓"华"，便是辞赋化。《史记》当时还用散行文字，到了《汉书》，便宏丽精整，多用排偶，句子也长了。这正是辞赋的影响。

自此以后，直到唐代，一般文士，大多偏爱《汉书》，专门传习，

《史记》的传习者却甚少，这反映着那时期崇尚骈文的风气。唐以后，散文渐成正统，大家才提倡起《史记》来，明归有光及清桐城派更力加推尊《史记》，差不多要驾乎《汉书》之上了。这种优劣论起于二书散整不同，质文各异，其实是跟着时代的好坏而转变的。

晋代张辅，独不好《汉书》。他说："世人论司马迁、班固才的优劣，多以固为胜，但是司马迁叙三千年事，只五十万言，班固叙二百年事，却有八十万言。烦省相差如此之远，班固哪里赶得上司马迁呢！"

刘知几《史通》却以为"《史记》虽叙三千年事，详备的也只汉兴七十多年，前省后烦，未能折中，若教他作《汉书》，恐怕比班固还要烦些"。刘知几左祖班固，不无过甚其词。平心而论，《汉书》确比《史记》烦些。

《史记》是通史，虽然意在尊汉，不妨详近略远，但叙汉事到底不能太详，司马迁是知道"折中"的。《汉书》断代为书，尽可充分利用史料，尽其颂述功德的职分，载事既多，文字自然烦了，这是一。《汉书》载别人的文字也比《史记》多，这是二。《汉书》文字趋向骈体，句子比散体长，这是三。这都是"事有必至，理有固然"，不足为《汉书》病。范晔《后汉书·班固传赞》说班固叙事"不激诡，不抑抗，赡而不秽，详而有体，使读之者亹亹而不厌"，这是不错的。

宋代郑樵在《通志总序》里抨击班固，几乎说得他不值一钱。刘知几论通史不如断代，以为通史年月悠长，史料亡佚太多，所可采录的大都陈陈相因，难得新异。《史记》已不免此失，后世仿作，贪多务得，又加繁杂的毛病，简直教人懒得去看。按他的说法，像《鲁春秋》等，怕也只能算是截取一个时代的一段，相当于《史记》的叙述汉事，不是无首无尾，就是有首无尾。这都不如断代史的首尾一贯好。像《汉书》那样，所记的只是班固的近代，史料丰富，搜求不难。只需破费工夫，总可一新耳目，"使读之者亹亹而不厌"的。

郑樵的意见恰相反，他注重会通，以为历史是连贯的，要明白因革损益的轨迹，非会通不可。通史好在能见其全，能见其大。他称赞《史记》，说是"六经之后，唯有此作"。他说班固断汉为书，古今间隔，因革不明，失了会通之道，真只算是片段罢了。其实通古和断代，各有短长，刘、郑都不免一偏之见。

《史》《汉》可以说是自各成家。《史记》"文直而事核"，《汉书》"文赡而事详"。司马迁感慨多，微情妙旨，时在文字蹊径之外。《汉书》却一览之余，情词俱尽。但是就史论史，班固也许比较客观些，比较合体些。明茅坤说《汉书》以矩矱胜"，清章学诚说"班氏守绳墨"，"班氏体方用智"，都是这个意思。晋傅玄评班固，"论国体则饰主阙而折忠臣，叙世教则贵取容而贱直节"。这些只关识见高低，不见性情偏正，和司马迁《游侠》《货殖》两传蕴含着无穷的身世之痛不能相比，所以还无碍其为客观的。

总之《史》《汉》二书，文质和烦省虽然各不相同，而所采者博，所择者精，却是一样，组织的宏大，描写的曲达，也同工异曲。二书并称良史，绝不是偶然的。

节选自朱自清《经典常谈》

《唐诗三百首》

有些人生病的时候或烦恼的时候，拿过一本诗来翻读，偶尔也朗吟几首，便会觉得心上平静些、轻松些。这是一种消遣，但跟玩骨牌和纸牌等不同，那些大概只是碰碰运气。跟读笔记一类书也不同，那些书可以给人新的知识和趣味，但不直接调平情感。读小说在这些时候大概只注意在故事上，直接调平情感的效用也不如诗。诗是抒情的，直接诉诸情感；又是节奏的，同时直接诉诸感觉；又是最经济的，语短而意长。具备这些条件，读了心上容易平静轻松，也是自然。自来说，诗可以陶冶性情，这句话不错。

但是诗绝不只是一种消遣，正如笔记一类书和小说等不是一样的。诗调平情感，也就是节制情感。诗里的喜怒哀乐跟实生活里的喜怒哀乐不同，这是经过"再团再炼再调和"的。诗人正在喜怒哀乐的时候，绝想不到作诗。必得等到他的情感平静了，他才会吟味那平静了的情感想到作诗，于是乎运思造句，作成他的诗，这才可以供欣赏。要不然，大笑狂号只教人心紧，有什么可欣赏的呢？

读诗所欣赏的便是诗里所表现的那些平静了的情感。假如是好诗，说的即使怎样可气可哀，我们还是不厌百回读的。在现实生活里便不然，可气可哀的事我们大概不愿重提。这似乎是有私无私或有我无我的分别，诗里无我，实生活里有我。

别的文学类型也都有这种情形，不过诗里更容易见出。读诗的人直接吟味那无我的情感，欣赏它的发而中节，自己也得到平静，而且也会渐渐知道节制自己的情感。一方面因为诗里的情感是无我的，欣赏起来得设身处地，替人着想。这也可以影响到性情上去。节制自己和替人着想这两种影响都可以说是人在模仿诗。诗可以陶冶性情，便是这个意思，所谓温柔敦厚的诗教，也只该是这个意思。

部定初中国文课程标准"目标"里有"养成欣赏文艺之兴趣"一项，略读教材里有"有注释之诗歌选本"一项。高中国文课程标准"目标"里又有"培养学生欣赏中国文学名著之能力"一项，关于略读教材也有"选读整部或选本之名著"的话。欣赏文艺，欣赏中国文学名著，都不能忽略读诗。

读诗家专集不如读诗歌选本，读选本虽只能"尝鼎一脔"，却能将各家各派鸟瞰一番，这在中学生是最适宜的，也最需要的。有特殊的选本，有一般的选本。按着特殊的做派选的是前者，按着一般的品味选的是后者。中学生不用说该读后者。

《唐诗三百首》正是一般的选本。这部诗选很著名，流行最广，从前是家传户诵的书，现在也还是相当普遍的书。但这部选本并不成为古典，它跟《古文观止》一样，只是当年的童蒙书，等于现在的小学用书。不过在现在的教育制度下，这部书给高中学生读才合适。无论它从前的地位如何，现在它却是高中学生最合适的一部诗歌选本。

唐代是诗的时代，许多大诗家都在这时代出现，各种诗体也都在这时代发展。这部书选在清代中叶，入选的差不多都是经过一千多年淘汰的名作，差不多都是历代公认的好诗。虽然以明白易解为主，并限定诗篇的数目，规模不免狭窄些，却因此成为道地的一般的选本。高中学生读这部书，靠着注释的帮忙，可以吟味欣赏，收到陶冶性情的益处。

本书是清乾隆间一位别号"蘅塘退士"的人编选的。卷头有《题词》，末尾记着"时乾隆癸未年春日，蘅塘退士题"。乾隆癸未是1763年，到现在快180年了。有一种刻本"题"字下押了一方印章，是"孙洙"两字，也许是选者的姓名。孙洙的事迹，因为眼前书少，还不能考出、印证。这件事只好暂时存疑。《题词》说明编选的旨趣很简短，抄在这里：

> 世俗儿童就学，即授《千家诗》，取其易于成诵，故流传不废。但其诗随手掇拾，工拙莫辨。且五七言律绝二体，而唐宋人又杂出其间，殊乖体制。因专就唐诗中脍炙人口之作择其尤要者，每体得数十首，共三百余首，录成一编，为家塾课本。俾童而习之，白首亦莫能废。较《千家诗》不远

胜耶？谚云，"熟读唐诗三百首，不会作诗也会吟"，请以是编验之。

这里可见本书是断代的选本，所选的只是"唐诗中脍炙人口之作"，就是唐诗中的名作。而又只是"择其尤要者"，所以只有三百首，实数是三百一十首。所谓"尤要者"大概着眼在陶冶性情上。至于以明白易解的为主，是"家塾课本"的当然，无须特别提及。本书是分体编的，所以说"每体得数十首"。引谚语一方面说明为什么只选三百余首。

但编者显然模仿"三百首"，《诗经》三百零五篇，连那有目无诗的篇算上，共三百一十一篇。本书三百一十首，绝不是偶然巧合。编者是怕人笑他僭妄，所以不将这番意思说出。引谚语另一方面叫人熟读，学会吟诗。我们现在也劝高中学生熟读，熟读才真是吟味，才能欣赏到精微处。但现在无须再学作旧体诗了。

本书流传既广，版本极多。原书有注释和评点，该是出于编者之手。注释只注事，颇简当，但不释义。读诗首先得了解诗句的文义，不能了解文义，欣赏根本说不上。书中各诗虽然比较明白易懂，又有一些注，但在初学还不免困难。

书中的评，在诗的行旁，多半指点作法，说明作意，偶尔也品评工拙。点只有句圈和连圈，没有读点和密点——密点和连圈都表示好句和关键句，并用的时候，圈的比点的更重要或更好。评点大约起于南宋，向来认为有伤雅道，因为妨碍读者欣赏的自由，而且免不了成见或偏见。但是谨慎的评点对于初学也未尝没有用处。这种评点可以帮助初学了解诗中各句的意旨并培养他们欣赏的能力。本书的评点似乎就有这样的效用。

但是最需要的还是详细的注释。道光间，浙江省建德县（？今建德市）人章燮鉴于这个需要，便给本书作注，成《唐诗三百首注疏》一书。他的自跋作于道光甲午，就是 1834 年，离蘅塘退士题词的那年是 71 年。

这注本也是"为家塾子弟起见"，很详细。有诗人小传，有事注，有意疏，并明作法，引评语。其中李白诗用王琦《李太白集注》，杜甫诗用仇兆鳌《杜诗详注》。原书的旁评也留着，但连圈没有——原刻本并句圈也没有。书中还增补了一些诗，却没有增选诗家。以注书的体例而论，这部书可以说是驳杂不纯，而且不免烦琐疏漏附会等毛病。书中有"子墨客卿"（名翰，姓不详）的校正语十来条，都确切可信。但在初学，这却是一部有益的书。

这部书我只见过两种刻本。一种是原刻本。另一种是坊刻本，四川常见。这种刻本有句圈，书眉增录各家评语，并附道光丁酉（1837年）印行的江苏金坛于庆元的《续选唐诗三百首》。读《唐诗三百首》用这个本子最好。此外还有商务印书馆铅印本《唐诗三百首》，根据蘅塘退士的原本而未印评语。

又，世界书局石印《新体广注唐诗三百首读本》，每诗后有"注释"和"作法"两项。"注释"注事比原书详细些，兼释字义，却间有误处。"作法"兼说明作意，还得要领。卷首有"学诗浅说"，大致简明可看。书中只绝句有连圈，别体只有句圈，绝句连圈处也跟原书不同，似乎是抄印时随手加上，不足凭信。

本书编配各体诗，计五言古诗三十三首、乐府七首，七言古诗二十八首、乐府十四首，五言律诗八十首，七言律诗五十首、乐府一首，五言绝句二十九首、乐府八首，七言绝句五十一首、乐府九首，共三百一十首。五言古诗和乐府，七言古诗和乐府，两项总数差不多。五言律诗的数目超出七言律诗和乐府很多，七言绝句和乐府却又超出五言绝句和乐府很多。这不是编者的偏好，是反映着唐代各体诗发展的情形。五言律诗和七言绝句作的多，可选的也就多。这一层下文还要讨论。

　　五、七、古、律、绝的分别都在形式，乐府是题材和作风不同。乐府也等下文再论，先说五七古律绝的形式。这些又分别为两类：古体诗和近体诗。五七言古诗属于前者，五七言律绝属于后者。所谓形式，包括字数和声调（即节奏），律诗再加上对偶一项。五言古诗全篇五言句，七言古诗或全篇七言句，或在七言句当中夹着一些长短句。如李白《庐山谣》开端道：

　　　我本楚狂人，狂歌笑孔丘。手持绿玉杖，朝别黄鹤楼。五岳寻山不辞远，一生好入名山游。

又如他的《宣州谢朓楼饯别校书叔云》开端道：

　　　弃我去者，昨日之日不可留。乱我心者，今日之日多烦忧。长风万里送秋雁，对此可以酣高楼。

这些都是五七言古诗。五七古全篇没有一定的句数。古体诗都得用韵，通常两句一韵，押在双句末字。有时也可以一句一韵，开端时便多如此。上面引的第一例里"丘""楼""游"是韵，两句间见。第二例里"留"和"忧"是逐句韵，"忧"和"楼"是隔音韵。古体诗的声调比较近乎语言之自然，七言更其如此，只以读来顺口听来顺耳为标准。但顺口顺耳跟着训练的不同而有等差，并不是一致的。

近体诗的声调却有一定的规律。五七言绝句还可以用古体诗的声调，律诗老得跟着规律走。规律的基础在字调的平仄，字调就是平上去入四声，上去入都是仄声。五七言律诗基本的平仄式之一如次：

五律

仄仄平平仄　平平仄仄平

平平平仄仄　仄仄仄平平

仄仄平平仄　平平仄仄平

平平平仄仄　仄仄仄平平

七律

平平仄仄仄平平　仄仄平平仄仄平

仄仄平平平仄仄　平平仄仄仄平平

平平仄仄平平仄　仄仄平平仄仄平

仄仄平平平仄仄　平平仄仄仄平平

即使不懂平仄的人也能看出律诗是两组重复、均齐的节奏所构成，每组里又自有对称、重复、变化的地方。节奏本是异中有同，同中有异，律诗的平仄式也不外这个理。即使不懂平仄的人只默诵或朗吟这两个平仄式，也会觉得顺口顺耳。但这种顺口顺耳是音乐性的，跟古体诗不同，正和语言跟音乐不同一样。

律诗既有平仄式，就只能有八句，五律是四十字，七律是五十六字——排律不限句数，但本书里没有。绝句的平仄式照律诗减半——七绝照七律的前四句，就是只有一组的节奏。这里所举的平仄式只是最基本的，其中有种种重复的变化。懂得平仄的自然渐渐便会明白。不懂平仄的，只要多读，熟读，多朗吟，也能欣赏那些声调变化的好处，恰像听戏多的人不懂板眼也能分别唱的好坏，不过不大精确就是了。

四声中国人人语言中有，但要辨别某字是某声，却得受过训练才成。从前的训练是对对子跟读四声表，都在幼小的时候。现在高中学生不能辨别四声也就是不懂平仄的，大概有十之八九。他们若愿意懂，不妨试读四声表。这只消从《康熙字典》卷首附载的《等韵切音指南》里选些容易读的四声如"巴把霸捌""庚梗更格"之类，得闲就练习，也许不难一旦豁然贯通。（中华书局出版的《学诗入门》里有一个四声表，似乎还容易读出，也可用。）律诗还有一项规律，就是中四句得两两对偶，这层也在下文论。

初学人读诗，往往给典故难住。他们一回两回不懂，便望而生畏，因畏而懒，这会断了他们到诗去的路。所以需要注释。但典故多半是历史的比喻和神仙的比喻。用典故跟用比喻往往是一个理，并无深奥可畏之处。不过比喻多取材于眼前的事物，容易了解些罢了。

广义的比喻连典故在内，是诗的主要的生命素。诗的含蓄、诗的多义、诗的暗示力，主要的建筑在广义的比喻上。那些取材于经验和常识的比喻，一般所谓比喻只指这些，可以称为事物的比喻，跟历史的比喻、神仙的比喻是鼎足而三。这些比喻（广义，后同）都有三个成分：一、喻依；二、喻体；三、意旨。喻依是做比喻的材料，喻体是被比喻的材料，意旨是比喻的用意所在。先从事物的比喻说起。如"天边树若荠"（五古，孟浩然，《秋登兰山寄张五》），荠是喻依，天边树是喻体，登山望远树，只如荠菜一般，只见树的小和山的高，是意旨——意旨却没有说出。

又，"今朝此为别，何处还相遇？世事波上舟，沿洄安得住！"（五古，韦应物，《初发扬子寄元大校书》）世事是喻体，沿洄不得住的波上舟是喻依，惜别难留是意旨——也没有明白说出。

又，"吴姬压酒劝客尝"（七古，李白，《金陵酒肆留别》），当垆是喻体，压酒是喻依，压酒的"压"和所谓"压装"的"压"用法一样，压酒是使酒的分量加重，更值得"尽觞"（原诗，"欲行不行各尽觞"）。吴姬当垆，助客酒兴是意旨。这里只说出喻依。

又，"辞严义密读难晓，字体不类隶与蝌。年深岂免有缺画？快剑斫断生蛟鼍。鸾翔凤翥众仙下，珊瑚碧树交枝柯。金绳铁索锁钮壮，古鼎跃水龙腾梭。"（七古，韩愈，《石鼓歌》）"快剑"以下五句都是描写石鼓的字体的。这又分两层。第一，专描写残缺的字。缺画是喻体，"快剑"句是喻依，缺画依然劲挺有生气是意旨。第二，描写字体的一般。字体便是喻体，"鸾翔"以下四句是五个喻依，"古鼎跃水"跟"龙腾梭"各是一个喻依。意旨依次是俊逸，典丽，坚壮，挺拔，末两个喻依只一个意旨，都指字体而言，却都未说出。

又，"大弦嘈嘈如急雨，小弦切切如私语。嘈嘈切切错杂弹，大珠小珠落玉盘。间关莺语花底滑，幽咽泉流冰下难"（原作"水下滩"，依段玉裁说改——七古，白居易，《琵琶行》）。这几句都描写琵琶的声音。大弦嘈嘈跟小弦切切各是喻体，急雨跟私语各是喻依，意旨一个是高而急，一个是低而急。"嘈嘈"句又是喻体，"大珠"句是喻依，圆润是意旨。"间关"二句各是一个喻依，喻体是琵琶的声音，前者的意旨是明滑，后者是幽涩。头两层的意旨未说出，这一层喻体跟意旨都未说出。

事物的比喻虽然取材于经验和常识，却得新鲜，才能增强情感的力量，这需要创造的工夫。新鲜还得入情入理，才能让读者消化，这需要雅正的品位。

有时全诗是一套事物的比喻，或者一套事物的比喻渗透在全诗里。前者如朱庆余《近试上张水部》：

洞房昨夜停红烛，待晓堂前拜舅姑。妆罢低声问夫婿，画眉深浅入时无？（七绝）

唐代士子应试，先将所作的诗文呈给在朝的知名人看。若得他赞许宣扬，登科便不难。宋人诗话里说，"庆余遇水部郎中张籍，因索庆余新旧篇什，寄之怀袖而推赞之，遂登科"。这首诗大概就是呈献诗文时作的。全诗是新嫁娘的话，她在拜舅姑以前问夫婿，画眉深浅合式否？这是喻依。喻体是近试献诗文给人，朱庆余是在应试以前问张籍，所作诗文合式否？新嫁娘问画眉深浅，为的请夫婿指点，好让舅姑看得入眼。这是全诗的主旨。又，骆宾王《在狱咏蝉》：

西陆蝉声唱，南冠客思深。那堪玄鬓影，来对白头吟。露重飞难进，风多响易沉。无人信高洁，谁为表予心！（五律）

这是闻蝉声而感身世。蝉的头是黑的，是喻体，玄鬓影是喻依，意旨是少年时不堪回首。"露重"一联是蝉，是喻依，喻体是自己，身微言轻的是意旨。读有长序，序尾道"庶情沿物应，衰弱羽之飘零，道寄人知，悯余声之寂寞"，正指出这层意旨。"高洁"是蝉，也是人，是自己。这个词是双关的、多义的。

又，杜甫《古柏行》（七古）咏夔州武侯庙和成都武侯祠的古柏，作意从"君臣已与时际会，树木犹为人爱惜"二语见出。篇末道：

大厦如倾要梁栋，万牛回首丘山重。不露文章世已惊，未辞翦伐谁能送？苦心岂免容蝼蚁？香叶终经宿鸾凤。志士幽人莫怨嗟，古来材大难为用。

大厦倾和梁栋虽已成为典故，但原是事物的比喻。两者都是喻依。前者的喻体是国家乱；大厦倾会压死人，国家乱人民受难，这是意旨。后者的喻体是大臣；梁栋支柱大厦，大臣支持国家，这是意旨。

古柏是栋梁材，虽然"不露文章世已惊"，也乐意供世用，但是太重了，太大了，谁能送去供用呢？无从供用，渐渐心空了，蚂蚁爬进去了。但是"香叶终经宿鸾凤"，它的身份还是高的。这是喻依。

喻体是怀才不遇的志士幽人。志士幽人本有用世之心，但是才太大了，无人真知灼见，推荐入朝。于是贫贱衰老，为世人所揶揄，但是他们的身份还是高的。这是材大难为用，是意旨。

典故只是故事的意思。这所谓故事包罗的却很广大。经史子集等等可以说都是的，不过诗文里引用，总以常见的和易知的为主。典故有一部分原是事物的比喻，有一部分是事迹，另一部分是成辞。上文说典故是历史的和神仙的比喻，是专从诗文的一般读者着眼，他们觉得诗文里引用史事和神话或神仙故事的地方最困难。这两类比喻都应该包括着那三部分。

如前节所引《古柏行》里的"大厦如倾要梁栋"，"大厦之倾，非一木所支"，见《文中子》；"栝柏豫章虽小，已有栋梁之器"，是袁粲叹美王俭的话，见《晋书》。大厦倾和梁栋都是历史的比喻，同时可还是事物的比喻。

又，"乾坤日夜浮"（五律，杜甫，《登岳阳楼》）是用《水经注》。《水经注》道："洞庭湖广五百里，日月若出没其中。"乾坤是喻体，日夜浮是喻依。天地中间好像只有此湖，湖盖地，天盖湖，天地好像只是日夜漂浮在湖里。洞庭湖的广大是意旨。

又，"古调虽自爱，今人多不弹"（五绝，刘长卿，《弹琴》），用魏文侯听古乐就要睡觉的话，见《礼记》。两句是喻依，世人不好古是喻体，自己不合时宜是意旨。

这三例不必知道出处便能明白，但短简出处，句便多义，诗味更厚些。

引用事迹和成辞不然，得知道出处，才能了解正确。如"圣代无隐者，英灵尽来归。遂令东山客，不得顾采薇。"（五古，王维，《送綦毋潜落第还乡》）谢安曾隐居会稽东山。东山客是喻依，喻体是綦毋潜，意旨是大才隐处。采薇是伯夷、叔齐的故事，他们义不食周粟，隐于首阳山，采薇而食。采薇是喻依，隐居是喻体，自甘淡泊是意旨。

又，"客心洗流水"（五律，李白，《听蜀僧浚弹琴》），流水用俞伯牙、钟子期的故事。俞伯牙弹琴，志在流水。钟子期就听出了，道："洋洋乎，若江河！"诗句是倒装，原是说流水洗客心。流水是喻依，喻体是蜀僧浚的琴曲，意旨是曲调高妙。洗流水又是双关的，多义的。洗是喻依，净是喻体，高妙的琴曲涤净客心的俗虑是意旨。洗流水又是喻依，喻体是客心，听琴而客心清净，像流水洗过一般，是意旨。

又，钱起《送僧归日本》（五律）道："……浮天沧海远，去世法舟轻。……唯怜一灯影，万里眼中明。"一灯影用《维摩经》。经里道："有法门，名无尽灯。譬如一灯燃百千灯，冥者皆明，明终不尽。夫一菩萨开导千百众生，令发阿耨多罗三藐三菩提心（译言'无上正等正觉心'），其于道意亦不灭尽。是名无尽灯。"这一灯是喻依，喻体是觉者。一灯燃千百灯，一觉者造成千百觉者，道意不灭的是意旨。但在诗句里，一灯影却指舟中禅灯的光影，是喻依，喻体是那日本僧，意旨是他回国传法，辗转无尽。——"唯怜"是"最爱"的意思。

又，"后来鞍马何逡巡，当轩下马入锦茵。杨花雪落覆白苹，青鸟飞去衔红巾。炙手可热势绝伦，慎莫近前丞相嗔！"（七古，乐府，杜甫，《丽人行》）全诗咏三月三日长安水边游乐的情形，以杨国忠兄妹为主。诗中上文说到虢国夫人和秦国夫人，这几句说到杨国忠——他那时是丞相。"杨花"二语正是暮春水边的景物。但是全诗里只在这儿插入两句景语，奇特的安排暗示别有用意。

北魏胡太后私通杨华作《杨白花歌词》，有"杨花飘荡落南家"，"愿衔杨花入窠里"等语。白苹，旧说是杨花入水所化。杨国忠也和虢国夫人私通。"杨花"句一方面是个喻依，喻体便是这件事实。杨国忠兄妹相通，都是杨家人，所以用杨花覆白苹为喻，暗示讥刺的意旨。青鸟是西王母传书带信的侍者。当时总该有些侍婢是给那兄妹二人居间。"青鸟"句一方面也是喻依，喻体便是这些居间的侍婢，意旨还是讥刺杨国忠不知耻。青鸟是神仙的比喻。这两句隐约其词，虽志在讥刺，而言之者无罪。

又，杜甫《登楼》（七律）：

> 花近高楼伤客心，万方多难此登临。锦江春色来天地，玉垒浮云变古今。北极朝廷终不改，西山寇盗莫相侵。可怜后主还祠庙，日暮聊为梁父吟。

旧注说本诗是代宗广德二年在成都作。元年冬，吐蕃陷京师，郭子仪收复京师，请代宗反正。所以有"北极"二句。本篇组织用赋体，以四方为骨干。锦江在东，玉垒山在西，"北极"二句是北眺所思。当时后主附祀先主庙中，先主庙在成都城南，"可怜"二句正是南瞻所感（罗庸先生说，见《国文月刊》九期）。可怜后主还有祠庙，受祭享，他信任宦官，终于亡国，辜负了诸葛亮出山一番。《三国志》里说"亮躬耕陇亩，好为《梁父吟》"，《梁父吟》的原辞不传（流传的《梁父吟》绝不是诸葛亮的《梁父吟》），大概慨叹小人当道。这二语一方面又是喻依，喻体是代宗和郭子仪。代宗也信任宦官，杜甫希望他"亲贤臣，远小人"（诸葛亮《出师表》中语），这是意旨。"日暮"句又是一喻依，喻体是杜甫自己，想用世是意旨。

又，"今朝郡斋冷，忽念山中客。涧底束荆薪，归来煮白石"（五古，韦应物，《寄全椒山中道士》），煮白石用鲍靓事。《晋书》："靓学兼内外，明天文河洛书。尝入海，遇风，饥甚，取白石煮食之。"煮白石是喻依，喻体是那山中道士，他的清苦生涯是意旨。这也是神仙的比喻。

又，"总为浮云能蔽日，长安不见使人愁"（七律，李白，《登金陵凤凰台》），两句一贯，思君的意思似甚明白。但乐府《古杨柳行》道，"谗邪害公正，浮云蔽白日"，古句也道，"浮云蔽白日，游子不顾反"，本诗显然在引用成辞。陆贾《新语》说："邪官之蔽贤，犹浮云之障日月。"本诗的"浮云能蔽日"一方面也是喻依，喻体大概是杨国忠等遮塞贤路。意旨是邪臣蔽君误国，所以有"长安"句。

历史的比喻和神仙的比喻引用故事，得增减变化，才能新鲜入目。宋人所谓"以旧换新"，便是这意思。所引各例可见。

典故渗透全诗的，如孟浩然《临洞庭上张丞相》（五律）：

八月湖水平，涵虚混太清。气蒸云梦泽，波撼岳阳城。

欲济无舟楫，端居耻圣明。坐观垂钓者，徒有羡鱼情。

张丞相是张九龄，那时在荆州。前四语描写洞庭湖，三四是名句。后四语蝉联而下，还是就湖说，只"端居"句露出本意，这一语便是《论语》"邦有道，贫且贱焉，耻也"的意思。"欲济"句一方面说想渡湖上荆州去，却没有船，一方面是一喻依。伪《古文尚书·说命》殷高宗命傅说道，若济巨川，"用汝作舟楫"。本诗用这喻依，喻体却是欲用世而无引进的人，意旨是希望张丞相援手。"坐观"二语是一喻依。《汉书》用古人语，"临渊羡鱼，不如退而结网"。本诗里网变为钓。这一联的喻体是羡人出仕而得行道。自己无钓具，只好羡人家钓得鱼；自己不得仕，只好羡人家行道。意旨同上。

全诗用典故最多的，本书中推杜甫《寄韩谏议注》一首（七古）：

今我不乐思岳阳，身欲奋飞病在床。美人娟娟隔秋水，濯足洞庭望八荒。鸿飞冥冥日月白，青枫叶赤天雨霜。玉京群帝集北斗，或骑麒麟翳凤凰。芙蓉旌旗烟雾落，影动倒景摇潇湘。星宫之君醉琼浆，羽人稀少不在旁。似闻昨者赤松子，恐是汉代韩张良。昔随刘氏定长安，帷幄未改神惨伤。国家成败吾岂敢，色难腥腐餐枫香。周南留滞古所惜，南极老人应寿昌。美人胡为隔秋水，焉得置之贡玉堂！

韩谏议的名字事迹无考。从诗里看，他是楚人，住在岳阳。肃宗平定安史之乱，收复东西京，他大约也是参与机密的一人。后来去官归隐，修道学仙。这首诗是爱惜他，思念他。第一节说思念他，是秋日，自己是在病中。美人这喻依见《楚辞》，但在这儿喻体是韩谏议，意旨是他才能出众。"鸿飞冥冥，弋人何篡焉！"见扬雄《法言》。这一方面描写秋天的实景，一方面是喻依。喻体还是韩谏议，意旨是他的已逃出世网。

第二节说京师贵官声势煊赫，而韩谏议不在朝。本节差不多全是神仙的比喻，各有来历。"玉京"句一喻依，喻体是集于君侧的朝廷贵官，意旨是他们承君命掌大权。"或骑"二语一套喻依——"烟雾落"就是落在烟雾中，喻体同上句，意旨是他们的骑从仪卫之盛。影是芙蓉旌旗的影。"影动"句一喻依，喻体是声势煊赫，从京师传遍天下，意旨是在潇湘的韩谏议也必闻知这种声势。星宫之君就是玉京群帝，醉琼浆的喻体是宴饮，意旨是征逐酒食。羽人是飞仙，羽人稀少就是稀少的羽人。全句一喻依，喻体是一些远隐的臣僚不在这繁华场中，意旨是韩谏议没有分享到这种声势。

第三节说韩谏议曾参与定乱收京大计，如今却不问国事，修道学仙。全节是神仙的比喻夹着历史的比喻。昨者是从前的意思。如今的赤松子，昨者"恐是汉代韩张良"。韩张良的跟赤松子的喻体都是韩谏议，前者的意旨是他有谋略，后者的意旨是他修道学仙。别的喻依可以准此类推下去。

第四节说他闲居不出很可惜，祝他老寿，希望朝廷再起用他来匡君济世。太史公司马谈因病留滞周南，不得参与汉武帝的封禅大典，引为平生恨事。诗中"周南留滞"是喻依，喻体是韩谏议，意旨是他闲居乡里。南极老人就是寿星，是喻依，喻体同，意旨便是"应寿昌"。以上只阐明大端，细节从略。

诗和文的分别，一部分是在词句片段的组织上，诗的组织比文的组织要经济些。引用比喻或典故，一个原因便是求得经济的组织。在旧体诗里，有字数声调对偶等制限，有时更不得不铸造一些特别经济的组织来适应。这种特殊的组织在文里往往没有，至少不常见。初学遇到这种地方也感困难，或误解，或竟不懂。这得去看详细的注释。但读诗多了，常常比较着看，也可明白。这种特殊的组织也常利用比喻或典故组成，那便更复杂些。如刘长卿《送李中丞归汉阳别业》（五律）：

流落征南将，曾驱十万师。罢归无旧业，老去恋明时。
独立三边静，轻生一剑知。茫茫江汉上，日暮欲何之！

"轻生一剑知"就是一剑知轻生的意思，轻生是说李中丞作征南将时不顾性命杀敌人。一剑知就是自己知，剑是杀敌所用，是自己的一部分，部分代全体是修辞格之一。自己知又有两层用意：一是问心无愧，忠可报君；二是只有自己知，别人不知。上下文都可印证。

又，"即经羡闲逸，怅然吟式微"（五古，王维，《渭川田家》），式微用《诗经》。《式微》篇道："式微，式微，胡不归！"本诗的式微是篇名，指的是这篇诗。吟式微，只是取"胡不归"那一语，用意是"何不归田呢"。

又，"惟将迟暮供多病，未有涓埃答圣朝"（七律，杜甫，《野望》），"恐美人之迟暮"见《楚辞》，迟暮是老大无成的意思。"惟将"句是说自己已老大，不曾有所建树报答圣朝，加上迟暮的年光又都消磨在多病里，虽然"海内风尘"（见本诗第三句），却丝毫的力量也不能尽。"供"是喻依，杜甫自己是喻体，消磨在里面是意旨。

这三例都是用辞格（也是一种比喻）或典故组成的。

又如李颀《送陈章甫》（七古）末尾道，"闻道故林相识多，罢官昨日今如何？"昨日罢官，想到就要别了许多朋友归里，自然不免一番寂寞。但是"闻道故林相识多"，今日临行，想到就要会见着那些故林相识的朋友，又觉如何呢？——该不会寂寞了吧？昨今对照，用意是安慰。——昨日是日前的意思。

又，刘长卿《寻南溪常道士》：

一路经行处，莓苔见屐痕。白云依静渚，芳草闭闲门。
过雨看松色，随山到水源。溪花与禅意，相对亦忘言。

去寻常道士，他不在寓处，"随山到水源"才寻着。对着南溪边的花和常道士的禅意，却不觉忘言。"相对"是和"溪花与禅意"相对着。禅意给人妙悟，溪花也给人妙语，禅家有拈花微笑的故事，那正是妙悟的故事，所以说"与"。妙悟是忘言的。寻着了常道士，却被溪花与禅意吸引住！只顾欣赏那无言之美，不想多交谈，所以说"亦"忘言。

又，韦应物《送杨氏女》（五古），是送女儿出嫁杨家，前面道："女子今有行，大江溯轻舟。尔辈苦无恃，抚念益慈柔。幼为长所育，两别泣不休。"篇尾道:"归来视幼女,零泪缘缨流。"全诗不曾说出杨氏女是长女,但读了这几句自然明白。

倒装这特殊的组织,诗里也常见。如"竹喧归浣女,莲动下渔舟"(五律,王维,《山居秋暝》),"归浣女""下渔舟"就是浣女归,渔舟下。又,"家书到隔年"(五律,杜牧,《旅宿》)就是家书隔年到。又,"东门酤酒饮我曹"(七古,李颀,《送陈章甫》),"饮我曹"就是我曹饮,从上下文可知。

又,"名岂文章著,官应老病休"(五律,杜甫,《旅夜书怀》),就是文章岂著名,老病应休官。又,"幽映每白日"(五律,刘昚虚,《阙题》),就是白日每幽映。又,"徒劳恨费声"(五律,李商隐,《蝉》),就是费声恨徒劳。又,"竹怜新雨后,山爱夕阳时"(五律,钱起,《谷口书斋寄杨补阙》)就是怜新雨后之竹,爱夕阳时之山——怜爱之意。

又,"独夜忆秦关,听钟未眠客"(五古,韦应物,《夕次盱眙县》)就是听钟未眠客,独夜忆秦关。这些倒装句里纯然为了适应字数声调对偶等制限的却没有,它们主要的作用还在增强语气。

此外如"何因不归去,淮上有秋山?"(五律,韦应物,《淮上喜会梁州故人》)这是诘问自己,"何因"直贯下句,二语合为一句。这也是为了经济的缘故。——至如"少陵无人谪仙死"(七古,韩愈,《石鼓歌》),"无人"也就是"死"。这是求新,求惊人。

又,"百年多是几多时"(七律,元稹,《遣悲怀》之三),是说百年虽多,究竟又有多少时候呢?这也许是当时口语的调子。又如"云中君不见"(五律,马戴,《楚江怀古》),云中君是一个词,这句诗上三字下二字，跟一般五言句上二下三的不同，但似乎只是个无意为之的例外，跟古诗里"出郭门直视"一般。可是如"永夜角声悲自语，中天月色好谁看"（七律，杜甫，《宿府》），"五更鼓角声悲壮，三峡星河影动摇"（七律，杜甫，《阁夜》），都是上五下二，跟一般七言句上四下三或上二下五的不同。又，"近寒食雨草萋萋，著麦苗风柳映堤"（七绝，无名氏，《杂诗》），每句上四字作一二一，而一般作二二或三一。这些都是有意变调求新了。

本书选诗，各方面的题材大致都有，分配又匀称，没有单调或琐屑的弊病。这也是唐代生活小小的一个缩影。可是题材的内容虽反映着时代，题材的项目却多是汉魏六朝诗里所已有。只有音乐图画似乎是新的。赋里有以音乐为题材的，但晋以来就少。唐代音乐图画特别发达，反映到诗里，便增加了题材的项目。这也是时势使然。

在各种题材里，"出处"是一重大的项目。从前读书人唯一的出路是出仕，出仕为了行道，自然也为了衣食。出仕以前的隐居、干谒、应试（落第）等，出仕以后的恩遇、迁谪，乃至忧民、忧国、思林栖、思归田等，乃至真个辞官归田，都是常见的诗的题目，本书便可作例。

仕君行道是儒家的思想，隐居和归田都是道家的思想。儒道两家的思想合成了从前的读书人。但是现在时势变了，读书人不一定出仕，林栖、归田等思想也绝无仅有。有些人读这些诗，也许会觉得不真切，青年学生读书，往往只凭自己的狭隘的兴趣，更容易有此感。

但是会读诗的人，多读诗的人能够设身处地，替古人着想，依然觉得这些诗真切。这是情感的真切，不是知识的真切。这些人不但对于现在有情感，对于过去也有情感。他们知道唐人的需要，唐人的得失和现代人不一样，可是在读唐诗的时候，只让那对于过去的情感领着走。这种无私、无我、无关心的同情教他们觉到这些诗的真切。这种无关心的情感需要慢慢调整自己，扩大自己，才能养成。多读史，多读诗，是一条修养的途径，就是那些比较有普遍性的题材，如相思、离别、慈幼、慕亲、友爱等也还是需要无关心的情感。这些题材的节目多少也跟着时代改变一些，固执"知识的真切"的人读古代的这些诗，有时也不能感到兴趣。

至于咏古之作，如唐玄宗《经鲁祭孔子而叹之》（五律），是古人敬慕古人，纪时之作。如李商隐《韩碑》（七古），是古人论当时事。虽然我们也敬慕孔子，替韩愈抱屈，但知识的看，古人总隔一层。这些题材的普遍性比前一类低些，不过还在"出处"那项目之上。

还有，朝会诗，如岑参、王维《和贾至舍人早朝大明宫之作》（七律），见出一番堂皇富丽的气象。又，宫词，往往见出一番怨情，宛转可怜。可是这些现代生活里简直没有。

最别扭的是边塞和从军之作，唐人很喜欢作这类诗，而悯苦寒讥黩武的居多数，跟现代人冒险尚武的精神恰恰相反。但荒寒的边塞自是一种新境界，从军苦在当时也是一种真情的流露。若能节取，未尝没有是处。要能欣赏这几类诗，那得靠无关心的情感。

此外，唐人酬应的诗很多，本书里也可见。有些人觉得作诗该等候感兴，酬应的诗不会真切。但仗兴而作的人向来大概不多，据现在所知，只有孟浩然是如此。作诗都在情感平静了的时候，运思造句都得用到理智。仗兴而作是无所为，酬应而作是有所为，在工力深厚的人其实无多差别。酬应的诗若能恰如分际，也就见得真切。况是这种诗里也不短至情至性之作。总之，读诗得除去偏见和成见，放大眼光，设身处地看去。

明代高棅编选《唐诗品汇》，将唐诗分为四期。后来虽有种种批评，这分期法却渐渐被一般沿用。初唐是高祖武德元年（618年）至玄宗开元初（713年），约一百年。盛唐是玄宗开元元年到代宗大历初（766年），五十多年。中唐是代宗大历元年到文宗太和九年（835年），七十年。晚唐是文宗开成元年（836年）至昭宗天祐三年（906年），八十年。

初唐诗还是齐梁的影响，题材多半是艳情和风云月露，讲究声调和对偶。到了沈佺期、宋之问手里，便成了律诗的体制。这是唐代诗坛一件大事，影响后世最大。当时有个陈子昂，独主张复古，扩大诗的境界。但他死得早，成就不多。

盛唐诗李白努力复古，杜甫努力开新。所谓复古，只是体会汉魏的作风和借用乐府诗的题目，并非模拟词句。所以陈子昂、李白都能够创一家，而李白的成就更大。他的成就主要的在七言乐府，绝句也独步一时。杜甫却各体诗都是创作，全然不落古人窠臼。他以时事入诗，议论入诗，使诗散文化，使诗扩大境界。一方面研究律诗的变化，用来表达各种新题材。他的影响的久远，似乎没有一个诗人比得上。

这时期作七古体的最多，为的这一体比较自由，又刚在开始发展。而王维、孟浩然专用五律写山水，也能变古成家。

中唐诗韦应物、柳宗元的五古以复古的作风创作，各自成家。古文家韩愈继承杜甫，更使诗向散文化的路上走。宋诗受他的影响极大。他的门下作诗，有词句冷涩的，有题材诡僻的。本书里只选了贾岛一首。另一方面有些人描写一般的社会生活，这原是乐府精神，却也是杜甫开的风气。元稹、白居易主张诗该写社会生活而有规讽的作意，才是正宗。但他们的成就却不在此而在情景深切，明白如话。他们不避俗，跟韩愈一派恰相对照，可也出于杜甫。

晚唐诗刻画景物，雕琢词句，题材又回到风云月露和艳情上，只加了一些雅事。诗境重趋狭窄，但精致过于前人。这时期的精力集中在近体诗。精致的只是词句，全篇组织往往配合不上。就中李商隐、温庭筠虽咏艳情，却有大处奇处，不局蹐在绮靡的圈子里，而李商隐学杜学韩境界更广阔些。学杜韩而兼受温李熏染的是杜牧，豪放之余，不失深秀。

本书选诗七十七家，初唐不到十家，盛中晚三期各二十多家。入选的诗较多的八家。盛唐四家：杜甫三十六首，王维二十九首，李白二十九首，孟浩然十五首。中唐二家：韦应物十二首，刘长卿十一首。晚唐二家：李商隐二十四首，杜牧十首。

李白诗，书中选五古三首、乐府三首，七古四首、乐府五首，五律五首，七律一首，五绝二首、乐府一首，七绝二首、乐府三首。各体都备，七古和乐府共九首，最多；五七绝和乐府共八首，居次。

李白，字太白，蜀人，玄宗时作供奉翰林，触犯了杨贵妃，不能得志。他是个放浪不羁的人，便辞了职，游山水，喝酒，作诗。他的态度是出世的，作诗全任自然。当时称他为"天上谪仙人"，这说明了他的人和他的诗。他的乐府很多，取材很广，他其实是在抒写自己的生活，只借用乐府的旧题目而已。他的七古和乐府篇幅恢张，气势充沛，增进了七古体的价值。他的绝句也奠定了一种新体制。绝句最需要经济的写出，李白所作，自然含蓄，情韵不尽。书中所收《下江陵》一首，有人推为唐代七绝第一。

杜甫诗，计五古五首，七古五首、乐府四首，五七律各十首，五七绝各一首。只少五言乐府，别体都有。律诗共二十首，最多；七古和乐府共九首，居次。

杜甫，字子美，河南巩县人。安禄山陷长安，肃宗在灵武即位。他从长安逃到灵武，作了左拾遗的官。后因事被放，辗转游落到成都，依故人严武，做到"检校工部员外郎"，世称杜工部。他在蜀住的很久。他是儒家的信徒，一辈子惦着仕君行道。又身经乱离，亲见民间疾苦。他的诗努力描写当时的情形，发抒自己的感想。

唐代用诗取士，诗原是应试的玩意儿，诗又是供给乐工歌伎唱来伺候宫廷和贵人的玩意儿。李白用来抒写自己的生活，杜甫用来抒写那个大时代，诗的境界扩大了，地位也增高了。而杜甫抓住了广大的实在的人生，更给诗开辟了新世界。他的诗可以说是写实的，这写实的态度是从乐府来的。他使诗历史化，散文化，正是乐府的影响。七古体到他手里正式成立，律诗到他手里应用自如——他的五律极多，差不多穷尽了这一体的变化。

王维诗，计五古五首，七言乐府三首，五律九首，七律四首，五绝五首，七绝和乐府三首，五律最多。王维，字摩诘，太原人，试进士，第一，官至尚书右丞，世称王右丞。他会草书、隶书，会画画。有别墅在辋川，常和裴迪去浏览作诗。沈宋的五律还多写艳情，王维改写山水，选词造句都得自出心裁。从前虽也有山水诗，但体制不同，无从因袭。苏轼说他"诗中有画"。他是苦吟的，宋人笔记里说他曾因苦吟走入醋缸。他的《渭城曲》（乐府），有人也推为唐代七绝压卷之作。他的诗是精致的。

孟浩然诗，计五古三首，七古一首，五律九首，五绝二首，也是五律最多。孟浩然，名浩，以字行，襄州襄阳人，隐居鹿门山，四十岁才游京师。张九龄在荆州，召为僚属。他用五律写江湖，却不若吟，伫兴而作。他专工五言，五言各体擅长。山水诗不但描写自然，还欣赏自然，王维的描写比孟浩然多些。

韦应物诗，计五古七首，五律二首，七律一首，五七绝各一首，五古多。韦应物，京兆长安人，作滁州刺史，改江州，入京作左司郎中，又出作苏州刺史，世称韦左司或韦苏州。他为人少食寡欲，常焚香扫地而坐。诗淡远如其人。五古学古诗，学陶诗，指事述情，明白易见——有理语也有理趣，正是陶渊明所长。这些是淡处。篇幅多短，句子浑含不刻画，是远处。朱子说他的诗无一字造作，气象近道。他在苏州所作《郡斋雨中与诸文士燕集》诗开端道："兵卫森画戟，宴寝凝清香。海上风雨至，逍遥池阁凉。"诗话推为一代绝唱，也只是为那肃穆清华的气象。篇中又道，"自惭居处崇，未睹斯民康"，《寄李儋元锡》（七律）也道，"邑有流亡愧俸钱"，这是忧民。识得为政之体，才能有些忠君爱民之言。

刘长卿诗，计五律五首，七律三首，五绝三首，五律最多。刘长卿，字文房，河间人，登进士第，官终随州刺史，世称刘随州。他也是苦吟人，律诗组织最为精密整炼，五律更胜，当时推为"五言长城"。上文曾举过两首作例，可见出他的用心处。

李商隐诗，计七古一首，五律五首，七律十首，五绝一首，七绝七首，七律最多，七绝居次。李商隐，字义山，河内人，登进士第。王茂元镇河阳，如他掌书记，并使他做女婿。王茂元是李德裕同党，李德裕和令狐楚是政敌。李商隐和令狐楚本有交谊，这一来却得罪了他家。后来令狐楚的儿子令狐绹做了宰相，李商隐屡次写信表明心迹，他只是不理。这是李商隐一生的失意事，诗中常常涉及，不过多半隐约其词。后来柳仲郢镇东蜀，他去做过判官。他博学强记，又有隐衷，诗里的典故特别多。

他的七律里有好些《无题》诗，一方面像是相思不相见的艳情诗，另一方面又像是比喻，咏叹他和令狐绹的事，寄托那"不遇"的意旨。还有那篇《锦瑟》，虽有题，解者也纷纷不一。那或许是悼亡诗，或许也是比喻。

又有些咏史诗，如《隋宫》，或许不只是咏古，还有刺时的意旨。他的诗语既然是一贯的隐约，读起来便只能凭文义、典故和他的事迹做一些可能的概括的解释。他的七绝里也有这种咏史或游仙诗，如《隋宫》《瑶池》等。这些都是奇情壮采之作，一方面七律的组织也有了进步，所以入选得多。他的七绝最著名的可是《寄令狐郎中》一首。

杜牧诗，计五律一首，七绝九首，几乎是专选一体。杜牧，字牧之，登进士第。牛僧孺镇扬州，他在节度府掌书记，又做过司勋员外郎，世称杜司勋。又称小杜——杜甫称老杜。他很有政治的眼光，但朝中无人，终于是个失意者。他的七绝感慨深切，情辞新秀。《泊秦淮》一首也曾被推为压卷之作。

唐以前的诗，可以说大多数是五古，极少数是七古，但那些时候并没有体制的分类。那些时候诗的分类，大概只从内容方面看，最显著的一组类别是五言诗和乐府诗。五言诗虽也从乐府转变而出，但从阮籍开始，已经高度的文人化，成为独立的抒情写景的体制。

乐府原是民歌，叙述民间故事，描写各社会的生活，有时也说教。东汉以来文人仿作乐府的很多，大都没用旧题旧调，也是五言的体制。汉末旧调渐亡，文人仿作，便只沿用旧题目，但到后来诗中的话也不尽合于旧题目。这些时候有了七言乐府，不过少极。汉魏六朝间著名的只有曹丕的《燕歌行》，鲍照的《行路难》十八首等。乐府多朴素的铺排，跟五言诗的浑含不露有别。五言诗经过汉魏六朝的演变，作风也分化。阮籍是一期，陶渊明、谢灵运是一期，"宫体"又是一期。阮籍抒情，"志在刺讥而文多隐避"（颜延年、沈约等注《咏怀诗》语），最是浑含不露。陶谢抒情、写景、说理，渐趋详切，题材是田园山水。宫体起于梁简文帝时，以艳情为主，渐讲声调对偶。

初唐五古还是宫体余风，陈子昂、张九龄、李白主张复古，虽标榜"建安"（汉献帝年号，建安体的代表是曹植），实是学阮籍。本书张九龄《感遇》二首便是例子。但盛唐五古，张九龄以外，连李白所作（《古风》除外）在内，可以说都是陶谢的流派。

中唐韦应物、柳宗元也如此。陶谢的详切本受乐府的影响。乐府的影响到唐代最为显著。杜甫的五古便多从乐府变化。他第一个变了五古的调子，也是创了五古的新调子。新调子的特色是散文化。但本书里所选他的五古还不是调子，读他的长篇才易见出。这种新调子后来渐渐代替了旧调子。本书里似乎只有元结《贼退示官吏》一首是新调子，可是散文化太过，不是成功之作。

至于唐人七古，却全然从乐府变出。这又有两派。一派学鲍照，以慷慨为主。另一派学晋《白纻（舞名）歌词》（四首，见《乐府诗集》）等，以绮艳为主。李白便是著名学鲍照的，盛唐人似乎已经多是这一派。七言句长，本不像五言句的易加整炼，散文化更方便些。《行路难》里已有散文句。李白诗里又多些，如"我欲因之梦吴越"（《梦游天姥吟留别》），又如上文举过的"弃我去者"二语。

七古体夹长短句原也是散文化的一个方向。初唐陈子昂《登幽州台歌》全首道："前不见古人，后不见来者。念天地之悠悠，独怆然而涕下。"简直没有七言句，却也可能算入七古里。

到了杜甫，更有意的以文为诗，但多七言到底，少用长短句。后来人作七古，多半跟着他走。他不作旧题目的乐府而作了许多叙述时事，描写社会生活的诗。这正是乐府的本来面目。本书据《乐府诗集》将他的《哀江头》《哀王孙》等都放在七言乐府里，便是这个理。从他以后，用乐府旧题作诗的就渐渐地稀少了。

另一方面，元稹、白居易创出一种七古新调，全篇都用平仄协调的律句，但押韵随时转换，平仄相间，各句安排也不像七律有一定的规矩。这叫七庆体。长庆是穆宗的年号，也是元白的集名。本书白居易的《长恨歌》《琵琶行》都是的。古体的声调本来比较近乎语言之自然，长庆体全用律句，反失自然，只是一种变调。但却便于歌唱。《长恨歌》可以唱，见于记载，可不知道是否全唱。五七古里律句多的本可歌唱，不过似乎只唱四句，跟唱五七绝一样。

古体诗虽不像近体诗的整炼，但组织的经济也最着重。这也是它跟散文的一个主要的分别。前举韦应物《送杨氏女》便是一例。又如李白《宣州谢朓楼饯别校书叔云》里道，"蓬莱文章建安骨，中间小谢又清发"，一方面说谢朓（小谢），一方面是比喻。且不说喻旨，只就文义看，"蓬莱"句又有两层比喻，全句的意旨是后汉文章首推建安诗。"中间"句说建安以后"大雅久不作"（见李白《古风》第一首），小谢清发，才重振遗绪。"中间""又"三个字包括多少朝代，多少诗家，多少诗，多少议论！组织有时也变换些新方式，但得出于自然。如李白《梦游天姥吟留别》（七古）用梦游和梦醒作纲领，韩愈《八月十五夜赠张功曹》用唱歌跟和歌作纲领，将两篇歌词穿插在里头。

律诗出于齐梁以来的五言诗和乐府。何逊、阴铿、徐陵、庾信等的五言都已讲究声调和对偶。庾信的《乌夜啼》乐府简直像七律一般，不过到了沈宋才成定体罢了。律首声调，前已论及。对偶在中间四名，就是第一组节奏的后两句，第二组节奏的前两句，也是异中有同，同中有异。这样，前四句由散趋整，后四句由整复归于散，增前两组节奏的往复回还的效用。这两组对偶又得自有变化，如一联写景，一联写情，一联写见，一联写闻之类，才不至板滞，才能和上下打成一片。

所谓情景或见闻，只是从浅处举例，其实这中间变化很多，很复杂。五律如"地犹鄹氏邑，宅即鲁王宫。叹凤嗟身否，伤麟怨道穷"（唐玄宗，《经鲁祭孔子而叹之》）。四句虽两两平列，可是前一联上句范围大，下句范围小，后一联上句说平时，下句说将死，便见流走。

又，"为我一挥手，如听万壑松。客心洗流水，余响入霜钟"（李白，《听蜀僧浚弹琴》）。前联一弹一听，后联一在弹，一已止，各是一串儿。

又，"遥怜小儿女，未解忆长安。香雾云鬟湿，清辉玉臂寒"（杜甫，《月夜》）。"遥怜"直贯四句。小儿女"未解忆长安"固然可怜，"香雾"云云的人（杜甫妻）解得忆长安，也许更可怜些。前联只是一句话，后联平列，两相调剂着。律诗多在四句分段，但也不尽然，从这一首可见。

又，前面引过的刘长卿《寻南溪常道士》次联"白云依静渚，芳草闭闲门"，似乎平列，用意却侧重寻常道士不遇，侧重在下句。三联"过雨看松色，随山到水源"，上句景物，下句动作，虽然平列而不是一类。再说"过雨"，暗示忽然遇雨，雨住后松色才更苍翠好看，这就兼着叙事，跟单纯写景又不同。

七律如"云边雁断胡天月，陇上羊归塞草烟。回日楼台非甲帐，去时冠剑是丁年"（温庭筠，《苏武庙》）。前联平列，但不是单纯的写景句，这中间引用着《汉书·苏武传》，上句意旨是和汉朝音信断绝（雁足传书事），下句意旨是无归期（匈奴使苏武牧牡羊，说牡羊有乳才许归汉）。后联说去汉时还是冠剑的壮年，回汉时武帝已死。"丁年奉使"见李陵《答苏武书》。甲帐是头等帐，是武帝作来敬神的，见《汉武故事》。这一联是倒装，为的更见出那"不堪回首"的用意。

又，"玉玺不缘归日角，锦帆应是到天涯。于今腐草无萤火，终古垂杨有暮鸦"（李商隐，《隋宫》）。日角是额骨隆起如日，是帝王之相，这是根据《旧唐书》，用来指唐太宗。锦帆指隋炀帝的游船，见

《开河记》。这一联说若不因为太宗得了天下，炀帝还该游得远呢。上句是因，下句是果。放萤火，种垂杨，都是炀帝的事。后联平列，上句说不放萤火，下句说垂杨栖鸦，一有一无，却见出"而今安在"一个用意。

又，李商隐《筹笔驿》中二联道："徒令上将挥神笔，终见降王走传车。管乐有才原不忝，关张无命欲何如！"筹笔驿在绵州绵谷县，诸葛武侯曾在那里驻军筹划。上将指武侯，降王指后主。管乐是管仲、乐毅，武侯早年曾自比这二人。前联也是倒装，因为"终见"，才觉"徒令"。但因"筹笔"想到"降王"，即景生情，虽倒装还是自然。后联也将"有""无"对照，见出本诗末句"恨有余"的用意。

七律对偶用倒装句、因果句，到晚唐才有。七言句长，整炼较难，整炼而能变化如意更难。唐代律诗刚创始，五言比较容易些，发展得自然快些。作五律的大概多些，好诗也多些，本书五律多，便是这个缘故。

律诗也有不对偶或对偶不全的，如李白《夜泊牛渚怀古》（五律），又如崔颢《黄鹤楼》（七律）的次联，这些只算例外。又有不调平仄的，如《黄鹤楼》和王维《终南别业》（五律），也是例外。——也有故意这样做的，后来称为拗体，但究竟是变调。本书不选排律。七言排律本来少，五言的却多，教人不乐意读下去。但本书不选，恐怕是为了典故多。

晚唐律诗着重一句一联，忽略全篇的组织，因此后人评论律诗，多爱摘句，好像律诗篇幅完整的很少似的。其实不然，这只是偏好罢了。

绝句不是截取律诗的四句而成。五绝的源头在六朝乐府里。六朝五言四句的乐府很多,《子夜歌》最著名。这些大都是艳情之作,诗中用谐声辞格很多。谐声辞格如"蟢子"谐"喜"声,"藁砧"就是"铁"（铡刀）谐"夫"声。本书选了权德舆《玉台体》一首,就是这种诗。也许因为诗体太短,用这种辞格来增加它的内容,这也是多义的一式。但唐代五绝已经不用谐声辞格,因为不大方,范围也窄,唐代五绝有调平仄的,有不调平仄而押仄声韵的。后者声调上也可以说是古体诗,但题材和作风不同。所以容许这种声调不协的五绝,大约也是因为诗体太短,变化少,多一些自由,可以让作者多一些回旋的地步。但就是这样,作的还是不多。

　　七言四句的诗,唐以前没有,似乎是唐人的创作。这大概是为了当时流行的西域乐调而作,先有调,后有诗。五七绝都能歌唱,七绝歌唱的更多——该是因为声调曼长,好听些。作七绝的比作五绝的多得多,本书选得也多。唐人绝句有两种作风:一是铺排,一是含蓄。前者如柳宗元《江雪》:

　　　　千山鸟飞绝,万径人踪灭。孤舟蓑笠翁,独钓寒江雪。

　　又,韦应物《滁州西涧》:

　　　　独怜幽草涧边生,上有黄鹂深树鸣。春潮带雨晚来急,野渡无人舟自横。

柳诗铺排了三个印象，见出"江雪"的幽静，韦诗铺排了四个印象，见出西涧的幽静，但柳诗有"千山""万径""绝""灭"等词，显得那幽静更大些。所谓铺排，是平排（或略参差，如所举例）几个同性质的印象，让它们集合起来，暗示一个境界。这是让印象自己说明，也是经济的组织，但得选择那些精的印象。后者是说要从浅中见深，小中见大，这两者有时是一回事。

含蓄的绝句，似乎是正宗。如杜牧《秋夕》：

银烛秋光冷画屏，轻罗小扇扑流萤。天阶夜色凉如水，卧看牵牛织女星。

是说宫人秋夕的幽怨，可作浅中见深的一例。又，刘禹锡《乌衣巷》：

朱雀桥边野草花，乌衣巷口夕阳斜。旧时王谢堂前燕，飞入寻常百姓家。

乌衣巷是晋代王导、谢安住过的地方，唐代早为民居。诗中只用野花、夕阳、燕子，对照今昔，便见出盛衰不常一番道理。这是小中见大，也是浅中见深。又，王之涣《登鹳雀楼》：

白日依山尽，黄河入海流。欲穷千里目，更上一层楼。

鹳雀楼在平阳府蒲州城上。白日依山，黄河入海，一层楼的境界已穷，若要看得更远，更清楚，得上高处去。三四句上一层楼，穷千里目，是小中见大。但另一方面，这两句可能是个比喻，喻体是人生，意旨是若求远大得向高处去。这又是浅中见深了。但这一首比较前二首明快些。

论七绝的称含蓄为"风调"。风飘摇而有远情，调悠扬而有远韵，总之是余味深长。这也配合着七绝的曼长的声调而言。五绝字少节促，便无所谓风调。风调也有变化，最显著的是强弱的差别，就是口气否定、肯定的差别。

明清两代论诗家推举唐人七绝压卷之作共十一首，见于本书八首。就是：王维《渭城曲》（乐府），王昌龄《长信怨》和《出塞》（皆乐府），王翰《凉州曲》，李白《下江陵》，王之涣《出塞》（乐府，一作《凉州词》），李益《夜上受降城闻笛》，杜牧《泊秦淮》。这中间四首是乐府，乐府的措辞总要比较明快些。其余四首虽非乐府，也是明快一类。只看八首诗的末二语便可知道。现在依次抄出：

劝君更尽一杯酒，西出阳关无故人。

玉颜不及寒鸦色，犹带昭阳日影来。

但使龙城飞将在，不教胡马度阴山。

醉卧沙场君莫笑，古来征战几人回？

两岸猿声啼不住，轻舟已过万重山。

羌笛何须怨杨柳，春风不度玉门关。

不知何处吹芦管，一夜征人尽望乡。

商女不知亡国恨，隔江犹唱后庭花。

这些都用否定语作骨子，所以都比较明快些。这些诗也有含蓄，可是强调。七绝原来专为歌唱而作，含蓄中略求明快，听者才容易懂，适应需要，本当如此。弱调的发展该是晚点儿。——不见于本书的三首，一首也是强调，二首是弱调。十一首中共有九首强调，可算是大多数。

当时为人传唱的绝句见于本书的，五言有王维的《相思》，七言有他的《渭城曲》，王昌龄的《芙蓉楼送辛渐》和《长信怨》，王之涣的《出塞》。《相思》道：

红豆生南国，春来发几枝？愿君多采撷，此物最相思。

《芙蓉楼送辛渐》道：

寒雨连江夜入吴，平明送客楚山孤。洛阳亲友如相问，
一片冰心在玉壶。

除《长信怨》外，四首都是对称的口气，（王之涣的"羌笛"句是说"你何须吹羌笛的《折柳词》来怨久别？"），那不见于本书的高适的"开箧泪沾臆，见君前日书"一首也是的（这一首本是一首五古的开端四语，歌者截取，作为绝句）。

歌词用对称的口气，唱时好像在对听者说话，显得亲切。绝句用

对称口气的特别多，有时用问句，作用也一般。这些原都是乐府的老调，绝句只是推广应用罢了。——风调转而为才调，奇情壮采依托在艳辞和故事上，是李商隐的七绝。这些诗虽增加了些新类型，却非七绝的本色。他又有《雨夜寄北》一绝：

君问归期未有期，巴山夜雨涨秋池。何当共剪西窗烛，却话巴山夜雨时。

这也是对称的口气。设想归后向那人谈此时此地的情形，见出此时此地思归和想念的心境，回环含蓄，却又亲切明快。这种重复的组织极精练可喜。但绝句以自然为主。像本诗的组织，精练不失自然，是可遇而不可求的。

朱宝莹先生有《诗式》（中华版），专释唐人近体诗的作法作意，颇切实，邵祖平先生有《唐诗通论》（《学衡》十二期），颇详明，都可参看。

节选自朱自清《略读指导举隅》
原标题为"《唐诗三百首》指导大概"